Truth In History 24

島津一族

無敵を誇った南九州の雄

はじめに

　「薩摩の島津家」、あるいは「『丸に十字(十文字)』の島津家」として親しまれている島津家は、江戸時代には我が国屈指の外様大名として、その存在を知られていた。

　注目すべきは、島津家は12世紀の終盤に初代当主・島津忠久が薩摩(鹿児島県西部)の守護職(県知事)となって以来、一度の転封(国替え)もなく、明治4年(1871)の廃藩置県を迎えたという点である。そして、現在まで約800年間もの歴史を有する島津家からは、初代の忠久をはじめ、島津久経(第3代当主)、島津貞久(第5代当主)、島津忠良(日新斎／貴久の父)、島津貴久(忠良の嫡子)、島津義久(貴久の嫡子)、島津義弘(貴久の次男)などの名将、智将が相次いで登場した。また、江戸時代初期に薩摩藩が成立して以降も、島津家からは島津家久(薩摩守／初代藩主)、島津重豪(第8代藩主)、島津斉彬(第11代藩主)、島津久光(国父)、島津忠義(第12代藩主)らの名君、賢君が出ている。さらに、この間の島津家では妻妾や娘の常盤、浄岸院(竹姫)、広大院、賢章院、天璋院らや、分家の島津忠綱、島津忠将、島津歳久、島津家久(中務大輔)、島津久宝、支族の新納忠元、喜入季久、村橋直衛といった人々も偉大な功績を残した。

　さて、本書では約800年にもおよぶ島津家の歴史について、歴代当主など人物を中心に概説している。また、本書では「島津家の重要場面30」という項目を立て、戦国・織豊時代、江戸時代、幕末維新期における島津家の30の重要場面を取り上げた。

　なお、執筆に際しては主要参考文献一覧に記した史料や文献のほかにも、数多くの先学の業績を参考にさせていただいた。また、全国の島津家やその御子孫の方々、ゆかりの地の教育委員会、図書館、博物館、資料館の方々には大変お世話になった。わけても、兵庫埋蔵銭調査会代表の永井久美男氏、たつの市教育委員会の吉益氏には貴重な御教示をいただいた。さらに、作家の桐野作人氏には島津一族をテーマとした御著作をいただいた。

　そして、本書の企画立案、編集、図版の作成に関しては、新紀元社の藤原健二氏、ブルボンクリエイションの小出文彦氏に大変お世話になった。

　末筆ながら、お世話になった方々に衷心より御礼を申し上げる次第である。

平成22年晩秋
川口素生

Truth In History 24

島津一族
目次 contents

はじめに……………………………………………………………3
凡例………………………………………………………………12

第一部 島津家嫡流の歴史と人物

第一章 鎌倉時代の島津家　14

第一節 鎌倉時代の島津家①──島津家嫡流の歴代当主　15
島津忠久…15／島津忠時…17／島津久経…17／島津忠宗…18／島津貞久…19

第二節 鎌倉時代の島津家②──鎌倉時代の父母・妻妾　20
惟宗広言…20／丹後局…22／尼妙智…23

第二章 南北朝・室町時代の島津家　24

第一節 南北朝・室町時代の島津家①──奥州家の歴代当主 前編　25
島津氏久…25／島津元久…26／島津久豊…27／島津忠国…28／島津立久…29

第二節 南北朝・室町時代の島津家②──島津家出身の高僧　30
石屋真梁…30／仲翁守邦…31

第三章　戦国・織豊時代の島津家　32

第一節　戦国・織豊時代の島津家①──奥州家の歴代当主 後編　33

島津忠昌…33／島津忠治…35／島津忠隆…35／島津勝久…35
島津忠良（日新斎）…36／島津貴久…37／島津義久…39／島津義弘…40
島津久保…42

第二節　戦国・織豊時代の島津家②──戦国・織豊時代の妻妾　44

常盤…44／寛庭夫人…45／雪窓夫人…45／円信院…46／宰相殿…47

第四章　戦国・織豊時代の重要場面──島津家の重要場面30 その1　50

①薩摩・大隅平定と島津義久の相続…50　⑥豊臣秀吉の野望と戸次川の戦い…56
②島津義弘の名采配と木崎原の戦い…51　⑦高城の戦いと義久の決断…………57
③都於郡城攻防戦と伊東義祐の失領…52　⑧朝鮮出兵と梅北の乱の衝撃………59
④大友宗麟の失策と耳川の戦い………53　⑨三頭体制の成立と庄内の乱………60
⑤中務大輔家久と沖田畷の戦い………55　⑩義弘・豊久と関ヶ原の戦い………61

第五章　江戸時代の島津家　64

第一節　江戸時代の島津家①──江戸時代前半の歴代藩主　66

島津家久（薩摩守）…66／島津光久…68／島津綱久…69／島津綱貴…69
島津吉貴…70

第二節　江戸時代の島津家②──江戸時代後半の歴代藩主　71

島津継豊…71／島津宗信…72／島津重年…73／島津重豪…74／島津斉宣…76

第三節　江戸時代の島津家③──江戸時代の妻妾・娘　78

亀寿…78／屋地…81／永俊尼（カタリナ）…82／浄岸院（竹姫）…83／松寿院…83
賢章院…84／お由羅…85

第四節　江戸時代の島津家④──島津家出身の親藩・外様大名　86

奥平昌高…86／黒田長溥…87／南部信順…88／松平勝善…89／池田斉敏…90

第五節　江戸時代の島津家⑤——島津家出身の将軍の正室　92

広大院…92／天璋院…93

第六章　江戸時代の重要場面——島津家の重要場面30 その2　96

①薩摩守家久と薩摩藩の成立………96
②島津継豊と浄岸院(竹姫)の婚儀…97
③木曽三川治水工事と薩摩義士……99
④広大院の入輿と下馬将軍の威光…100
⑤島津斉宣の苦悩と近思録崩れ……101
⑥調所広郷の藩政改革と密貿易……102
⑦島津斉彬の不遇とお由羅騒動……103
⑧西郷隆盛らによる精忠組結成……104
⑨斉彬の藩主就任と集成館事業……106
⑩天璋院の入輿と阿部正弘の期待…107

第七章　幕末維新期の島津家　110

第一節　幕末維新期の歴代当主　111

島津斉興…112／島津斉彬…114／島津久光…116／島津忠義…119／島津忠重…120

第二節　島津家ゆかりの女性皇族　121

山階宮常子妃…121／久邇宮倪子妃…122／島津貴子(清宮貴子内親王)…123

第八章　幕末維新期の重要場面——島津家の重要場面30 その3　124

①天璋院と安政将軍継嗣問題………124
②安政の大獄と島津斉彬の急逝……125
③島津久光の登場と西郷隆盛………126
④久光の上洛と寺田屋事件…………127
⑤生麦事件の賠償問題と薩英戦争…129
⑥禁門の変から薩長同盟へ…………131
⑦討幕の密勅と王政復古……………132
⑧天璋院・隆盛と江戸無血開城…134
⑨版籍奉還と廃藩置県………………135
⑩久光の動向と西南戦争……………137

6

第二部 島津家の分家と支族

第一章 中世の島津家の分家 …142

第一節 中世の島津家の分家①──本州各地の分家 …143

- **1 若狭家** …143
  - 若狭(津々見)忠季…144
  - 若狭忠清…144／若狭季兼…145
- **2 越前家** …145
  - 島津忠綱…146／島津忠行…147
  - 島津忠兼…147／島津信夫…147
- **3 信濃家** …148
  - 島津忠直(月下斎)…150
  - 島津泰忠…150
  - 島津(駒沢)忠政…150
  - 島津大進…151／島津忠貞…152
  - 島津清志…152

第二節 中世の島津家の分家②──九州三国の分家 …154

- **1 伊作家** …154
  - 伊作久長…155／伊作宗久…155
  - 伊作久義…155／伊作勝久…156
- **2 総州家** …156
  - 島津師久…157／島津伊久…157
- **3 薩州家** …158
  - 島津実久…159／島津義虎…159
  - 島津忠辰…160
  - 入来院重高(頴娃久秀)…160
- **4 豊州家** …161
  - 島津季久…162／島津忠朝…162
  - 島津忠広…162／島津忠親…163
  - 島津朝久…163／貞雲院…164
  - 島津久宝…164／島津久芳…165
- **5 相州家** …165
  - 島津友久…166／島津運久…166

7

第二章　支藩・佐土原家とその分家　　168

第一節　前期佐土原家　　168

島津家久（中務大輔）…169／島津豊久…171／東郷重虎（島津忠直）…171

第二節　後期佐土原家①――佐土原藩の歴代藩主　　172

島津以久…173／島津忠興…174／島津久雄…175／島津忠高…175／島津久寿…176／島津惟久…177／島津忠雅…178／島津久柄…179／島津忠持…179／島津忠徹…180／島津忠寛…181

第三節　後期佐土原家②――佐土原藩の妻妾・一族　　183

島津久逵…183／随真院…184／島津啓次郎…184

第四節　後期佐土原家の分家　　186

1 島之内家………186　　**2** 島津健之助家……187　　**3** 島津久永家………187

第三章　江戸時代の島津家の分家――薩摩藩士の家格　　188

第一節　御一門の各家　　190

1 重富家………………190
島津珍彦…191／島津忠彦…191

2 加治木家……………192
島津久徴…193／島津久宝…193

3 垂水家………………194
島津忠将…194／島津彰久…195
入来院重時…195／島津貴澄…196

4 今和泉家（和泉家）………196
島津忠剛…198

第二節　一所持・一所持格の各家　　200

1 豊州家………………200

2 日置家………………200
島津歳久…201／島津忠隣…202
島津久慶…202／島津久徴…203
島津久明…203

3 宮之城家……………204
島津忠良（図書頭）…204
島津久通…205／島津久治…206
島津ハル…206

- **4** 都城家 ……………………… 207
  - 島津久倫…208／島津久本…208
  - 島津久寛…209
- **5** 新城家 ……………………… 209
- **6** 永吉家 ……………………… 210
  - 島津久籌…210
- **7** 佐志家 ……………………… 211
  - 島津久容…211
- **8** 花岡家 ……………………… 212
  - 島津久基…212／島津稜威雄…212
- **9** 知覧家 ……………………… 213
- **10** 市成家 ……………………… 214

第三節　明治維新後の分家　215

- **1** 島津忠備家 ……………… 215
- **2** 島津忠弘家 ……………… 215
- **3** 玉里家（島津久光家）…… 216
  - 島津久大…216
- **4** 島津忠欽家 ……………… 217

第四章　島津家の支族と全国の島津家　218

第一節　島津家の支族　218

- **1** 姶良（吾平）氏 ………… 219
- **2** 赤山氏 …………………… 219
  - 赤山靱負…220
- **3** 阿蘇谷氏 ………………… 220
- **4** 碇山氏 …………………… 220
  - 碇山久徳（島津将曹）…221
- **5** 伊作氏 …………………… 221
- **6** 石坂氏 …………………… 222
- **7** 石谷氏 …………………… 222
- **8** 伊集院氏 ………………… 223
  - 伊集院頼久…224／伊集院忠朗…225
  - 伊集院忠倉…225
  - 伊集院忠棟（幸侃）…225
  - 伊集院忠真…226／伊集院久治…227
  - 伊集院与一…227
- **9** 和泉氏 …………………… 227
- **10** 今給黎氏 ………………… 228
- **11** 大島氏 …………………… 228
- **12** 大野氏 …………………… 229
- **13** 桂氏 ……………………… 229
  - 桂久武…230

| 14 樺山氏 　　　　　　　　　　231
　　樺山善久…232／樺山久高…233
　　樺山主税…233／村山松根…234
　　樺山久舒…234／樺山資之…235
　　樺山十兵衛…235

| 15 川上氏 　　　　　　　　　　235
　　川上頼久…237／川上忠克…237
　　川上久朗…238／川上忠智…238
　　川上忠実…239／川上久国…239

| 16 喜入氏 　　　　　　　　　　239
　　喜入季久…240／喜入忠続…240
　　喜入久亮…241／喜入久高…241

| 17 給黎氏 　　　　　　　　　　242

| 18 後藤氏 　　　　　　　　　　242
　　島津長徳軒…243
　　島津（後藤）忠正…243
　　後藤益勝…244

| 19 佐多氏 　　　　　　　　　　244

| 20 志和池氏 　　　　　　　　　245

| 21 末川氏 　　　　　　　　　　245
　　末川久救…245

| 22 相馬氏 　　　　　　　　　　246

| 23 知覧氏 　　　　　　　　　　246

| 24 新納氏 　　　　　　　　　　247
　　新納忠元…248／新納旅庵…249
　　新納時升…249／新納久仰…250
　　新納中三…250／新納八郎二…251

| 25 西氏 　　　　　　　　　　　251

| 26 北郷氏 　　　　　　　　　　252
　　北郷資忠…252／北郷時久…253
　　北郷忠虎…253／北郷忠能…254
　　北郷久直…254／北郷久加…255
　　北郷久信…255／北郷資知…255

| 27 町田氏 　　　　　　　　　　256
　　町田久倍…257

| 28 村橋氏 　　　　　　　　　　258
　　村橋直衛…258

| 29 山田氏 　　　　　　　　　　259
　　山田宗久…259

| 30 義岡氏 　　　　　　　　　　259

| 31 吉利氏 　　　　　　　　　　260

第二節　島津姓を許された重臣　262
　　諏訪甚六（島津伊勢）…262

第三節　全国の島津家　263

| 1 東北地方 　　　　　　　　　　263
　　島津岬…264／島津忠預…264

| 2 関東地方 　　　　　　　　　　265
　　島津政忠…265／島津孝之介…266
　　島津フミヨ…266／島津千利世…267
　　島津惣次…267／島津保次郎…267

3 中部地方 ……………………… 268
　島津退翁…269／島津恂堂…269
　島津元圭…270／島津圭斎…270
　島津琢斎…270

4 近畿地方 ……………………… 271
　島津源蔵(初代)…272
　島津源蔵(2代目)…273

5 中国・四国地方 ……………… 273
　島津簹峰…274／島津華山…274

6 九州地方 ……………………… 275
　島津復生…275／島津良知…276

▌資料編
■ 島津家関係略年表 ………………………………………………………… 280
■ 島津家関係一覧表
　島津家守護一覧表　①鎌倉幕府守護…287／②室町幕府守護…287
　戦国大名表 ………………… 288
　豊臣大名表 ………………… 288
　薩摩藩主一覧表 …………… 288
　佐土原藩主一覧表　①前期佐土原家…289／②後期佐土原家…289

▌コラム
　①島津家の家紋と旗印 ……………… 49
　②島津家当主の死生感と晩年 ……… 139
　③島津家の同姓同名 ………………… 153
　④島津義弘が正室に送った書状 …… 167
　⑤戦国・織豊時代の名補佐役たち … 261
　⑥前将軍と薩摩藩主の「蘇鉄問答」… 277

索引 …………………………………………………………………………… 290
主要参考文献一覧 …………………………………………………………… 300
おわりに ……………………………………………………………………… 302

凡例

- 江戸時代以前の人物の年齢については、すべて和年齢(数え年)で記した。
- 薩摩(さつま)藩主の法名の表記方法については、『島津氏正統系図』の記述に従った。
- 改元した年の元号は、原則として新しい元号を用いた。ただし、慶応年間などという場合は改元した年を含めて、慶応年間(1865〜1868)という具合に表記した。
- 14世紀の南北朝期の元号については、原則として南朝の元号を用いた。
- 親子の血縁関係に関して、実子は──線、養子や娘婿、名跡相続は＝＝線で記した。ただし、血縁関係が不明な場合に──線を用いて記した場合もある。
- 島津家の人物の諱(いみな)(実名)や通称の読み方、生没年、死因、系図上の位置、あるいは支族が改姓した時期、本拠地、合戦の勝敗などに関しては、複数の説がある場合がある。特に、人物の生没年や、支族が改姓した時期、本拠地などに関しては、異説が多い。こういった場合は、比較的一般に流布している説をもとに、原稿を執筆した。
- 本書では総州家(そうしゅう)の島津師久(しまづもろひさ)、島津伊久(しまづこれひさ)、伊作家の島津忠良(しまづただよし)(日新斎(じっしんさい))、それに島津義弘(よしひろ)、島津久保(ひさやす)については、歴代当主から除外した。ただし、これらの人々の業績を否定するつもりは毛頭ない。このうち、師久と伊久は、第二部 第一章 第二節「中世の島津家の分家②──九州三国の分家 2. 総州家」で、忠良、義弘、久保は、第一部 第三章 第一節「戦国・織豊時代の島津家①──奥州家の歴代当主〔後編〕」で取り上げた。以上により、本書では島津家久(しまづいえひさ)(薩摩守)を島津家嫡流第17代当主、薩摩藩初代藩主として、歴代の代数を計算している。
- 島津家の人物の墓碑や史跡の所在などについては、可能な限り確認をした。しかし、改葬や移動などにより、現状が異なる場合もあるものと思われる。この点については、あらかじめ御了承いただきたいと思う。
- 頻出する次の地名、城郭名については冒頭のみ現在の自治体名を注記し、それ以降については注記を割愛した。

地名・城郭名	現在の自治体名
薩摩	鹿児島県西部
大隅	鹿児島県東部
日向	宮崎県
薩摩藩	鹿児島市
鹿児島・鹿児島城(鶴丸城)	鹿児島市
佐土原・佐土原藩	宮崎市

第一部

島津家嫡流の歴史と人物

第一章 鎌倉時代の島津家

通説では、島津家嫡流の初代当主・島津忠久は源頼朝の御落胤とされているが、忠久は文治2年(1186)に島津荘の惣地頭職、建久8年(1197)に薩摩、大隅(以上、鹿児島県)、のちに日向(宮崎県)の守護(県知事)に補任された。その後、建仁3年(1203)の比企氏の乱に連座して三国の守護の座を失ったが、間もなく薩摩の守護の座のみを回復している。次いで、文永11年(1274)の第1次蒙古襲来(文永の役)のころ、鎌倉幕府の命で第3代当主の島津久経(忠久の内孫)が薩摩へ下向した。これを機に歴代当主が薩摩で勢力を伸長し、鎌倉幕府の討幕に活躍した第5代当主・島津貞久(久経の内孫)は、建武の新政で三国の守護に補任されている。なお、この時代には若狭(津々見)忠季(忠久の弟)、島津忠綱(忠久の次男)、島津久長(久経の次男)が分家し、それぞれ若狭家、越前家、伊作家を興した。また、久経の弟や甥が阿蘇谷氏、給黎

◆島津家略系図①鎌倉時代

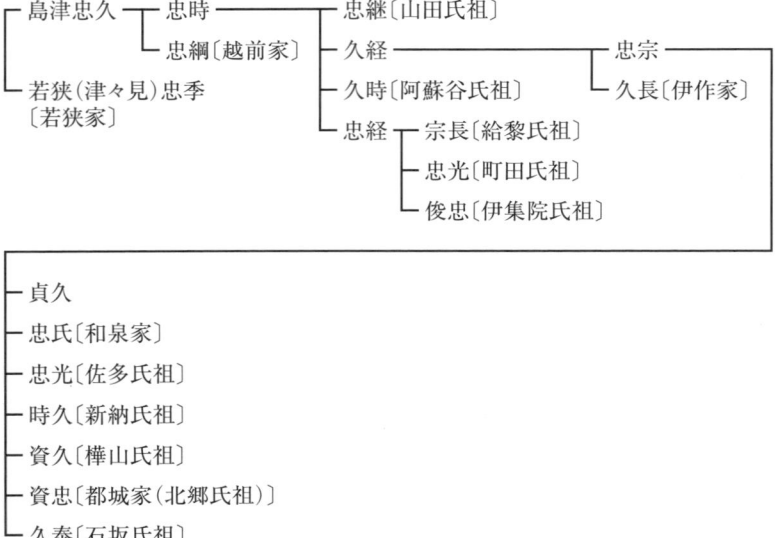

氏、町田氏、伊集院氏、貞久の弟が和泉家や、佐多氏、新納氏、樺山氏、北郷氏(都城家)、石坂氏の祖となるなど、鎌倉時代中期以降は分家や庶子家の独立が相次いでいる。

第一節　鎌倉時代の島津家①
——島津家嫡流の歴代当主

　島津家嫡流の初代当主である島津忠久は、鎌倉幕府の初代将軍・源頼朝に仕えて御家人として頭角を表した。そして、文治2年(1186)に島津荘の惣地頭職、建久8年(1197)に薩摩、大隅(以上、鹿児島県)、のち日向(宮崎県)の守護に補任された。のちに、島津家は三国の守護の座を失ったあと、薩摩の守護の座のみを世襲するようになる。その後は島津忠時(忠久の嫡子)、島津久経(忠時の次男)、島津忠宗(久経の嫡子)、島津貞久(忠宗の嫡子)が当主に就任したが、第3代当主・久経は鎌倉幕府の命に従い、子の忠宗、伊作久長(久経の次男)とともに蒙古襲来の際、迎撃に参加した。また、島津家嫡流の当主のうち、最初に九州へ下向したのは久経と見られている。なお、第4代当主・忠宗は『千載和歌集』などに数首が選ばれたほどの文人武将で、第5代当主・貞久は元弘3年(1333)の鎌倉幕府の討幕などで活躍した名将であった。

源頼朝の御落胤といわれている島津家の家祖

島津忠久　しまづ　ただひさ

治承3年(1179)？〜
安貞元年(1227)

　島津家初代当主で、薩摩、大隅(以上、鹿児島県)、日向(宮崎県)、越前(福井県中央部)の守護(県知事)、島津荘の惣地頭職。惟宗広言の嫡子。生母は丹後局(比企能員の妹)。通称、官職は三郎、左衛門尉、左兵衛尉、大夫判官、受領名は豊後守、法名は得仏。実父を源頼朝とする説が広く流布している。さらに、以仁王の遺児とする説や、惟宗忠康の子で広言の養子となったとする説(野口実『中世東国武士団の研究』)もある。ちなみに、生年は通説では治承3年(1179)とされているが、かつては10歳年上の嘉応元年(1169)とする説も主張された。文治5年(1189)の奥州征伐に従軍(後述)している点を勘案すると、生年は嘉応元年(1169)よりも以前の可能性が高い。次いで、挙兵した頼朝のもとへ馳せ参じ、島津荘の荘官(役人)を率いて奥州征伐などに

従軍した。この時期に頼朝に従ったのは、生母・丹後局が比企尼(頼朝の乳母)の縁者であったからであろう。ただし、荘官のなかには忠久の指揮に従わぬ者があり、鎌倉幕府から処罰を受けている。この事実などから、当時の忠久は島津荘とその荘官を完全に掌握できていなかった可能性が指摘できよう。この間の文治元年(1185)、頼朝下文で島津荘下司職に補任されたのをはじめ、文治2年(1186)には信濃塩田荘(長野県上田市)、建久8年(1197)までに薩摩の複数の地頭職となった。さらに、同じ年に薩摩と大隅の守護に補任され、のちに日向の守護にも補任されている。建久9年(1198)、薩摩の御家人26人が内裏(京都御所)の大番役を命ぜられた際には、忠久が催促状を出すなどした。建久8年(1197)当時、忠久が三国に有する地頭職の総計は、8000町にもおよんだという。しかし、生母・丹後局が能員の妹であったため、建仁3年(1203)の比企氏の乱に連座して三国の守護や地頭職を失う。このうち、薩摩の守護と地頭職に関しては、幸いにも短期間で回復している。ただし、大隅と日向の守護は執権・北条家が世襲したため、回復することはできなかった。一方、承久3年(1221)の承久の乱に嫡子・島津忠時とともに幕府方として従軍したことから、越前の守護に補任されている。なお、忠久が建久6年(1195)、もしくは建久7年(1196)に薩摩木牟礼城(鹿児島県出水市)に入城して領地経営にあたったとする説があり、鹿児島県下にはゆかりの史跡や寺院と称するものが多数残っている。実際には、日ごろの忠久は相模鎌倉(神奈川県鎌倉市)に起居し、代官の本田、酒匂両氏に領地経営を委ねていたら

島津忠久が御所を構えたという祝吉御所跡と島津家発祥之地の石碑(宮崎県都城市)

しい。正室は畠山重忠の娘。安貞元年(1227)、49歳(異説あり)のときに嫡子・忠時へ譲状を発し、この年6月に鎌倉で病没。墓碑は出水市の感応寺、鹿児島市の本立寺(五道院)跡、鎌倉市の白旗神社の裏山などにある。以上のうち、鎌倉市のものは頼朝の墓碑の近くにあるが、薩摩藩第8代藩主・島津重豪が大規模な修復を行ったことで名高い。なお、尚古集成館(鹿児島市)に、忠久のものという画像(高山寺旧蔵)が現存する。

島津家800年の礎を構築した忠久の嫡子
島津忠時 しまづ ただとき
建仁2年(1202)～
文永9年(1272)

　島津家嫡流第2代当主で、薩摩、越前(福井県中央部)、若狭(福井県南部)の守護(県知事)、島津荘薩摩方の惣地頭職。先代・島津忠久の嫡子。生母は正室・畠山重忠の娘。通称、官職は三郎兵衛尉、左兵衛尉、左衛門尉、修理亮、受領名は大隅守、法名は道仏で、諱(実名)は忠義とも。承久3年(1221)の承久の乱に父・忠久、叔父・若狭(津々見)忠季(忠久の弟)とともに幕府方として従軍し、乱で討ち死にした忠季に代わり、若狭の守護に補任された。若狭の守護は安貞2年(1228)に退くが、以後も鎌倉幕府の有力な御家人として近習番役などを歴任し、この間の安貞元年(1227)に越前の守護にも補任される。文永2年(1265)、嫡子・島津久経に、薩摩の守護と同国薩摩郡などの地頭職を譲った。文永8年(1271)には置文を作成し、久経の所領処分を認めている。また、ほかに長男・島津忠継、四男・島津忠経、六男・島津久時などの男子があり、忠継は山田氏の、島津宗長、島津忠光、島津俊忠(以上、忠経の子で忠時の外孫)はそれぞれ給黎、町田、伊集院の各氏の祖となった。正室は尼忍西(伊達念性の妹)。文永9年(1272)4月10日に病没。71歳。墓碑は鹿児島県出水市の感応寺、鹿児島市の本立寺(五道院)跡にある。

蒙古(元軍)の迎撃で大活躍した忠時の次男
島津久経 しまづ ひさつね
嘉禄元年(1225)～
弘安7年(1284)

　島津家嫡流第3代当主で、薩摩の守護(県知事)、島津荘薩摩方の惣地頭職。先代・島津忠時の次男。生母は正室・尼忍西(伊達念性の妹)。官職は修理亮、受領名は下野守、法名は道忍で、諱(実名)は久時とも。文永2年(1265)に父・忠時の隠居に伴い、家督を相続した。鎌倉幕府の御家人として、昼番

衆や供奉随兵役などを務めた。文永11年(1274)の第1次蒙古襲来(文永の役)の翌年にあたる建治元年(1275)、鎌倉幕府の命で筑前筥崎(福岡市東区)で沿岸警備を担当している。このとき、嫡子・島津忠宗、次男・伊作久長も沿岸警備に参加したという。弘安4年(1281)の第2次蒙古襲来(弘安の役)では、薩摩の御家人を率い、壱岐(長崎県壱岐地方)で元(モンゴル)軍を相手に奮戦した。従軍していた肥後(熊本県)の武士・竹崎季長とも交流があったらしく、季長の『蒙古襲来絵詞』にも「十文字」紋の旗を掲げて軍船に乗った、薩摩国守護下野守久親の姿が描かれている。なお、久親は久経、もしくは久時の誤記であろう。ところで、島津家嫡流の当主の九州への下向時期には諸説があるが、最初に九州へ下向したのは、この久経であったものと思われる。ただし、薩摩における久経の権力基盤は必ずしも強固ではなく、時として市来氏などの横槍を甘受したらしい。あるとき、守護代(副知事)・阿蘇谷久時(久経の弟)が市来氏と系図のことでトラブルを起こしたため、やむなく久時を退任させている。正室は尼妙智(相馬胤綱の娘)。久経は弘安7年(1284)に浄光明寺(鹿児島市)に鐘を寄進したが、同年閏4月21日に筥崎で病没した。60歳。墓碑は鹿児島県出水市の感応寺、鹿児島市の本立寺(五道院)跡にある。

『千載和歌集』に数首が選ばれた風雅の人
島津忠宗　しまづ　ただむね

建長3年(1251)～
正中2年(1325)

　島津家嫡流第4代当主で、薩摩の守護(県知事)、島津荘薩摩方の惣地頭職。先代・島津久経の嫡子。生母は尼妙智(相馬胤綱の娘)。通称は三郎左衛門尉、受領名は下野守、上総介、法名は道義。文永11年(1274)の第1次蒙古襲来(文永の役)の翌年にあたる建治元年(1275)に、鎌倉幕府の命で父とともに筑前筥崎(福岡市東区)で沿岸警備を担当している。このとき、弟の伊作久長も沿岸警備に参加し、忠宗は鎮西引付衆に補任されたという。弘安3年(1280)、忠宗は生母・尼妙智から相馬御厨(千葉県我孫子市ほか)内の「くろさきのかう(=黒崎郷)」を譲られたが(『島津家文書』)、弘安10年(1287)には黒崎郷などの所領を鎌倉幕府から安堵されている(『鳥浜文書』)。忠宗が譲られた以上の所領は後年、さらに島津貞久、島津忠氏、島津時久(以上、忠宗の子)らに譲られた。文保元年(1317)、日向高知尾荘(宮崎県高千穂町ほか)などの地頭職となり、文保2年(1318)には貞久、忠氏、島津忠光、時久、島津資久、島津資忠らの男児に所領を譲った。忠氏らはやがて、それぞれ和泉家や、佐

多、新納、樺山、北郷の各氏の祖となっている。忠宗は私生活の面では詩歌をよくする文人武将でもあり、『千載和歌集』や『新千載和歌集』に数首が選ばれている。正室は三池道智の娘。正中2年(1325)11月12日に病没。75歳。墓碑は鹿児島県出水市の感応寺、鹿児島市の本立寺(五道院)跡にある。

討幕に貢献し三国の守護に補任された名将
島津貞久　しまづ さだひさ

文永6年(1269)～
正平18年(1363)?

　島津家嫡流第5代当主で、薩摩、大隅の守護(県知事)。先代・島津忠宗の嫡子。生母は正室・三池道智の娘。通称は三郎左衛門尉、受領名は上総介、法名は道鑑。文保2年(1318)、父・忠宗は貞久ら男子に所領を譲ったが、このときに貞久は薩摩の守護、同国各地の地頭職などを受け継ぐ。正中2年(1325)、多数の一族、家人を率い、薩摩国内で連日狩りを行う。これなどは明らかに、権力基盤の強化をめざして断行されたものと推測される。元弘3年(1333)、足利尊氏の挙兵に賛同し、九州の少弐、大友両氏とともに鎮西探題(鎌倉幕府の出先機関)を攻め落とす。この軍功が認められ、同年に日向の守護、建武元年(1334)には大隅の守護、豊後井田郷(大分県豊後大野市)の地頭職などになった。ここに初代・島津忠久以来、百数十年ぶりに、島津家は悲願であった三国(薩摩、大隅、日向)の守護に補任された恰好になる。なお、当時の貞久の居城は、薩摩碇山城(鹿児島県薩摩川内市)であったものと見られる。その後、尊氏が建武の新政に叛旗を翻すと、貞久は幕府方へ身を投じて各地を転戦した。この間、南朝方に属した伊集院、市来両氏をはじめとする支族の抵抗は凄まじく、さしもの貞久も薩摩の東福寺城攻防戦、谷山城攻防戦などでは苦戦を続けている。次いで、尊氏と弟・足利直義(佐殿)とが争った観応の擾乱の際も、尊氏の陣営・幕府方に身を投じ、佐殿方に属した大隅の武将の制圧に従事した。ところで、貞久の世子(次期当主)は次男・島津宗久であったが、宗久は興国元年(1340)に没してしまう。そこで貞久は、薩摩の所領支配を三男・島津師久(上総介)に、大隅の所領支配を四男・島津氏久(陸奥守)に委ねたらしい。正平18年(1363)には、所領と相伝の文書とを師久、氏久らの男子に譲り渡した。男子のうち、師久は総州家、氏久は奥州家を興し、長男・島津頼久は川上氏の祖となっている。正室は大友親時の娘。正平18年(1363)7月3日に薩摩木牟礼城(鹿児島県出水市)で病没。95歳(異説あり)。墓碑は出水市の感応寺、鹿児島市の本立寺(五道院)跡にある。

第二節　鎌倉時代の島津家②
――鎌倉時代の父母・妻妾

　通説では、丹後局(比企能員の妹)は源頼朝の寵愛を受けて身ごもり、公家の惟宗広言に嫁して島津忠久を生んだとされている。養父とも実父ともいわれる広言は、中級の公家、歌人として、特に後白河上皇(第77代天皇)関係の歌会で活躍した。勅撰和歌集である『千載和歌集』には、広言の和歌5首が選ばれている。なお、先年、惟宗忠康を実父、広言を養父と見なす説も主張された。前後したが、北条政子(頼朝の正室)の圧迫を恐れた丹後局は、住吉神社(大阪市住吉区)境内で忠久を生んだというが、薩摩には丹後局の墓碑といわれるものが複数残る。次に、尼妙智(相馬胤綱の三女)は第3代当主・島津久経(忠久の内孫)に嫁し、第4代当主となる島津忠宗(久経の嫡子)らを生んだ。その尼妙智が下総相馬御厨(千葉県我孫子市ほか)内の領地を父母から譲られ、弘安3年(1280)に相馬御厨内の「くろさきのかう(＝黒崎郷)」を忠宗に譲っている。

忠久の養父に擬せられている文才豊かな公家
惟宗広言　これむね　ひろとき　　　生没年不詳

　平安時代末期、鎌倉時代初期の歌人。惟宗基言(日向守)の子で、島津忠久の父。源頼朝の子を身ごもった丹後局(比企能員の妹)が、広言に嫁して忠久を生んだという説が広く流布している。また、惟宗忠康を忠久の実父、広言を養父とする説もある(野口実『中世東国武士団の研究』)。生没年に関しては、長承元年(1132)に生まれ文治5年(1189)3月11日に58歳で没したとする説、長承3年(1134)に生まれ承元2年(1208)に75歳で没したとする説がある。また、諱(実名)の広言を「ひろこと」と読む説もあるが、いずれも定かではない。受領名は筑後守。なお、広言・丹後局夫妻は次男・若狭(津々見)忠季ももうけており、忠季の実父を頼朝とする説も喧伝されてきた。ところで、平安時代に明法家(法律家)を多数輩出した一族に、讃岐(香川県)ゆかりの惟宗一族がいる。惟宗一族は大陸からの渡来人といわれ、本姓は秦であるという。元慶7年(883)、直宗・直本兄弟が朝廷から惟宗朝臣の姓を賜り、以後、

子孫も惟宗を称した。その後、直宗、直本、惟宗公方(直本の子)、惟宗允亮、惟宗允正(以上、公方の子)らが、明法家最高の職である明法博士に補任されている。基言・広言父子は、直宗・直本兄弟に始まる明法家の一族であろう。しかし、平安時代末期になると世間は明法家を軽んじるようになり、また明法博士の職を坂上、中原両一族が世襲するようになる。こういった関係で、惟宗一族は明法家としてではなく、中級の公家、歌人として活躍を開始したらしい。広言の祖父・惟宗孝言(1015〜没年不詳)は、伊勢守や伊賀守を歴任した官人、漢詩人であり、藤原師実の家司(事務担当の職員)で、父

後白河上皇の御所・法住寺殿跡の石碑(京都市東山区・蓮華王院)。惟宗広言や丹後局は、この法住寺殿に出入りしていたものと推測される

の基言(生没年不詳)は大外記、日向守を歴任した官人であった。孝言の孫で基言の子の広言は、官人としては大宰少監から文治2年(1186)に五位、筑後守となり、歌人としては永暦元年(1160)から寿永元年(1182)のあいだに詠んだ和歌百首が『惟宗広言集』(『群書類従』所収)として伝えられている。また、広言の和歌は藤原俊成撰の勅撰和歌集『千載和歌集』に5首、『玉葉』に1首が見える。さらに、治承2年(1178)の加茂社歌合、文治3年(1187)の貴船社歌合にも参加したという。概して、後白河上皇(第77代天皇)関係の歌会での出詠歌が多いが、広言は後白河上皇に今様(古代の舞踊、歌謡)を学んだとも伝えられている。先年、冷泉家時雨亭文庫から広言の私撰集『言葉和歌集』の一部が見つかり、大変話題となった。ちなみに、『千載和歌集』の5首は、巻第二春歌下に1首、巻第五秋歌下に2首、巻第六冬歌に1首、巻十五恋歌五に1首が収められている。巻第二から巻第六までの4首は平板な内容だが、巻十五恋歌五の和歌(№934)は、

　　　はかなくぞ　のちの世までも　契りける　まだきにだにも　変る心を

という、恋人の心変わりを詠んだ含蓄のある内容である。ただし、誠に残念ながら、この和歌の題材となった恋人が丹後局か否かは不明である。

頼朝の寵愛を受け、忠久を生んだ比企能員の妹

丹後局　たんごのつぼね

長承3年(1134)〜?
安貞元年(1227)?

　比企能員の妹(一説に姉)で、惟宗広言の正室、島津忠久の生母。後白河上皇(第77代天皇)の院庁に出仕し、取次役を務めたという。のちに広言に輿入れし、嫡子・島津忠久、次男・若狭(津々見)忠季を生む。なお、丹後局が源頼朝の乳母・比企尼の縁者であったからであろうか。島津家の系図などでは、丹後局は頼朝の寵愛を受け、身ごもって忠久を生んだとされている。また、頼朝の正室・北条政子の圧迫を恐れた丹後局は、九州へ下る途中、摂津の住吉神社(大阪市住吉区)境内で忠久を生み、その後は広言とともに薩摩鍋ヶ城(鹿児島県いちき串木野市)に住んだなどという伝承もある。城跡には丹後局が腰をかけたという腰掛石、水を汲んだという北条水などがある。なお、長承3年(1134)に生まれ、安貞元年(1227)に94歳で病没したなどとする説があるが、生没年については異説が多い。のちに、丹後局・忠久母子が花尾神社(鹿児島市)へ祀られたことから、同神社の近くに丹後局の墓碑などが残る。また、いちき串木野市の来迎寺跡にも、丹後局のものと称する高さ2.4mの墓碑がある。この墓碑には阿弥陀三尊の種子(梵字)や鎌倉時代の年号が刻まれており、石造物として極めて貴重な文化財である。

伝・島津忠久誕生石(大阪市住吉区・住吉神社)。丹後局は、この石の上で島津忠久を出産したという

子供たちに相馬御厨を譲り渡した久経の正室
尼妙智 あまみょうち

生没年不詳

相馬胤綱の三女。生母は正室・相馬尼(天野政景の娘)。島津久経の正室で、島津忠宗の生母。建長3年(1251)以前に久経に輿入れし、嫡子・忠宗らを生む。康元元年(1256)ごろに父の胤綱から、弘安3年(1280)ごろに生母の相馬尼から下総相馬御厨内の領地を譲られた。同年、忠宗は尼妙智から相馬御厨内の「くろさきのかう(=黒崎郷)」を譲られたが(『島津家文書』)、弘安10年(1287)にその黒崎郷などの所領を鎌倉幕府から安堵されている(『鳥浜文書』)。忠宗が譲られた以上の所領は後年、さらに島津貞久、島津忠氏、島津時久(以上、忠宗の子)らに譲られた。なお、御厨とは伊勢神宮(三重県伊勢市)などの神領を指すが、相馬御厨は現在の千葉県我孫子市、柏市、野田市、茨城県取手市、守谷市などにまたがる、関東でも屈指の規模を誇る広大な御厨であった。

源氏山公園に建つ源頼朝像(神奈川県鎌倉市)

第二章 南北朝・室町時代の島津家

　正平18年(1363)、島津家嫡流の第5代当主・島津貞久は、所領と相伝の文書を、三男・島津師久と、四男・島津氏久とに譲る。また、貞久は師久を薩摩の守護(県知事)、氏久を大隅の守護とした。これ以後、師久(上総介)の系統は総州家、氏久(陸奥守)の系統は奥州家と呼ばれるようになる。両家のうち、奥州家の氏久、島津元久(氏久の嫡子)は日向志布志内城(鹿児島県志布志市)、薩摩清水城(鹿児島市)などを居城とし、大隅、日向から薩摩へ勢力を伸長した。前後したが、志布志城を含む諸県郡の南部は当時は日向で、大隅へ編入されたのは明治時代になってからであった。そして、明徳4年(1393)には元久が薩摩、大隅、日向の守護に補任される。以後、奥州家の歴代当主は三国の守護を世襲し、室町時代の全期を通じて島津家嫡流の地位にあった。なお、島津用久(薩摩守／島津久豊の次男)、島津季久(豊後守／久豊の三男)、島津友久(相模守／島津忠国の長男)が分家し、それぞれ薩州家、豊州家、相州家を興した。また、貞久の長男や、久豊の子、孫が川上氏、大島氏、義岡氏、桂氏、喜入氏の祖となるなど、室町時代には分家や庶子家の独立が相次ぐ。

◆島津家略系図②南北朝・室町時代

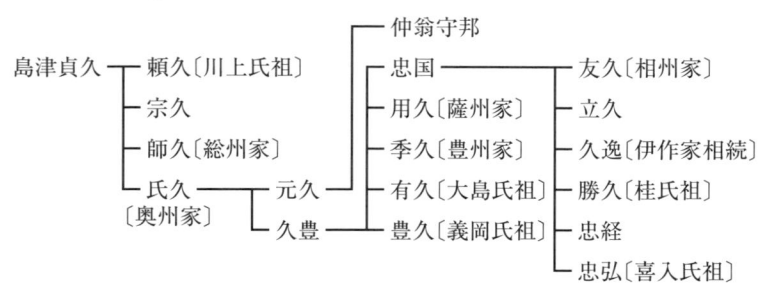

第一節　南北朝・室町時代の島津家①
―― 奥州家の歴代当主　前編

　南北朝期、島津家嫡流では島津師久(上総介／島津貞久の三男)が総州家を興し、島津氏久(陸奥守／貞久の四男)が奥州家を興した。このうち、師久は薩摩の守護(県知事)に、氏久は大隅の守護に補任されたが、次第に奥州家の氏久、島津元久(氏久の嫡子)が勢力を伸長していく。やがては、奥州家が島津家嫡流の当主の座を世襲するようになり、明徳4年(1393)には元久が薩摩、大隅、日向の守護に補任されている。以後、島津久豊(元久の弟)、島津忠国(久豊の嫡子)、島津立久(忠国の次男)が相次いで当主に就任するが、この間には支族の伊集院頼久・初犬千代丸父子が島津家の家督をうかがうという出来事もあった。なお、歴代当主のうち、馬術に長けていた第6代当主・氏久は、『在轡集』という馬術の奥義を記した著作を残している。また、忠国は室町幕府に琉球(沖縄県)への出兵を認められたといわれ、琉球や明国(中国)への渡航を企てたという説も残る。

南北朝期に九州で奮戦を重ねた奥州家の祖
島津氏久　しまづ　うじひさ
嘉暦3年(1328)〜
元中4年(1387)

　島津家嫡流第6代当主で、奥州家の祖、大隅の守護(県知事)。先代・島津貞久の四男。生母は正室・大友親時の娘。通称、官職は又三郎、三郎左衛門尉、法名は玄久齢岳、即心院、受領名は越後守、陸奥守。当初は幕府方、のちには朝廷方として敵方と戦う。正平6年(1351)には金隈の戦いで佐殿(足利直義)方と激闘を演じ、負傷して恩賞を得た。正平18年(1363)に父・貞久から大隅の守護、薩摩国内の地頭職などを譲られる。同年、島津家の繁栄を祈って、正興寺(廃寺／鹿児島県霧島市)に持国天木像を寄進したが、この木像は氏久の姿を写し取らせたものという。このころ、大隅や日向では味方の武将が少ないなか、日向志布志城(鹿児島県志布志市)などを居城として、大隅から日向南部へと版図を拡大した。しかし、天授元年(1375)に室町幕府の九州探題(同幕府の出先機関)・今川了俊(貞世)が、氏久の勧めで来陣した少弐冬資を謀殺してしまう。このため、氏久は了俊の不実に怒り、対決姿勢を鮮明

島津家歴代当主の木像を安置する鶴嶺神社（鹿児島市）

にする。天授3年（1377）には了俊麾下の今川満範や伊東氏祐らが日向都城（宮崎県都城市）を包囲するが、氏久は志布志城から出撃して城主・北郷誼久の救援を成功させた。さらに、武術、特に馬術に長けていたことから、馬術の奥義を記した『在轡集』などの著作も残している。正室は伊集院忠国の娘、継室（後妻）は佐多忠光の娘。晩年に薩摩へ帰り、元中4年（1387）5月4日に病没。60歳。墓碑は志布志市の即心院跡、鹿児島県鹿屋市の龍翔寺跡、鹿児島市の福昌寺跡などにある。なお、持国天木像は現在、鹿児島市の鶴嶺神社に氏久像として安置されている。

鹿児島の発展に心を砕いた島津家中興の英主
島津元久 しまづ もとひさ
興国4年（1343）？～応永18年（1411）

　島津家嫡流第7代当主（奥州家）で、薩摩、大隅、日向の守護（県知事）。先代・島津氏久の嫡子。生母は正室・伊集院忠国の娘。通称は又三郎、法名は恕翁玄忠、福昌寺殿で、諱（実名）は孝久とも。大隅大姶良城（鹿児島県鹿屋市）で生まれ、父の日向志布志城（鹿児島県志布志市）入城に従う。のちに元久は、薩摩東福寺城や薩摩清水城（以上、鹿児島市）などを居城とした。元中4年（1387）の父の病没に伴い、大隅の守護となる。明徳4年（1393）、総州家の

島津伊久と島津守久(伊久の嫡子)が対立した際、調停に奔走した。これに恩義を感じた伊久は、重代の家宝を元久に譲ったと伝えられている。なお、元久は島津久照(伊久の子)を養子としていたが、応永8年(1401)に伊久と対立したために久照との養子縁組を破棄する。一方、明徳4年(1393)ごろに元久は、薩摩や日向の守護にも補任された。応永17年(1410)に分家や支族とともに上洛して第4代将軍・足利義持に拝謁する一方、薩摩と大隅の各地へ兵を進めて肝付氏などの敵対勢力の被官化に成功した。これより先の応永元年(1394)、元久は薩摩鹿児島に福昌寺を建立し、島津家の菩提寺としている。このとき、開山に母方の叔父・石屋真梁を招き、元久の子・仲翁守邦を3世住持(住職)とした。なお、元久が清水城を居城、福昌寺を島津家の菩提寺として以降、島津家の嫡流は長く鹿児島を拠点とすることになる。応永18年(1411)に薩摩入来(鹿児島県薩摩川内市)を攻撃中に発病し、清水城で8月6日に病没。69歳か。正室は久山夫人(伊集院氏の娘)。一説に生年は正平18年(1363)、没したときの年齢は49歳であるという。墓碑は福昌寺跡にある。

仇敵・総州家を滅亡に追い込んだ元久の弟
島津久豊　しまづ ひさとよ

天授元年(1375)〜
応永32年(1425)

島津家嫡流第8代当主(奥州家)で、薩摩、大隅、日向の守護(県知事)。先々代・島津氏久の次男で、島津元久の弟。生母は継室(後妻)・佐多忠光の娘。通称、官職は次郎三郎、南殿、修理亮、法名は義天存忠、恵灯院、受領名は陸奥守。当初、薩摩頴娃城(鹿児島県南九州市)や日向穆佐高城(宮崎市)などを居城とし、兄で先代の元久と対立した時期すらあるが、応永17年(1410)、上洛する途中の元久と日向油津(宮崎県日南市)で対面し、和解したとされている。応永18年(1411)に元久が病没すると、葬儀の場に馳せ参じて家督と三国の守護の座を相続した。実はこの当時、伊集院頼久・初犬千代丸父子が秘かに守護の座を狙っていた。ちなみに、久豊は当初、出家をしていた甥・仲翁守邦(元久の長男)を還俗させ、家督や守護の座を継がせようとしたという。しかし、仲翁守邦が固辞したため、久豊が相続したと伝えられている。ただし、久豊の守護就任に反発した頼久らは応永20年(1413)に挙兵し、久豊の居城・鹿児島本城を一時占拠する。苦戦の末に城を奪回した久豊は、応永23年(1416)に総州家の島津久世(島津守久の子)を攻めて自刃に追い込んだ。応永24年(1417)には島津久林(久世の子)や頼久に敗れたが、応永25

年(1418)には頼久を屈伏させる。さらに、応永29年(1422)には守久を肥前(佐賀県、長崎県)へ追放し、総州家を事実上滅亡させた。その後は薩摩、大隅の支配を強めるとともに、日向へ出兵して伊東氏の討伐に意を注ぐ。応永31年(1424)には日向志布志城(鹿児島県志布志市)にいた久豊のもとへ、肥後(熊本県)の菊池氏の使者が来訪している。正室は伊東祐安の娘、継室は頼久の娘。応永32年(1425)1月21日に没。51歳。墓碑は宮崎市の悟性寺跡、鹿児島市の福昌寺跡にある。家督は島津忠国が継いだが、先に触れた通り、次男の島津用久は薩州家を興した。また、三男・島津季久は豊州家、四男・島津有久は大島氏、五男・島津豊久は義岡氏の祖となる。

貿易や海外渡航にこだわった異色の当主

島津忠国 しまづ ただくに

応永10年(1403)～
文明2年(1470)

島津家嫡流第9代当主(奥州家)で、薩摩、大隅、日向の守護(県知事)。先代・島津久豊の嫡子。生母は正室・伊東祐安の娘。通称は又三郎、官職は修理大夫、法名は大岳玄誉、深固院、受領名は陸奥守で、諱(実名)は貴久とも。日向穆佐高城(宮崎市)で生まれ、応永28年(1421)には薩摩隈之城(鹿児島県薩摩川内市)へ進撃して総州家の島津忠朝を屈伏させる。応永32年(1425)、父・久豊の病没に伴い、家督と三国の守護の座を相続した。永享2年(1430)には総州家の島津久林(島津久世の子)を討ち死にに追い込んだ。次いで、永享3年(1431)に室町幕府から硫黄15万斤の調達を命じられる。しかし、永享4年(1432)ごろには薩摩や大隅などで国人一揆が頻発し、忠国を苦しめた。そこで忠国は、島津用久(久豊の次男で、忠国の弟)に守護の職務を代行させている。この判断は成功し、用久も当初は兄の命に従って職務に忠実であった。なお、嘉吉元年(1441)当時、足利義昭(足利義教の弟)が日向へ亡命していた。実は第6代将軍・義教と義昭が争っており、兄に追われた義昭は日向へ逃れたのである。けれども、将軍・義教が義昭の抹殺を命じたため、やむなく忠国は樺山孝久や山田忠尚らに義昭を討伐させ、自殺に追い込んだ。なお、義教の弟の義昭と、第15代将軍の足利義昭とは別人である。ところで、このころには鹿児島へ戻った忠国と、薩摩谷山城(鹿児島市)を居城とする用久との対立が激化した。一時、忠国が用久の討伐を決意し、室町幕府からも用久の討伐令が出たが、文安5年(1448)に両者は和解する。それも束の間、晩年の忠国は次男・島津立久と対立したため、今度は立久に守護の職務代行

を命じた。ちなみに、義昭の討伐などの功をあげた忠国が、室町幕府から琉球(沖縄県)への出兵を認められたという説がある。このためか、忠国は琉球や明国(中国)との勘合船貿易に強い関心を示し、琉球や明国への渡海を公言したこともあるという。正室は新納忠臣の娘。文明2年(1470)1月20日に没。68歳。墓碑は鹿児島県南さつま市の六角堂、鹿児島市の福昌寺跡にある。また、鹿児島市の鶴嶺神社には、明応5年(1496)の作という忠国像が現存している。家督は立久が継ぐが、長男・島津友久(相模守)は相州家を興し、三男・島津久逸は伊作家を相続している。

島津立久　しまづ　たつひさ

父の晩年に守護代を務めた忠国の次男

永享4年(1432)〜
文明6年(1474)

　島津家嫡流第10代当主(奥州家)で、薩摩、大隅、日向の守護(県知事)。先代・島津忠国の次男。生母は正室・新納忠臣の娘。幼名は安房丸、通称、官職は又三郎、修理亮、法名は節山玄忠、受領名は陸奥守。薩摩清水城(鹿児島市)で生まれ、家督相続する前から各地を転戦し、寛正3年(1462)には薩摩市来城(鹿児島県いちき串木野市)の市来氏を討伐した。応仁元年(1467)に京都で応仁の乱が勃発すると、立久は文明元年(1469)に細川勝元の側(東軍)へ身を投じる。ただし、京都などへは出兵せず、勝元の命を受けて琉球(沖縄県)へ行き来する船舶の取締などにあたった。晩年、父・忠国と対立したのち、父の命で守護の職務代行を行っている。文明2年(1470)、父の病没に伴い、家督と三国の守護の座を相続した。正室は伊東祐堯の娘。文明6年(1474)4月1日に病没。43歳。墓碑はいちき串木野市の龍雲寺跡、鹿児島市の福昌寺跡にある。

御霊神社に建つ応仁の乱勃発地の石碑(京都市上京区)

第二節　南北朝・室町時代の島津家②
―― 島津家出身の高僧

　南北朝・室町時代の島津家嫡流、あるいは支族からは、石屋真梁（伊集院忠国の十一男）と、仲翁守邦（島津元久の長男）という、ふたりの曹洞宗の高僧が出た。石屋は南禅寺（京都市左京区）で修行し、伊集院久氏（石屋の長兄）の要請で妙円寺（廃寺／鹿児島県日置市）の開山、第7代当主・元久の要請で福昌寺（廃寺／鹿児島市）の開山となった。一方、足利学校（栃木県足利市）や総持寺（神奈川県横浜市鶴見区）で修行した仲翁は、父の没後に島津家嫡流の当主に推された。しかし仲翁はこれを固辞し、第8代当主・島津久豊（元久の弟）の要請で常珠寺（鹿児島県南さつま市）の開山、第9代当主・島津忠国（久豊の嫡子）の要請で含粒寺（鹿児島県鹿屋市）の開山となっている。さらに、石屋は総持寺の20世、仲翁は76世に出世している。

妙円寺の開山となった伊集院忠国の十一男
石屋真梁　せきおく　しんりょう
興国6年（1345）？〜
応永30年（1423）？

　伊集院忠国の十一男で、曹洞宗の禅僧、福昌寺（廃寺／鹿児島市）開山、総持寺（神奈川県横浜市鶴見区）20世。なお、島津家第7代当主・島津元久の生母は石屋の姉妹であるので、石屋と元久は叔父と甥の間柄である。京都・南禅寺（京都市左京区）の蒙山智明に師事し、弘和3年（1383）、もしくは明徳元年（1390）に伊集院久氏（忠国の嫡子で、石屋の長兄）が妙円寺（鹿児島県日置市）を創建した際、請われて開山となる。応永元年（1394）には元久の要請で、島津家の菩提寺・福昌寺の開山となった。仏典だけでなく儒学にも明るい石屋の教えを受けるべく、福昌寺には1500人もの弟子が集まったという。また、元久も仲翁守邦（元

南禅寺の石標（京都市左京区）

久の長男)を出家させ、石屋に師事させたと伝えられている。応永15年(1408)に総持寺の20世に出世した。石屋の法嗣には、竹居正猷や福昌寺2世の覚隠永本らがいる。石屋ら歴代住職の墓碑は、福昌寺跡に林立している。応永30年

石屋真梁ゆかりの永沢寺の勅使門(兵庫県三田市)。石屋がこの寺で入寂したという説がある

(1423)5月11日に入寂。79歳。なお、生年が正平4年(1349)で、永沢寺(兵庫県三田市)で正長元年(1428)11月に入寂したとする説もある。

当主就任を固辞し紫衣を許された元久の子
仲翁守邦　ちゅうおう　しゅほう

天授5年(1379)〜
文安2年(1445)

　島津元久の長男で、曹洞宗の禅僧、福昌寺(廃寺/鹿児島市)3世、総持寺(神奈川県横浜市鶴見区)76世。幼名は梅寿。島津家嫡流第7代当主・元久の子だが、幼いころに竺山得仙に師事して出家を決意し、妙円寺(鹿児島県日置市)の石屋真梁のもとで剃髪をする。ところで、応永18年(1411)に父・元久が病没したとき、伊集院頼久(伊集院久氏の子)・初犬千代丸父子が秘かに島津家嫡流の当主、薩摩など三国の守護(県知事)の座を狙っていた。これを知った島津久豊(元久の弟)は仲翁に家督を継がせようとしたが、仲翁が固辞したために久豊が第8代当主となったという。一方、仲翁は下野足利(栃木県足利市)の足利学校で学んだのち、総持寺で修行を重ねた。応永29年(1422)以降、久豊に請われて常珠寺(鹿児島県南さつま市)開山、第9代当主・島津忠国(久豊の嫡子)に請われて含粒寺(鹿児島県鹿屋市)開山を務める。このうち、仲翁の尽力もあり、含粒寺は大隅中部における仏教文化の拠点となった。永享4年(1432)には総持寺の76世に出世し、朝廷から紫衣を勅許された。文安2年(1445)6月6日に入寂。67歳。

第三章
戦国・織豊時代の島津家

　戦国時代には、引き続き島津忠昌(島津立久の長男)らの奥州家が島津家嫡流の第11代から第14代の当主となり、薩摩、大隅、日向の三国の守護(県知事)の座を世襲した。このころになると、薩州家の島津実久、伊作家、相州家の島津忠良・貴久父子といった武将が、奥州家にとって侮りがたい存在となる。やがて、忠良・貴久父子が薩州家を倒し、第14代当主・島津勝久(忠昌の三男)を凌駕した。大永7年(1527)には、勝久に代わって貴久が三国の守護に補任された。さらに、天文4年(1535)に勝久が薩摩清水城(鹿児島市)から退去し、貴久が名実ともに島津家嫡流の第15代当主となる。以後、三国統一をめざして各地へ兵を送り、第16代当主の島津義久(貴久の嫡子)の代に戦国大名への脱皮、三国統一を完成させた。次いで、織豊時代に九州の過半を版図に収めたが、天正15年(1587)に豊臣秀吉の九州征伐に屈伏する。戦後、九州の中部と北部の領地は没収されるが、島津家は薩摩と大隅の大部分と日向の一部とを安堵され、大名として存続した。

◆**島津家略系図③戦国・織豊時代**

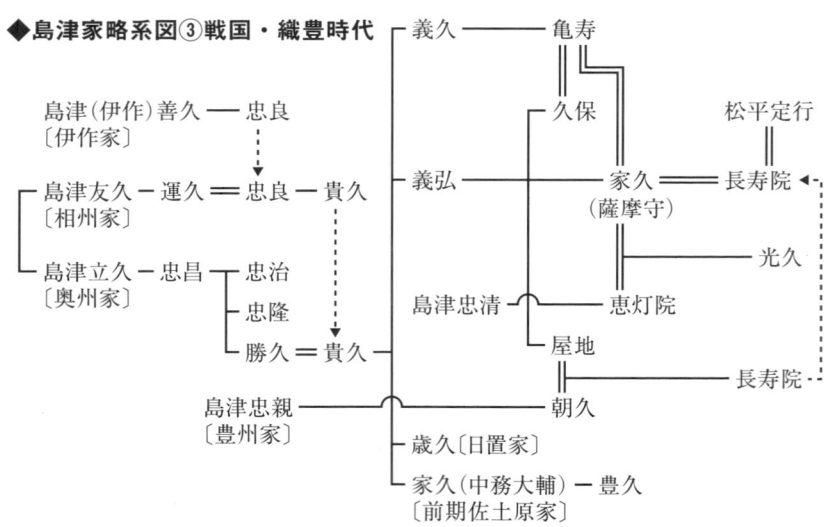

第一節　戦国・織豊時代の島津家①
——奥州家の歴代当主　後編

　戦国時代の島津家嫡流では、島津忠昌（島津立久の嫡子）、島津忠治（忠昌の嫡子）が第11代、第12代の当主に就任するなど、初めは世子（次期当主）の当主就任が続く。しかし、忠治が27歳で病没して以降は、島津忠隆（忠昌の次男）、島津勝久（忠昌の三男）が相次いで当主に就任した。このうち、忠昌の時代には2度も桜島（鹿児島市）の大噴火（「文明の大噴火」）があり、少なからず被害を受ける。やがて、「国中大乱」と呼ばれるほど、薩摩など各地で騒乱が続く。忠昌はどうにか「国中大乱」の鎮圧には成功するものの、永正5年（1508）に没した。死因は自殺であるという。また、忠治・忠隆兄弟が相次いで病没したことなどから、島津家嫡流の当主の座を世襲してきた奥州家は著しく衰退した。戦国時代末期、分家の離反に苦しんだ勝久は、島津家の家督と、薩摩、大隅、日向の守護（県知事）の座を島津貴久（日新斎忠良の嫡子）に譲る。これに伴い、伊作家と相州家の当主を兼ねた忠良・貴久父子の系統が、島津家嫡流の当主の座を世襲することになった。戦国時代末期、織豊時代には島津義久（貴久の嫡子）が第16代当主、島津義弘（貴久の次男）が守護代（代理司令官）、島津家久（薩摩守／義弘の三男で、義久の娘婿）が世子に就任した。島津家嫡流は、義久・義弘・薩摩守家久の三者による「三頭（トロイカ）体制」で、慶長5年（1600）の関ヶ原の戦いを迎えている。

大乱や桜島噴火に苦しめられた不運な当主
島津忠昌　しまづ　ただまさ
寛正4年（1463）〜永正5年（1508）

　島津家嫡流第11代当主で、薩摩、大隅、日向の守護（県知事）。先代・島津立久の長男。生母は側室・梶原弘純の娘。通称は又三郎、官職は修理進、受領名は陸奥守、法名は円室玄鑒（源鑑、源鑒）で、諱（実名）は武久とも。薩摩清水城（鹿児島市）で生まれ、当初は出家して龍雲寺（鹿児島県日置市）で修行していた。のちに還俗し、文明6年（1474）の父・立久の病没に伴い、家督と三国の守護を相続する。ところが、文明8年（1476）には桜島（鹿児島市）の大噴火が2度あり（「文明の大噴火」）、薩摩を中心に少なからず被害があった。

鹿児島のシンボル・桜島(鹿児島市)。歴代の当主は、たびたびの噴火に悩まされた

こういったことを契機として、文明16年(1484)ごろには「国中大乱」と呼ばれるほど、薩摩など各地で騒乱が続く。忠昌は出兵を反復するが、永正3年(1506)には大隅の肝付兼久らに苦戦する。加えて、忠昌は薩州家第5代当主の島津実久、日向の伊東氏、肥後(熊本県)の相良氏らとの抗争も強いられている。この時代の忠昌の奮闘の様は、『薩隅日内乱記』や『文明記』などに克明に記されている。ただし、「国中大乱」の鎮圧には成功したものの、島津家の当主、三国の守護としての忠昌の権威は、残念ながら失墜の傾向にあったという。一方で、高僧・桂庵玄樹、絵師・高城秋月などを薩摩へ招き、重臣・伊地知重貞を促して桂庵玄樹の『大学章句』の刊行を援助した。なお、これが後年、薩摩で朱子学の一派・薩南学派が花開く端緒となる。さらに、琉球(沖縄県)や明国(中国)との貿易に心を砕き、琉球船の誘致に成功している。正室は大友政親の娘。永正5年(1508)2月15日に没。46歳。一説に、忠昌は日ごろから歌人・西行の和歌「願わくば　花のもとにて　春死なむ　その如月の　望月のころ」を愛唱していたが、この日、思いあまって自刃を遂げたと伝えられている。墓碑は鹿児島市の福昌寺跡にある。家督と三国守護の座は、嫡子・島津忠治、次男・島津忠隆、三男・島津勝久が相次いで相続している。

大興寺を創建するも早世した薄幸の人
島津忠治 ● しまづ ただはる
延徳元年(1489)〜
永正12年(1515)

　島津家嫡流第12代当主で、薩摩、大隅、日向の守護(県知事)。先代・島津忠昌の嫡子。生母は正室・大友政親の娘。幼名は安房丸、通称は又三郎、法名は蘭窓津友。薩摩清水城(鹿児島市)で生まれた。永正5年(1508)、父・忠昌の没後に家督と三国の守護の座を相続する。学問好きであったが、鹿児島へ大興寺を建立している。ところが、薩摩吉田城(鹿児島市)の吉田氏を討伐中、永正12年(1515)8月25日に没。27歳。墓碑は当初は同地の津友寺(廃寺)にあったが、現在は鹿児島市の福昌寺跡にある。当主在任期間が7年と短かったため、ほかには業績を残すことができなかった。家督と三国守護の座は、次弟・島津忠隆(忠昌の次男)が相続する。

家臣から「古今伝授」を受けた文人武将
島津忠隆 ● しまづ ただたか
明応6年(1497)〜
永正16年(1519)

　島津家嫡流第13代当主で、薩摩、大隅、日向の守護(県知事)。先々代・島津忠昌の次男。生母は正室・大友政親の娘。幼名は百房丸、通称は又六郎、法名は興岳龍盛。永正12年(1515)、兄で先代当主の島津忠治(忠昌の嫡子)の病没に伴い、家督と三国守護の座を相続する。永正13年(1516)、琉球(沖縄県)への遠征を企てた備中(岡山県西部)の三宅国秀を薩摩坊津(鹿児島県南さつま市)で討ち、琉球貿易を保護した。一方、忠隆は和歌をよくした文人武将でもあり、『古今和歌集』に関する奥義「古今伝授」を受けたと伝えられている。永正16年(1519)4月14日に病没。23歳。遺骸は鹿児島市の龍盛院に祀られたが、現在、墓碑は鹿児島市の福昌寺跡にある。

貴久に家督を譲って客死した忠昌の三男
島津勝久 ● しまづ かつひさ
文亀3年(1503)〜
天正元年(1573)

　島津家嫡流第14代当主で、薩摩、大隅、日向の守護(県知事)。第11代当主・島津忠昌の三男で、第12代・島津忠治、第13代・島津忠隆の弟。生母は正室・大友政親の娘。幼名は官房丸、通称は又八郎、八郎左衛門尉、法名は

大翁妙蓮大禅定門。官職は修理大夫、受領名は陸奥守で、諱(実名)は義忠、義兼とも。永正16年(1519)、次兄・忠隆の病没に伴い、家督と三国守護の座を相続する。忠治、忠隆という2代の当主が早世したため、当時の薩摩と大隅では戦乱が続いていた。やがて戦乱に乗じて、正室の弟で薩州家第5代当主・島津実久が、守護の座を明け渡すよう勝久に迫ってくる。そこで勝久は、これに対抗するべく、伊作家第10代当主の島津忠良に接近した。また、勝久は島津貴久(忠良の嫡子)を養子に迎え、大永7年(1527)までには家督と三国守護の座を譲った。なお勝久は、一度は薩摩伊作城(鹿児島県日置市)へ隠退したが、のちに清水城に舞い戻る。これは守護への返り咲きを狙っての行動で、忠良らも警戒する。ところが、実久らと衝突を繰り返し、勝久は完全に失脚して亡命した。継室(後妻)は禰寝重就の娘。各地を放浪した末、天正元年(1573)10月15日に豊後沖之浜(大分市)で病没。71歳。遺骸は鹿児島市の龍盛院に祀られたが、現在、墓碑は鹿児島市の福昌寺跡にある。

実質的な当主として大活躍した貴久の父

島津忠良(日新斎)
しまづ ただよし(じっしんさい)

明応元年(1492)～永禄11年(1568)

薩摩の戦国大名で、伊作家第10代、相州家第3代の当主。伊作家第9代・島津善久の子。生母は正室・常盤(新納是久の娘)。幼名は菊三郎、通称、号は左衛門尉、入道日新、日新斎、愚谷軒、受領名は相模守。なお、江戸時代に成立した『島津国史』などは忠良を歴代当主とは見ておらず、分家の当主として扱っている。しかし、忠良は島津家中興の祖で、戦国大名としての島津家の実質的な初代ともいうべき武将である。明応元年(1492)、薩摩伊作亀丸城(鹿児島県日置市)で生まれる。幼少時に父・善久が没したため、生母・常盤は相州家第2代当主の島津運久と再婚した。これに伴って忠良は運久の養子となり、永正9年(1512)からは伊作家と相州家の当主を兼ね、伊作と薩摩田布施(鹿児島県南さつま市)など、薩摩の西部を知行する。ところで、忠良は正室・寛庭夫人(薩州家第3代当主・島津重久の娘)とのあいだに、長男・島津貴久をもうけていた。大永6年(1526)、忠良は島津家嫡流の第14代当主・島津勝久と交渉の末、貴久を世子(次期当主)とし、薩摩などの次の守護(県知事)にすることを勝久に認めさせる。大永7年(1527)までに貴久は勝久から家督と三国守護の座とを譲られたが、さらに忠良は自ら薩摩清水城(鹿児島市)へ居城を移し、戦国大名としての地歩を固めようとした。けれども、こ

のころは薩州家第5代・島津実久(重久の内孫)らの抵抗が凄まじく、忠良らは田布施城へ逃れたほどである。それでも、天文2年(1533)に再起を期して挙兵し、伊集院忠朗をはじめとする重臣の助力を得つつ、天文2年(1533)から天文8年(1539)ごろまでにかけて、薩摩各地の平定に実をあげた。そのうえで、天文14年(1545)に軍団の指揮権を貴久に譲り、天文19年(1550)に薩摩加世田城(南さつま市)へ隠退している。なお、神道、儒教、仏教、加えて四書五経などにも明るかった忠良は、家臣団の日常生活の規範とするべく、それらの奥義を平易に説いた「伊呂波歌(日新斎伊呂波歌)」を考案するなどした。また、隠退する前後から宗教者や学者のような行動を重ね、貴久の領地経営や家臣団統制を支えたことでも知られている。晩年には根来寺(和歌山県岩出市)に父母(善久、常盤、運久)の供養を依頼するとともに、琉球(沖縄県)との貿易にも心を砕いた。永禄11年(1568)12月13日に加世田城で病没。77歳。墓碑は日新寺(廃寺/南さつま市)にあったが、現在は竹田神社が管理している。ちなみに、「いろは歌」は江戸時代などに、薩摩藩の藩士や子弟のあいだで愛唱されたという。

大龍小学校敷地内に建つ儒僧文之和尚開山大龍寺之遺蹟の石碑(鹿児島市)。島津忠良の居城・清水城は当地にあった

戦国大名・島津家の礎を築いた稀代の名将
島津貴久　しまづ たかひさ

永正11年(1514)〜
元亀2年(1571)

島津家嫡流第15代当主で、薩摩、大隅、日向の守護(県知事)、薩摩の戦国大名。伊作家第10代当主および相州家第3代当主・島津忠良(日新斎)の嫡子。生母は正室・寛庭夫人(島津重久の娘)。幼名は虎寿丸、通称は又三郎、三郎左衛門尉、号は伯囿、法名は大中良等庵主、官職は修理大夫、受領名は陸奥守、官位は従五位下、贈従三位。先代・島津勝久の養子となり、大永6年

日本にキリスト教を伝えたフランシスコ・ザビエルの上陸記念碑（鹿児島市）

（1526）に薩摩清水城（鹿児島市）へ入城した。大永7年（1527）までに勝久から家督と三国守護の座を譲られたが、当時は薩州家第5代当主・島津実久らの勢力が強く、父の忠良とともに苦境を強いられている。天文2年（1533）に永吉城攻防戦で初陣を遂げ、天文14年（1545）ごろから父に代わって軍勢を指揮した。この間の天文8年（1539）、紫原の戦いで敗れた実久が影響力を失ったため、貴久はようやく、北郷忠相らの有力武将に守護として公認されている。天文12年（1543）ごろに大隅の種子島（鹿児島県南種子町ほか）に鉄炮が伝来すると、いち早く導入に取り組んだ。また、天文18年（1549）にはイエズス会宣教師のフランシスコ・ザビエルと会見し、キリスト教に一定の理解を示している。天文19年（1550）に薩摩鹿児島内城（鹿児島市）へ入城し、名実ともに第15代当主となる。永禄9年（1566）に家督を嫡子・島津義久に譲るが、以後も弟の島津忠将や子の義久らを動員し、弘治3年（1557）から元亀元年（1570）にかけて、大隅の蒲生氏、薩摩の菱刈氏や入来院氏などを屈伏させた。戦国大名として島津家の基礎を築いたのは、この貴久であったといってもいいであろう。正室は肝付兼続の妹、継室（後妻）は雪窓夫人（入来院重聡の娘）。元亀2年（1571）6月23日に病没。58歳。灰塚は鹿児島県南さつま市に、墓碑は鹿児島市の福昌寺跡にある。また、同市の松原神社などに祀られている。次男・島津義弘、三男・島津歳久、四男・島津家久（中務大輔）らの男子もみな有能で、いずれも家督を継いだ義久を助けて功績を残している。

義弘らの協力で三国統一を実現させた智将

島津義久 しまづ よしひさ

天文2年(1533)～
慶長16年(1611)

　島津家嫡流第16代当主で、薩摩、大隅、日向の守護(県知事)、薩摩の戦国大名。先代・島津貴久の嫡子。生母は継室(後妻)・雪窓夫人(入来院重聡の娘)。幼名は虎寿丸、通称は又三郎、三郎左衛門尉、法名は貫明存忠庵主、妙国寺殿、号は龍伯、官職は修理大夫、官位は従四位下、贈三位で、諱(実名)は忠良、義辰とも。薩摩伊作亀丸城(鹿児島県日置市)で生まれ、永禄9年(1566)に父・貴久の隠居に伴い、家督を相続した。しかし、引き続き貴久の命に従い、大隅や薩摩の敵対勢力の討伐に従軍する。元亀2年(1571)の父の病没後は、弟の島津義弘、島津歳久、島津家久(中務大輔)らの協力のもと、元亀3年(1572)に木崎原の戦いで日向の伊東氏を破った。次いで、天正2年(1574)に大隅の肝付氏を屈伏させ、天正5年(1577)には伊東氏を国外へ追放して、悲願であった薩摩、大隅、日向三国の平定に成功する。その後も、天正6年(1578)には耳川の戦いで豊後(大分県)の大友宗麟を、天正9年(1581)には水俣の戦いで肥後(熊本県)の相良義陽を破った。さらに、天正12年(1584)の沖田畷の戦いでは肥前佐嘉(佐賀県)の龍造寺隆信を討ち死にに追い込み、のちに宗麟を失領させた。天正14年(1586)ごろまでに九州の大部分を版図に収めたが、天正15年(1587)に豊臣秀吉の九州征伐に屈伏し、薩摩川内(鹿児島県薩摩川内市)の泰平寺で秀吉に拝謁した。こののち、島津家は薩摩、大隅の大部分と、日向の一部の領地を安堵される。同年、上洛して再び秀吉に拝謁し、京都滞在中の賄料(生活費)として1万石を与えられた。文禄元年(1592)からの第1次朝鮮出兵(文禄の役)では病を理由に渡海せず、義弘や、甥で娘婿(後述)の島津久保(義弘の次男)らを参加させている。同じ年には家臣が肥後佐敷城(熊本県芦北町)で梅北の乱を起こし、歳久が連座により落命する。また、文禄3年(1594)から文禄4年(1595)には義久の領地が豊臣政権による太閤検地を受けたが、確定した石高は実際の生産高の2倍であったという。ところで、義久には世継ぎがおらず、天正17年(1589)に久保を世子(次期当主)に迎え、三女・亀寿の婿としていたが、その久保は文禄2年(1593)の第1次朝鮮出兵で戦病死を遂げてしまう。そこで、改めて亀寿の婿に甥・島津家久(薩摩守／義弘の三男で、久保の弟)を迎え、慶長7年(1602)に家久に家督を譲り、大隅富隈城から大隅国分舞鶴城(以上、鹿児島県霧島市)へ隠退

第一部　第三章●戦国・織豊時代の島津家

39

した。なお、義久が天正15年(1587)、もしくは文禄4年(1595)に隠居し、家督を次弟の義弘に譲ったという見方もある。対外的には天正15年(1587)以降も当主の座にはあったものの、領地経営や家臣団統制などの実権は義弘に譲っていたと見ても大過はないであろう。ただし、義弘は当主同様に活躍したが、守護代(代理司令官)であって当主ではない。義久は私生活の面では和歌をよくし、家臣から『古今和歌集』に関する奥義「古今伝授」を受けている。正室は萃舜妙香(花瞬妙香/島津忠良の娘)、継室(後妻)は円信院(種子島時堯の次女で、忠良の養女)。慶長16年(1611)1月21日に没。79歳。墓碑は鹿児島市の福昌寺跡にある。

海外にまで武名を馳せた島津家随一の猛将
島津義弘　しまづ よしひろ

天文4年(1535)〜
元和5年(1619)

　戦国時代、織豊時代の武将。島津家嫡流第15代当主・島津貴久の次男。生母は継室(後妻)・雪窓夫人(入来院重聡の娘)。なお、江戸時代に成立した『島津国史』や『寛政重修諸家譜』が義弘を島津家嫡流の第17代当主とする一方で、『加治木古老物語』などは義弘を歴代当主とは見ておらず、地元の鹿児島では義弘を、第16代当主・島津義久(貴久の嫡子で、義弘の兄)の守護

JR伊集院駅前に建つ島津義弘の銅像(鹿児島県日置市)

代(代理司令官)と見なす意見がある。また、義久が天正15年(1587)、もしくは文禄4年(1595)に隠居し、家督を次弟の義弘に譲ったという見方もある。ともあれ、義弘は実質的な当主、戦国大名・島津家の第4代として、多くの功績を残したといえよう。通称は又四郎、法名は松齢自貞庵主、号は惟新(惟新斎)、官職は兵庫頭、侍従、参議、官位は正四位下、贈正三位で、諱(実名)は忠平、義珍とも。天文4年(1535)に薩摩伊作亀丸城(鹿児島県日置市)で出生した。天文23年(1554)に初陣を遂げて以降、日向や肥後(熊本県)など九州各地を転戦した。わけても、元亀3年(1572)の伊東氏との木崎原の戦い、天正6年(1578)の大友宗麟との耳川の戦いなどで、島津軍団を指揮して勝利している。その後、天正13年(1585)に守護代となり、兄・義久の命で北上を本格化させた。このころまでには宗麟を豊後から追うなどして、九州の大部分を版図に収めることに成功する。しかし、天正15年(1587)に義久とともに豊臣秀吉の九州征伐に屈伏した結果、義弘は大隅に10万石の領地を与えられた。その後、朝鮮出兵の泗川の戦いで奮戦した結果、「石曼子(=島津)」の名は明国(中国)や李氏朝鮮の将兵のあいだにまで知れわたることとなる。なお、朝鮮出兵の際に陶工を連れ帰り、これが現在の薩摩焼の濫觴であるという。慶長5年(1600)の関ヶ原の戦いでは、当初、徳川方として山城伏見城(京都市伏見区)に籠城するつもりであった。ところが、城代の鳥居元忠に入城を拒まれたため、図らずも豊臣方へ身を投じている。次いで、9月14日の美濃大垣城(岐阜県大垣市)内での軍議で、義弘は徳川方への夜襲を提案した。けれども、この提案を島左近(石田三成の重臣)に一蹴されたため、翌日(15日)の美濃関ヶ原(岐阜県関ケ原町)での決戦では、最終盤まで戦闘に参加していない。やがて、小早川秀秋らの裏切り、毛利秀元や吉川広家らの傍観が原因で、豊臣方の敗北が確定する。そう

美濃大垣城復興天守閣(岐阜県大垣市)。決戦の前夜、島津義弘と島津豊久は城内で開かれた豊臣方の軍議に参加した

三成出生地に建つ石田三成像(滋賀県長浜市／撮影・上田良治)

いったなか、義弘はあえて徳川方の正面へ突っ込み、敵中突破を敢行して戦場を離脱した。このとき義弘には千数百名の家臣が従っていたが、群がる徳川方のために、甥の島津豊久(中務大輔家久の嫡子)や重臣の長寿院盛淳ら大部分を失う。それでも、義弘ら数十人はどうにか薩摩への帰国に成功している。戦後、義弘は桜島(鹿児島市)へ蟄居し、やむをえず豊臣方へ参加した点を重臣を介して徳川家康に力説し、改易(お取り潰し)の鉄槌を免れた。ちなみに、義弘は生涯に52度の合戦に参加して多大な軍功を収めたが、弟の島津歳久と家久(中務大輔)、重臣の上井覚兼、盛淳、新納忠元、山田有信、山田有栄、軍配者(軍師)の川田義朗らも、よく義弘を補佐したといえるであろう。このうち盛淳は、関ヶ原の戦いで義弘から拝領した陣羽織を着用し、敵中突破の際に影武者となって討ち死にを遂げている。私生活の面では茶人・千利休に入門するなど、茶道をよくした。晩年は薩摩帖佐、薩摩平松(以上、鹿児島県姶良市)を経て、慶長12年(1607)に薩摩加治木(姶良市)へ隠退している。正室は宰相殿(園田清左衛門の娘)、継室(後妻)は北郷忠孝の娘。正室、継室とのあいだに次男・島津久保(早世)、三男・島津家久(薩摩守)らの三男二女をもうけた。ちなみに、家久は従姉の亀寿(島津義久の三女)を正室に迎え、義久の隠退後に島津家嫡流の第17代当主、薩摩藩初代藩主に就任している。義弘は元和5年(1619)7月21日に病没。85歳。墓碑は鹿児島市の福昌寺跡にあり、日置市の徳重神社に祀られている。

期待されつつ戦病死を遂げた義弘の次男

島津久保 しまづ ひさやす

天正元年(1573)〜
文禄2年(1593)

島津義弘の次男、島津義久(義弘らの兄)の甥で娘婿、島津家久(薩摩守)の

次兄、亀寿（義久の三女）の先夫。生母は正室・宰相殿（園田清左衛門の娘）。幼名は万寿丸、通称は又一郎、法名は一唯恕参大禅定門、皇徳寺殿。天正元年（1573）に日向加久藤城（宮崎県えびの市）で生まれた。島津鶴寿丸（義弘の長男で、久保らの兄）が天正4年（1576）に8歳で病没したため、久保が義弘の世子（次期当主）となる。天正15年（1587）には、豊臣秀吉から日向国内に1400町の知行を与えられた。ところで、天正17年（1589）11月当時、島津家嫡流の当主である伯父の義久に世継ぎがいなかったため、義久が久保と亀寿の縁組を口にする。一説に、義久と義弘の兄弟間で権力争いのようなものがあったとされるが、縁組はその解消をめざしてのものという。要するに、義久は久保を娘婿に迎えたうえで、当主の座を久保に譲ろうというのである。義弘・久保父子に異存があるはずもなく、久保と亀寿はやがて結婚した。天正19年（1591）3月9日に京都から国元を守る宰相殿へ送った書状で、義弘は久保と亀寿の夫婦仲がいいことを喜んでいる。前後するが、久保は天正18年（1590）の小田原征伐で、秀吉の御太刀役として初陣を遂げた。このとき、東海道を東へ向かっている途中に大雨で富士川が増水し、誰もが渡河をためらうという場面があった。すると久保は秀吉から拝領した名馬にまたがって真っ先に渡河し、味方の将兵から称賛されたという。文禄元年（1592）に始まる第1次朝鮮出兵（文禄の役）には父・義弘とともに渡海し、文禄2年（1593）6月20日には国元にいる生母の宰相殿に書状を送っている。久保はその書状のなかに、いつ終わる戦いかわからないこと、したがって帰国の目処が立たないこと、自分自身が大変疲れていること、などを記している。精神的にも肉体的にも、相当衰弱していたのであろう。8月半ばから臥せりがちであった久保は、朝鮮半島沖の唐島（巨済島）で9月8日に病没。21歳。遺骸は、側近の樺山久高や平田増宗らの手で、薩摩へ運ばれている。墓碑は鹿児島市の福昌寺跡にある。最愛の息子に先立たれた義弘は、嘆き悲しんだらしい。豊臣政権の重臣である増田長盛や安国寺恵瓊らがその胸中を察して、久保の病没を悼む内容の鄭重な書状を義弘に送っている。少年時代の久保は秀吉の膝下で人質生活を経験しており、秀吉も久保の早過ぎる死を惜しんだという。なお、9月12日には、従軍していた豊州家第6代当主の島津朝久（島津忠親の嫡子）も、同じ唐島で病没した。朝久の正室は屋地（義弘の長女）であるから、義弘はわずか数日のあいだに息子と娘婿を失ったことになる。一方、亀寿は従弟で義弟（久保の弟）の家久（薩摩守）と再婚した。

第二節 戦国・織豊時代の島津家②
――戦国・織豊時代の妻妾

　戦国時代、織豊時代の島津家嫡流からは勇猛な武将が相次いで登場したが、武将を生み育て、家庭を守った妻妾のなかにも、常盤、寛庭夫人、雪窓夫人、円信院、宰相殿など、注目すべき女性が複数いる。常盤(新納是久の娘)は伊作家の島津善久に嫁して島津忠良(日新斎／善久の嫡子)を生み、善久の没後に相州家の島津運久と再婚した。再婚に際して常盤が忠良の相州家相続を条件としたことから、のちに忠良は伊作、相州両家の当主を兼ねている。次に、寛庭夫人(島津重久の娘)は忠良に嫁し、島津貴久(忠良の嫡子)らを生んだ。実家と婚家が干戈を交えるなか、寛庭夫人は実家との交流を断って夫を支え続けたとされている。また、雪窓夫人(入来院重聡の娘)は忠良に請われて貴久の継室(後妻)となり、島津義久(貴久の嫡子)、島津義弘(貴久の次男)、島津歳久(貴久の三男)を生み、育てた。さらに、円信院(種子島時堯の次女)は義久の継室となって亀寿(義久の三女で、薩摩守家久らの正室)を、宰相殿(園田清左衛門の娘)は義弘の正室となって薩摩守家久らを生んだ。このうち、義弘は鷹狩りの帰途に宰相殿と知り合い、正室に迎えたとする説があるが、夫婦仲はいたってよかったらしい。上方や出陣先から義弘が宰相殿へ送った愛情あふれる書状が、現代に伝えられている。

日新斎忠良を世に出した新納家出身の生母

常盤　ときわ

文明4年(1472)？～
大永5年(1525)？

　新納是久の娘で、伊作家の島津善久の正室、島津忠良(日新斎)の生母、のちに相州家の島津運久の継室(後妻)。法名は梅窓院。父の是久は日向福島城(宮崎県串間市)主で、当初は伊作家の善久を常盤の婿養子に迎えていた。ところが、善久が伊作家第9代当主となったため、常盤も夫とともに伊作家の居城・薩摩伊作亀丸城(鹿児島県日置市)へ移る。常盤は長女・吉田位清の正室、次女・島津昌久の正室を生んだのち、明応元年(1492)に亀丸城で嫡子・忠良を生む。娘婿のうち、位清は薩摩吉田城(鹿児島市)主、昌久は薩摩帖佐領(鹿児島県姶良市)主だが、夫の善久は27歳で没してしまう。その後、常盤

は忠良の養育に専念することになるが、良妻賢母として知られた存在であったらしい。このため、相州家第2代当主の運久が、再三、常盤に求婚する。ちなみに、先夫の善久と後夫の運久はともに島津忠国の外孫であるので、両人は従兄弟ということになる。当初、常盤は再婚には乗り気でなかったというが、忠良の将来を考えて運久への再婚を決意した。運久と再婚するにあたって、常盤は運久や相州家の重臣から、忠良を世子(次期当主)として認める内容の起請文(誓約書)を徴収したという。成長後の忠良が伊作家と相州家の双方の当主を兼ねることができたのは、この常盤による起請文の徴収があったからにほかならない。大永5年(1525)10月5日に病没したという。

実家との交流を断ち、夫を支え続けた忠良の正室
寛庭夫人　かんていふじん

生年不詳～
永禄6年(1563)

　薩州家当主・島津重久(成久)の娘で、島津忠良(日新斎)の正室、島津貴久らの生母。法名が寛庭芳宥大姉であったため、寛庭夫人などと呼ばれた。伊作・相州両家の当主となった忠良が、薩州家との関係改善を図るべく、同家第3代当主・重久の娘を正室に迎えたものと推測される。永正7年(1510)に忠良のもとへ輿入れし、長女・御南(肝付兼続の正室)、次女・樺山善久の正室を生む。さらに、永正11年(1514)に嫡子・貴久、永正17年(1520)に次男・島津忠将を生んでいる。ところが、大永7年(1527)ごろから薩州家第5代当主・島津実久(重久の内孫)が島津家嫡流の座を望み、忠良や貴久と熾烈な戦いを繰り広げた。結局、実久は忠良・貴久父子の攻勢を受けて天文8年(1539)ごろから影響力を失うが、この間の寛庭夫人は実家とは交流を断ち、夫らを支えたと伝えられている。永禄6年(1563)11月9日に病没。遺骸は鹿児島県日置市の梅岳寺に埋葬されたという。

請われて嫁ぎ、義久と義弘を生んだ貴久の継室
雪窓夫人　せっそうふじん

生年不詳～
天文13年(1544)

　入来院重聡の娘で、島津貴久の継室(後妻)、島津義久らの生母。法名が雪窓妙安大姉であったため、雪窓夫人などと呼ばれた。父の重聡は薩摩伊集院城(鹿児島県日置市)を居城とした国人で、筑前と筑後(以上、福岡県)にも飛地を有していた。重聡は薩州家第5代当主・島津実久(島津重久の孫)などと

互角にわたり合い、島津家嫡流を継いだ貴久を補佐した名将である。雪窓夫人は島津忠良(日新斎／貴久の父)に請われて貴久に嫁して以降、天文2年(1533)に嫡子・義久、天文4年(1535)に次男・島津義弘、天文6年(1537)に三男・島津歳久を薩摩伊作亀丸城(日置市)で生む。しかし、伊集院城で天文13年(1544)8月15日に病没。義久らは同城の北側に菩提寺を建立し、三十三回忌も挙行している。なお、天文13年(1544)の雪窓夫人の病没後、重聡の子・重朝ら入来院氏は叛旗を翻している。

忠良に育てられ亀寿らを生んだ義久の継室
円信院 えんしんいん

生年不詳〜
元亀3年(1572)

種子島時堯の次女で、島津忠良(島津貴久の父)の養女、島津義久(貴久の嫡子)の継室(後妻)、亀寿らの生母。生母は正室・忠良の三女。法名は円信院殿妙蓮(実溪妙蓮)大姉。時堯は天文12年(1543)ごろに大隅種子島(鹿児島県南種子町ほか)へ鉄砲が伝来した当時、同島の領主であったことで名高い。

その時堯が弘治元年(1555)ごろに貴久に従ったことから、忠良の三女が時堯に嫁した。やがて、長女・伊集院忠棟の正室、次女・円信院のふたりを生むが、離縁となる。その後、忠良の三女が肝付兼盛に再嫁したため、円信院らは外祖父である忠良に育てられた。なお、この離縁が原因で、一時島津家と種子島家との関係は険悪となる。しかし、関係改善が実現し、円信院が義久の継室となった。円信院は義久の次女・新城様(島津彰久の正室)と、三女・亀寿(島津久保、薩摩守家久の正室)という娘ふたりを生

一番奥が島津義久の継室・円信院の石塔(京都市中京区・本能寺)

んだという。元亀3年(1572)12月23日に病没。墓碑か供養塔かは不明だが、本能寺(京都市中京区)の本堂裏手に円信院の石塔がある。この石塔は高さが2m近く、優美でどっしりとしているが、墓棹に「円信院殿妙蓮幽儀　元亀三年十二月廿三日」と刻まれている。

猛将・義弘と長く苦楽をともにした糟糠の妻

宰相殿　さいしょうどの

生年不詳～
慶長12年(1607)

　園田清左衛門の娘で、広瀬助宗の養女、島津義弘の正室、島津久保、島津家久(薩摩守)らの生母。通称は宰相殿、法名は実窓院芳真軒大姉。夫の義弘は参議などの官職に補任されたが、参議の唐名(中国名)を宰相という。宰相の正室であったことから、周囲から宰相殿と呼ばれたものと推測される。なお、助宗の娘とする意見もあるが、『久保公御譜』には清左衛門の娘と明記されている。清左衛門の娘と見るべきであろう。園田氏は薩摩小野村(鹿児島市)に住んだ武士で、大永7年(1527)には園田清左衛門実明が島津貴久(義弘の父)の窮地を救っている。実明が宰相殿の父、もしくは兄弟であるとすれば、義弘は父の恩人の娘、もしくは姉妹を正室に迎えたことになる。義弘と宰相殿との馴れ初めに関して、次のような話がある。ある日、嫁入り前は明石と名乗っていた宰相殿が、屋敷の前の川で大根を洗っていた。そこへ鷹狩りに出かけていた義弘が通りかかり、宰相殿に一目惚れしてしまう。そして、義弘が大根を1本所望すると、宰相殿は上部をへこませた菅笠を裏返しにして、それに大根を盛って差し出した。菅笠をへこませたり裏返しにしたりしたのは、被っている側に盛るのは失礼と考えたからである。義弘はそんな細かい気配りに感銘し、宰相殿を正室に迎えたと『盛香集』に記されている。永禄7年(1564)、北原氏を滅ぼして日向真幸(宮崎県えびの市)の領主となった義弘は、飯野城や加久藤城(以上、えびの市)などの築城、修復を行った。義弘はそのうえで、正室の宰相殿を加久藤城へ住まわせている。この関係で、加久藤城で永禄12年(1569)に長男・島津鶴寿丸、天正元年(1573)に次男・久保(以上、早世)、天正4年(1576)に三男・家久(薩摩守)、天正12年(1584)に娘・桂樹院(御下／伊集院忠真の正室)の三男一女を生んだという。元亀3年(1572)、加久藤城が伊東方の攻撃を受けるという苦しい場面もあったが、打って出た義弘は木崎原の戦いで敵方を撃破した。宰相殿は天正18年(1590)まで加久藤城へ住み、久保や家久らを育てた。その後、義弘は天正19

関ヶ原の戦いで豊臣方の本拠となった大坂城（大阪市中央区）。諸大名の妻子は人質として城下にいた

年（1591）3月9日、文禄2年（1593）6月22日、文禄3年（1594）8月7日に、久保も文禄2年（1593）6月20日に、戦場などから宰相殿へ書状を送っている。ところが、この文禄2年（1593）に宰相殿の周囲では、嫡子・久保、娘婿・島津朝久（長女・屋地の夫）が相次いで戦病死するなどの痛事が続く。また、慶長5年（1600）の関ヶ原の戦いの当時、宰相殿と亀寿（島津義久の三女で、薩摩守家久の正室）は摂津大坂城（大阪市中央区）下の島津邸にいた。軍勢に邸を包囲されるという出来事も発生したが、豊臣方の敗戦後に家臣が機転を利かし、「兵庫頭（義弘）様が討ち死にしたので、薩摩へ帰って菩提を弔いたい……」などと述べて軍勢を欺き、包囲を潜り抜ける。そして、敵中突破を敢行した義弘らと沖合の船で再会した末に、ともに奇跡的な帰国を果たした。伝えられるところによると、義弘や宰相殿らは積まれていた樽のなかに潜み、徳川方の追及をかわしたとされている。そんな宰相殿は慶長12年（1607）に病没したというが、義弘は芳真軒という寺院を建立して菩提を弔った。遺骸は妙円寺（廃寺／鹿児島県日置市）へ埋葬されたが、維新後に福昌寺跡に改葬されている。

COLUMN ❶ 島津家の家紋と旗印

　島津家の家紋が「丸に十文字(丸に十の字)」であることはよく知られているが、古くは丸のない「十文字(十字、十の字)」が用いられていた。事実、鎌倉時代の『蒙古襲来絵詞』などでも、島津家の家紋が丸のない「十文字」になっている。のちに、「『十文字』紋は家祖・島津忠久が実父の源頼朝から拝領したもの」などといわれるようになった。この「十文字」紋については、①魔除けの呪符「十字を切る」に由来する、②2本の箸を交差させる出陣前の呪いに由来する、③昇天する2匹の龍を示す、④馬具の「轡」に由来する、⑤キリスト教の十字架に由来する、などの諸説が取り沙汰されてきた。

　このうち、来日した外国人は⑤説を好んで吹聴したという。したがって、天文18年(1549)に布教のために薩摩へきたイエズス会宣教師のフランシスコ・ザビエルも、時の当主・島津貴久の「十文字」紋を見て大いに期待したに違いない。ただし、先に触れたように島津家は鎌倉時代から「十文字」を用いていたから、⑤説は後世の付会である。

　さて、残る説のうちで最も有力と考えられているのは、魔除けの呪符「十字を切る」に由来するという①説である。古くから我が国では星型の「安倍晴明」紋、籠目型の「籠目」紋を魔除けに用いたが、「十文字」紋も同様の理由で魔除けに用いられたのであろう。

　江戸時代に入ると家紋を丸で囲むのが一般的となったため、島津家でもこの風潮にならった。やがて、鎌倉時代から「十文字」紋を家紋としていた小笠原氏や逸見氏などの諸家は、島津家に遠慮してほかの紋を用いるようになる。

　一方、薩摩藩でも、嫡流である歴代藩主に遠慮し、分家や支族などの各家は「十文字」の形状を少し変えるようになった。

　次に、薩摩藩と支藩・日向佐土原藩(宮崎市)の歴代藩主の替紋は「牡丹」と「桐」だが、これらの替紋は鎌倉時代に公家・近衛基通から贈られたものとされている。

　さらに、鎌倉時代以来、島津家嫡流の歴代当主は、黒雲と降雨をかたどった「時雨軍旗」という旗印を好んで用いた。この「時雨軍旗」は、生母・丹後局が降雨のなかで家祖・忠久を生んだという故事を図案化したものといわれている。

　このため、嫡流や支族の当主らは「降雨は縁起がいいこと」と捉え、降雨の日でも喜び勇んで出陣していたという。

第四章
戦国・織豊時代の重要場面
島津家の重要場面30 その1

● 薩摩・大隅平定と島津義久の相続 ──戦国・織豊時代の重要場面①

　16世紀初頭の薩摩では、薩州家第5代当主の島津実久が威勢を振るい、島津家嫡流の第14代当主で守護(県知事)であるはずの島津勝久は、その対応に苦慮していた。前後したが、実久の姉が勝久の正室となっていたことから、実久は島津家嫡流と守護の座を我がものにしようと狙っていたのである。

　当時、島津家の分家で実久に匹敵する存在であったのが、伊作家第10代当主の島津忠良(日新斎)であった。忠良は、島津貴久(忠良の嫡子)へ島津家嫡流と守護の座を譲ることを、交渉の末に勝久に認めさせる。それは大永6年(1526)のこととされているが、実際は、勝久の城地の大部分は実久の影響下にあった。したがって、貴久へ嫡流や守護の座を譲るなどというのは、空手形に近いものだったのである。

　事実、翌年には忠良・貴久父子は勝久や実久の攻撃を受け、薩摩田布施城(鹿児島県南さつま市)へ逃げ帰っている。もっとも、忠良・貴久父子にとってこういった出来事は、いい経験になったといえよう。なぜならば、これ以後の忠良・貴久父子は守護という形骸化した権威にすがることなく、領民を兵力として再編成し、一気に戦国大名に脱皮したからである。ほとんどゼロから出発した忠良・貴久父子が、比較的短期間でエクスパンション(領土拡張主義)を成功させたのは、こういった点が功を奏したわけである。

島津義久

具体的には、天文2年(1533)から薩州方の攻撃を開始した忠良・貴久父子は、天文5年(1536)に伊集院一宇治城(鹿児島県日置市)を版図に収め、天文8年(1539)ごろまでには薩州方の掃討に成功した。次いで、貴久は弘治3年(1557)に蒲生氏、永禄12年(1569)に菱刈氏、元亀元年(1570)に入来院氏を圧倒する。この間、永禄9年(1566)に島津家嫡流の第16代当主となった島津義久(貴久の嫡子)は、島津義弘、島津歳久、島津家久(中務大輔/以上、義久の弟)や重臣の協力を得つつ、薩摩と大隅の平定を推し進めていく。

　なお、平定の段階で島津軍団は、天文23年(1554)の薩摩岩剣城(鹿児島県伊佐市)の攻防戦で西洋式鉄炮を実戦に投入している。こういった卓越した戦術眼が幸いし、義久は天正2年(1574)に悲願であった薩摩と大隅の平定に成功した。以後も義久は義弘らの兄弟とがっちり結束しつつ、エクスパンションを推し進めていく。なお、このころから義久は薩摩で領地経営や戦争指導を担当し、義弘が守護代(代理司令官)、総大将として軍団の指揮を担当するようになる。

◉ 島津義弘の名采配と木崎原の戦い——戦国・織豊時代の重要場面②

　島津貴久は永禄5年(1562)ごろから日向への進撃を本格化させ、北原氏を没落に追い込んだ。やがて、日向真幸院(宮崎県えびの市)を掌中に収めた貴久は、島津義弘(貴久の次男)を真幸院に置き、この地の飯野城と加久藤城(以上、えびの市)の修復を命じる。

　父の命に従い、義弘は真幸院へ本拠を移し、加久藤城へ正室・宰相殿(園田清左衛門の娘)を住まわせるなどした。ところが、元亀2年(1571)6月23日に貴久が病没すると、日向の伊東義祐は千載一遇のチャンスと考えたのであろう。肥後(熊本県)の相良義陽らの協力のもと、元亀3年(1572)5月4日に真幸院の奪回を開始した。

　同日の夜のことといわれるが、伊東祐安や伊東祐信らの率いる伊東方は、3000人の軍勢で加久藤城を攻撃する。先に触れた通り城には宰相殿がいたが、城内では不用意な動きを避け義弘の救援を待った。

　当夜、伊東方は当初からの戦略であったのか、深入りを避けて池島川へ転進する。このとき、飯野城から出撃した義弘の軍勢が転進中の伊東方を発見し、夜襲を敢行した。不意を衝かれた伊東方は、一目散に味方のいる日向高原城(宮崎県高原町)めざして逃げ出す。

　しかし、高原城へたどり着く以前に、日向木崎原(えびの市)で義弘率いる

島津方に捕捉されてしまう。なお、情報収集に長けていた義弘は、相良方の軍勢が救援にくることを予測していた。しかも、救援にきた相良方の戦意を削ぐべく、木崎原一帯へ多数の島津家の旗幟を立てさせたと伝えられている。

そんななか、木崎原の一帯で無数の旗幟を目の当たりにした相良方は、救援もせずに肥後まで兵を引いてしまったという。

そのころ、木崎原では義弘率いる島津方と、祐安や祐信らの率いる伊東方が激突する。後年、木崎原の戦いと呼ばれるこの決戦では、義弘の勇猛果敢な戦略と、麾下の将兵の奮戦が際立った。こういった理由で、大将の祐安、祐信をはじめ、勇将の柚木崎丹後守ら多数の将兵が討ち死にや自刃を遂げ、伊東方は一夜にして壊滅してしまう。

以上のように、木崎原の戦いは敵襲がきっかけで発生した合戦だが、義弘の名采配と麾下の将兵の奮戦のお蔭で、島津方は逆襲に成功した。これを機に伊東氏の凋落が決定的になったこともあり、木崎原の戦いは島津家の家臣のあいだで長く語り継がれることになる。なお、この戦いをテーマとした軍記として、『木崎原御合戦伝記』が執筆された。

◉ 都於郡城攻防戦と伊東義祐の失領──戦国・織豊時代の重要場面③

島津義弘は元亀3年(1572)5月4日の日向木崎原(宮崎県えびの市)の戦いで伊東方を撃破したが、元亀2年(1571)に島津貴久(島津義久や義弘らの父)が病没して以降、大隅の国人のあいだで不穏な動きが続いていた。加えて、義久(義弘らの兄)が日向出兵に意欲を示しているのを察知したからであろうか。

やがて、肝付兼亮と禰寝重長は結託し、島津方を脅かす構えに出る。これを見た義久は重長を自陣へ引き込んだうえで、天正元年(1573)12月に伊東方への攻撃を本格化させるよう島津家久(中務大輔／義久らの弟)に促した。

命を受けた家久はすぐさま、兼亮の重臣・安楽兼寛らの籠もる大隅入船城(鹿児島県垂水市)へ攻め寄せる。兼寛らはよく防いだが、天正2年(1574)1月に降伏し、城は陥落した。さらに、兼亮が矛を収めたのを機に、再び大隅の国人はこぞって島津方へなびく。

ところで、この入船城攻防戦の際、日向の伊東義祐が肝付方へ援軍を送っていた。先に触れた通り、攻防戦は島津方の勝利で幕を閉じたが、いつ何時、国人が寝返るか、伊東方が援軍をよこすかわかったものではない。将来の禍根を断つという観点からも、義久は伊東方への攻撃を本格化させる必要性を痛感する。そこで、義久は陣容を整えたうえで、天正4年(1576)8月下旬

に伊東勘解由が守る日向高原城(宮崎県高原町)を攻め落とした。

次いで、天正5年(1577)12月初旬には、島津方の義弘らが伊東方の城地への進撃を本格化させている。このとき、義弘らが日向野尻城を攻略するや、伊東方の日向戸崎城、紙屋城の各城(以上、宮崎県小林市)は相次いで島津方に降伏した。むろん、伊東方の将兵のなかには、島津方へ擦り寄ったり、他国へ逃れたりする者が相次いでいる。

そういったなか、伊東方の総大将・義祐は、日向都於郡城(宮崎県西都市)へ戻って抗戦の続行を叫んだ。けれども、重臣や側近のあいだにすら厭戦感が蔓延していたし、義祐が頼みとしていた近国からの援軍も到着しない。

結局、義祐は12月11日に都於郡城を脱出し、豊後(大分県)への亡命を強いられる。大隅の国人を屈伏させ、日向の義祐を失領に追い込んだ結果、島津家の悲願であった薩摩、大隅、日向の三国統一が完成した。

もっとも、亡命した義祐が豊後の戦国大名・大友宗麟に窮状を訴えたことがきっかけで、今度は島津方が宗麟による日向侵攻に苦しめられることになる。

◉大友宗麟の失策と耳川の戦い──戦国・織豊時代の重要場面④

天正6年(1578)にキリスト教に入信した豊後(大分県)の大友宗麟は、同年9月に日向への進撃を開始した。外国人宣教師が残した史料のなかには、日向にキリスト教王国を樹立するべく、宗麟が兵を進めたと記されている。その真偽はともかく、すでに日向を版図に収めていた島津義久は、重臣の山田有信を日向高城(宮崎県木城町)に置くなど万全の防禦態勢を敷いていた。

一方、大友家の軍配者(軍師)・角隈石宗などはこういった点に着眼し、宗麟に出兵の中止を申し入れている。しかし、

JR大分駅前に建つ大友宗麟像(大分市)

宗麟はキリスト教王国の樹立のことしか念頭になかったのかもしれない。9月に自ら麾下の将兵を率いて日向へ進撃し、有信が死守する高城へ攻め寄せている。以上のように、宗麟の日向進撃はもともと無理が多かったのだが、大友方の軍勢は総勢4万人という未曾有の大軍であった。

それを知った義久の対応は素早かった。すぐさま、島津家久（中務大輔／義久の末弟）や島津以久（島津忠将の嫡子で、義久の従弟）らに、高城の救援や助力を命じている。同時に、義久自身も2万5000人の軍勢を率い、11月11日に高城近郊の根白坂へ布陣した。

大友宗麟

11月12日の夜明け前、大友方の先鋒が夜陰に乗じ、島津方の陣地へ奇襲を敢行した。開戦劈頭、不意を衝かれた島津方は大いに動揺したが、日の出とともに冷静さを取り戻す。

やがて、義久麾下の軍勢や、高城から救援に駆けつけた以久が大友方へ攻撃を開始した。挟撃された恰好の大友方は一気に戦意を失い、ほぼ北へ向かって遁走を企てる。しかし、島津方はなおも追いすがり、耳川流域で捕捉して大打撃を与えた。後年、耳川の戦い、あるいは根白坂の戦い、高城河原の戦いなどと呼ばれるこの戦いで、島津方は敵方の重臣・佐伯宗天、田北鎮周、軍配者・石宗、客将・菊池鑑盛をはじめとする多数の武将を討ち取っている。このうち、兵法のみならず妖術や忍術にも長けていたという石宗は、開戦前、重臣を介して決戦を回避するよう進言を試みた。しかし、この重臣は宗麟の機嫌を損ねることを嫌い、進言を上申しなかったという。落胆した石宗は軍配者の地位を捨てて島津方へ躍り込み、討ち死にを遂げたとされている。

ともあれ、戦国大名同士が数万人という大軍を率いて戦ったこの合戦で、義久は完勝を収めたといってもいいであろう。

この合戦の結果、島津家の日向領有は揺るぎないものとなった。逆に、出

兵を強行して大敗した宗麟は、家臣団の支持を失う。これにより、大友氏の凋落が決定的となる。

● 中務大輔家久と沖田畷の戦い──戦国・織豊時代の重要場面⑤

　天正12年(1584)、九州北部への進出を目指す島津義久は、肥前日野江城(長崎県南島原市)主の有馬晴信に接近する。間もなく義久と晴信は手を結び、肥前佐嘉城(佐賀市)の龍造寺隆信に対抗した。これに憤った隆信は3月、約3万人を率いて島原半島へ進撃する。同じころ、晴信のもとへは島津家久(中務大輔／義久の末弟)らが援軍として到着したが、島津・有馬方の兵力はようやく8000人を超えた程度であったという。劣勢を挽回するべく、島津・有馬方は島原半島へ布陣し、付近の沖田畷(長崎県島原市)と呼ばれる地点で敵方を迎撃することに決した。この付近は深田(湿地帯)で、いかなる者も一本の畷＝畦道を通らねばならないという、隘路とも称すべき場所である。

　しかも、家久は伏兵として、鉄炮隊を付近に潜ませていた。それを知らない隆信は、3月24日に大軍を率いて殺到したが、深田であることなどから思うように軍勢を配置できない。そうこうするうちに、気がつけば隆信の本陣が、極めて手薄となっていた。家久らはこの一瞬の脆弱を見逃さず、十分引きつけたうえで鉄炮隊に射撃を開始させた。

　そして、敵方が怯んだところで、川上忠堅らが隆信の本陣へ突撃する。敵襲を受けた隆信は乱戦の末、躍りかかってきた忠堅に討たれている。このあと、隆信の頸は肥後八代(熊本県八代市)まで運ばれ、この地にいた義久によって首実検が行われた。

　後年、この合戦は肥前などでは沖田畷の戦いと呼ばれたが、薩摩では島原合戦、島原の戦いと呼ぶ場合が多い。いずれにしても、家久や晴信らの島津・有馬方は、深田で敵方を迎撃することで、1対3に近い劣勢をはねのけて勝利を掌中にしたわけである。

　ほかにも、家久らが鹿垣(防禦用のバリケード)を構築して敵方を沖田畷へ誘い込んだこと、家久が沖田畷へ伏兵として鉄炮隊を置いたこと、忠堅らが命を省みず敵方の本隊へ突入したことなどが、奇跡的な勝利に繋がったといえよう。結局、島津・有馬方は、龍造寺方の将兵を数千人も討ち取ったという。むろん、決戦の日に備えて義久がさまざまな手を打ってきたことも、ことごとく図に当たった感がある。

　沖田畷での勝利をきっかけとして、九州北部での島津家の優位が確定的に

なった。逆に、敗戦、それに隆信の討ち死にをきっかけとして、九州北部の覇者・龍造寺家は一気に衰退した。のちに龍造寺家の実権は、重臣の鍋島勝茂(隆信の義兄)の手に移ることになる。

● 豊臣秀吉の野望と戸次川の戦い ──戦国・織豊時代の重要場面⑥

　天正14年(1586)、島津方の猛攻にあえいでいた豊後(大分県)の大友宗麟は上方へ赴き、豊臣秀吉と豊臣秀長(秀吉の弟)に窮状を訴えた。この当時、大友方の筑前、豊前(以上、福岡県)の諸城が島津方の猛攻にさらされ、宗麟の重臣・高橋紹運(立花宗茂の父)らが討ち死にを遂げていたのである。

　天下統一の途上にあった秀吉は、宗麟の嘆願を奇貨として島津家の討伐、すなわち九州征伐を発令した。秀吉に先鋒を命ぜられたのは、黒田如水(孝高)や、山陽の小早川隆景、四国の長宗我部元親、十河存保らである。

　8月、如水や隆景らが豊前に上陸すると、島津方は決戦を避けて肥後(熊本県)まで撤退した。隆景らは島津方に与した豊前の諸城を攻め落とすなど、着々と戦功を重ねていく。

　さて、隆景らが豊前にかかりきりになっているあいだに、豊後では大きな動きがあった。島津方の島津家久(中務大輔／島津義久の末弟)が、豊後栂牟礼城(大分県佐伯市)や豊後鶴賀城(大分市)などへ攻め寄せたのである。ただし、栂牟礼城の佐伯惟定や鶴賀城の利光宗魚らが頑強に抵抗したため、家久も城を落とせなかった。

　そんななか、12月初旬に元親や存保らが鶴賀城外へ到着すると、家久は挟撃されるのを嫌って兵を引いている。もっとも兵力は、島津方は1万8000人だったが豊臣方は6000人という無勢であった。島津方が侮りがたい

高橋紹運が玉砕を遂げた岩屋城址の石碑(福岡県太宰府市／撮影・宇野文祥)

点を熟知していた秀吉は、元親、存保、それに軍監(軍目付)の仙石秀久らに、攻めかからないよう釘を刺していたという。
　けれども、坂原山へ移動した家久が、巧みな陽動作戦を展開したからであろう。軍議の席では軍監であるはずの秀久が開口一番、眼前の戸次川を渡河して攻撃をしかけるべきと主張した。秀吉から派遣された軍監の主張であるため、元親や存保も一も二もなく追従してしまう。
　12日午後、豊臣方は渡河して敵陣を攻撃したが、この程度の作戦を見抜けない家久ではない。家久は戦場の各地へ伏兵を繰り出し、豊臣方の各隊を寸断する作戦に出た。戸次川の戦いと呼ばれるこの13日未明にかけての合戦では、豊臣方は随所で撃破され、存保や長宗我部信親(元親の嫡子)らが討ち死にを遂げている。結局、惨敗を喫した秀吉率いる豊臣方は、陣容の立て直しを強いられた。他方、勝利を収めた家久は以後も徹底抗戦を唱えている。
　哀れなのは、期待していた信親を失った元親であったといえよう。これを機に正常な判断力を失った元親が暴政を重ねたことが原因で、長宗我部家は一気に衰退していく。

◉ 高城の戦いと義久の決断──戦国・織豊時代の重要場面⑦

　豊臣方は天正14年(1586)12月12日、13日の戸次川の戦いで惨敗を喫したものの、総兵力が20万人近い大軍であった。豊臣秀長(豊臣秀吉の弟)を大将とする豊臣方の主力が九州に上陸するや、島津義久、島津義弘、島津家久(中務大輔)らの兄弟は防禦態勢を整えるべく、島津方の主力を日向まで引かせている。他方、この動きを察知した豊臣方の佐伯惟定や志賀親次らが国境まで追いすがり、島津方へ打撃を与えた。
　ともあれ、島津方が防禦態勢を整えるなか、決戦の舞台は豊後(大分県)から筑前(福岡県中央部)や日向へと移っていくことになる。天正15年(1587)3月下旬から4月上旬にかけて、豊臣方は日向松尾城(宮崎県延岡市)、あるいは筑前岩石城(福岡県嘉摩市)、筑前古処山城(福岡県朝倉市)をはじめとする、島津方の諸城を抜く。
　以上のうち、古処山城の秋月種実が開城したのを機に、一時的に島津方へなびいていた新参の武将が、相次いで戦意を失って降伏してしまう。
　この出来事がきっかけで、豊臣方は一瀉千里に日向、そして肥後(熊本県)へと攻め寄せてくる。劣勢が続くなか、義久は日向高城(宮崎県木城町)へ重臣・山田有信を加勢に送る一方、自身は日向都於郡城(宮崎県西都市)で敵

方に備えることとした。

けれども、島津方の魂胆を見抜けぬほど秀長は暗愚ではない。4月中旬に入ると両城間の距離、一帯の地形を十二分に考慮したうえで、50余もの城砦の構築を開始した。構築の最大の狙いは高城と都於郡城とを分断し、個別に撃破しようという点にあったという。強固な城砦がすべて完成してしまっては、劣勢をはねのけることなどできるはずはない。

すぐさま、義弘らは約2万人を繰り出して高城の救援をめざすが、根白坂付近で藤堂高虎や黒田如水（孝高）らに阻まれてしまった。その後、高城に籠城する有信らは豊臣方に備えたが、この間に島津軍団のなかから伊集院忠棟らが豊臣方へ降伏する。

以上の状況を鑑み、義久も抗戦の続行は無理と判断したのであろう。有信に使者を送り、開城するよう命じている。そして、義久自身は剃髪して薩摩川内（鹿児島県薩摩川内市）の泰平寺へ赴き、5月8日に同寺にいた秀吉に拝謁した。この結果、島津家は九州北部、中部の領地は奪われたが、薩摩、大隅と、日向の一部を安堵されている。抗戦の続行を叫んだ家久が横死するという痛事もあったが、義久の判断は正しかったといえよう。

泰平寺に建つ島津義久和睦の銅像（鹿児島県薩摩川内市）

●朝鮮出兵と梅北の乱の衝撃──戦国・織豊時代の重要場面⑧

　天下統一をなし遂げた豊臣秀吉は、文禄元年(1592)に第1次朝鮮出兵(文禄の役)を、慶長2年(1597)に第2次朝鮮出兵(慶長の役)を開始した。島津家では島津義弘(島津義久の次弟)、島津久保(義弘の次男、義久の甥で娘婿)、薩州家第7代当主の島津忠辰、垂水家の世子(次期当主)・島津彰久(島津以久の嫡子)、豊州家第6代当主の島津朝久(義弘の娘婿)らが従軍したが、のちに島津家久(薩摩守／義弘の三男で、義久の娘婿)も参加する。

　文禄元年(1592)5月、義弘・久保父子が朝鮮半島へ渡海したが、6月には出兵に批判的な大隅の武士・梅北国兼らが肥後佐敷城(熊本県芦北町)へ籠城するという事件(梅北の乱)が発生した。乱は城兵の機転で解決するが、病気を理由に出兵に参加しなかった島津歳久(義久と義弘の弟)は黒幕と名指しされた末に、自刃を強いられている。

　なお、この当時の九州は例年になく不作で、義弘らも食糧の調達、輸送に苦労を重ねた。そういった食糧事情のもとで各地を転戦したからか、文禄2年(1593)8月以降に、久保、忠辰、彰久、朝久の4人が相次いで戦病死を遂げている。それでも、義弘は涙を拭う間もなく、家久を呼び寄せて陣容を整えねばならなかった。

　ちなみに、この当時、重臣のなかで秀吉から直接、朱印状を与えられた者のことを、御朱印衆などといった。島津家の御朱印衆は、以久(義久らの従弟)、伊集院忠棟(幸侃)、北郷忠虎の3人だが、文禄の役には誰も渡海していない。にもかかわらず、久保、次いで家久が渡海を強いられた点を、義弘は家久らの生母である正室・宰相殿(園田清左衛門の娘)宛の書状のなかで嘆いている。

　加えて、文禄3年(1594)には国元の薩摩などで太閤検地が開始されたことから、渡海中の将兵のあいだに

島津義弘

も大きな動揺が走った。

　そういったなか、慶長2年(1597)には第2次朝鮮出兵が始まり、再び義弘らは渡海する。同年10月の泗川の戦いでは、義弘らは李氏朝鮮軍を相手に激闘を演じ、ついに敵方を撃破した。ちなみに、南原の戦いでも勝利した島津軍団の勇猛さは、以後も「石曼子」として長く明国(中国)・李氏朝鮮軍のあいだで語り継がれたという。

　義弘は11月に露梁津の海戦でも李舜臣に勝利し、制海権を確保している。やがて、秀吉の病没に伴って出兵は中止となり、義弘・家久父子もようやく帰国を果たした。ただし、久保ら4人のほかにも、島津軍団には討ち死にや戦病死を遂げた者が多い。2次におよぶ出兵は人材の喪失という意味でも、大きな損失であったといえよう。帰国後、義弘は出兵中に落命した敵味方の将兵を弔うべく、紀伊高野山(和歌山県高野町)へ供養塔を建立している。

◉三頭体制の成立と庄内の乱——戦国・織豊時代の重要場面⑨

　天正15年(1587)の九州征伐のあと、島津家は豊臣秀吉から薩摩、大隅と、日向の一部の領地を安堵された。具体的には、島津家嫡流第16代当主の島津義久が薩摩を、守護代(代理司令官)の島津義弘(義久の弟)が大隅を、世子(次期当主)の島津久保(義弘の次男、義久の甥で娘婿)が日向の一部を安堵されたという。振り返ってみると、島津家では天正5年(1577)に三国(薩摩、大隅、日向)を版図に収めて以降、当主の義久は薩摩で領地経営と軍団の総指揮にあたり、義弘らの弟たちが九州各地を転戦する態勢が続いていた。

　そんななか、文禄2年(1593)に久保が戦病死を遂げたため、やがて島津家久(薩摩守／義弘の三男、義久の甥で娘婿)が世子の座に据えられた。さらに、文禄4年(1595)には義久が隠居し、薩摩鹿児島内城から大隅富隈城(鹿児島県霧島市)へ移っている。もっとも、軍事上の重要事項については、その後も義久の決裁を仰ぐことが多かったらしい。

　おそらく、隠居の義久、実質的な当主の義弘、世子の家久の3人による三頭(トロイカ)体制を成立させ、当主、総大将としての権利や義務を分散したうえで、お互いに協力することで専制君主・秀吉の鋭鋒をかわし、朝鮮出兵を乗り切ろうとしたのであろう。

　前後したが、久保の正室は亀寿(義久の三女)であったが、義久と義弘の権力闘争にピリオドを打つべく、義久が久保、次いで家久を娘婿に迎えたという説がある。

このころ、島津家の支族で日向庄内(都城/宮崎県都城市)の領主である伊集院忠棟(幸侃)は、独立した大名となることを望み、秀吉にさまざまな働きかけを行っていたという。そんな忠棟が、代打のようなかたちで世子となった家久のことを侮蔑したのであろうか。

　慶長4年(1599)3月、家久は山城伏見城(京都市伏見区)下の島津邸に伺候してきた忠棟を、家臣に命じて成敗させてしまう。家久が手ずから刀剣を振るい、忠棟を成敗したとする書物すらある。一方、家久の暴挙に憤った伊集院忠真(忠棟の嫡子)は、本拠の庄内で挙兵した。以上の騒擾を庄内の乱、もしくは伊集院の乱というが、実力者である徳川家康の干渉などもあり、乱は慶長5年(1600)3月の忠真の降伏でようやく終結する。

　しかし、日向などでは以後も動揺が続いたため、島津方は同年9月15日の関ヶ原の戦いにわずか千数百人の将兵しか送れなかった。

　ちなみに、忠真は赦免されて2万石を与えられたが、父の忠棟と同様に、慶長7年(1602)8月17日に家久の命で成敗されている。

◉ 義弘・豊久と関ヶ原の戦い —— 戦国・織豊時代の重要場面⑩

　慶長3年(1598)8月18日、太閤・豊臣秀吉が山城伏見城(京都市伏見区)で病没する。当時、世子(次期当主)の豊臣秀頼(秀吉の次男)は6歳という若さであったため、大半の武将が実力者・徳川家康に心を寄せた。

伏見城模擬天守(京都市伏見区)。島津義弘は鳥居元忠に入城を拒まれ、やむなく豊臣方に転じた

島津義弘が最後まで軍を動かさなかった関ヶ原古戦場の陣跡の石碑(岐阜県関ケ原町)

やがて、慶長5年(1600)初夏、家康は陸奥会津城(福島県会津若松市)主・上杉景勝を討伐するべく、多くの武将を伴い東へ下っていく。

そんな矢先に、家康の台頭に異を唱える石田三成、小西行長、宇喜多秀家らが結託し、家康打倒を掲げて挙兵した。前後したが、家康は会津征伐へ向かう直前、上方にいた島津義弘(島津義久の弟)に伏見城へ入城するように指示していたという。しかし、伏見城代の鳥居元忠は義弘の入城を拒んだ。これは家康と元忠とのあいだの連絡ミスと思われるが、以上の出来事が原因で、義弘は図らずも豊臣方への加担を余儀なくされる。

ところで、慶長4年(1599)に島津家久(薩摩守／義弘の三男、義久の甥で娘婿)が重臣・伊集院忠棟(幸侃)を成敗したことが発端で、伊集院忠真(忠棟の嫡子)による庄内の乱が日向で発生した。乱は家康らの仲介、干渉でいったんは収束したが、国元では動揺が続いており、義弘が将兵を派遣するよう頼んでも、義久がこれに応じられないという状況が続く。

こういった事情で、石高が50万石余の秀家が1万5000人、19万4000石の三成が6000人の軍勢を率いているなかで、60万石余の義弘は千数百人の軍勢しか揃えることができなかった。

9月14日、美濃大垣城(岐阜県大垣市)内で行われた豊臣方の軍議の際、義弘は徳川方への夜襲を提案した。けれども、敵方が大軍であることを理由に、島左近(三成の重臣)がこれを却下してしまう。

義弘は翌15日の美濃関ヶ原(岐阜県関ケ原町)での決戦には豊臣方として布陣したものの、最終盤まで兵を動かさなかった。

やがて、豊臣方の大敗が決定的となったとき、義弘率いる島津隊はあえて

関ヶ原の戦いのあと、徳川家康が首実検を行った床几場(岐阜県関ケ原町)。

徳川方の正面へ突入した。徳川方が追撃を開始すると、島津隊の将兵は誰もがその場に踏みとどまり、義弘の戦場離脱を幇助したという。
　このうち、副将の島津豊久(中務大輔家久の嫡子で、義弘らの甥)や重臣・長寿院盛淳らは、「我こそは島津兵庫入道(＝義弘)なり！」などと叫んで敵方を引きつけ、義弘の身代わりとなって壮烈な討ち死にを遂げた。結局、千数百人の大半が討ち死にや自刃を遂げたが、義弘や重臣・山田有栄ら数十人は奇跡的に戦場離脱に成功した。そして、摂津大坂城(大阪市中央区)下を脱出した正室・宰相殿らとともに、義弘や有栄らは船で帰国を果たしている。

第一部　第四章●戦国・織豊時代の重要場面

第五章 江戸時代の島津家

　図らずも、慶長5年(1600)の関ヶ原の戦いで豊臣方に身を投じた島津義弘(島津貴久の次男で、島津義久の次弟)は、敵中突破を敢行して薩摩へたどり着く。徳川方の総帥・徳川家康は島津討伐の構えを見せ、義弘は薩摩桜島(鹿児島市)での蟄居生活に入った。そんななか、島津家久(薩摩守／義弘の嫡子、義久の甥で娘婿)や重臣らは義弘がやむを得ず豊臣方へ加担した点を主張し、ついに討伐を回避することに成功する。この前後に義久・義弘兄弟は隠居し、家久が島津家嫡流の第17代当主、薩摩藩初代藩主となった。なお、義弘を第17代当主、初代藩主と見なす説もあり、その場合は家久以降の代数がひとつずつ繰り下がることになる。のちに、薩摩藩の石高は72万石(公称77万石)で確定した。やがて、歴代藩主は徳川将軍家から家格の面で厚遇を受け、松平の称号と将軍の諱(実名)の一字を拝領するのが慣例となる。なお、薩摩藩の親疎の別は外様、家格は国持ちの城主、江戸城内での詰め間は大広間であった。しかし、江戸幕府からは木曽三川(木曽川、長良川、揖斐川)の治水工事をはじめとする大規模な治水事業や、城郭修復などの手伝普請を相次いで命じられ、藩財政は悪化の兆しを見せた。また、第5代藩主・島津継豊のもとへ浄岸院(竹姫／清閑寺熈定の娘で、徳川綱吉の養女)が継室(後妻)として輿入れする一方、第8代藩主・島津重豪の三女の広大院(茂姫)が第11代将軍・徳川家斉の正室となるなどの慶事もあった。けれども、婚礼やその後の交際に伴う出費もかさみ、藩財政の悪化に拍車がかかっていく。歴代藩主のなかでは、将軍の岳父となった重豪が、隠居後も長く藩政の実権を掌握し続けた。このため、江戸時代後期には調所広郷(笑左衛門)の手によって、大胆な藩政改革が断行されている。その前後も改革の必要性が叫ばれたが、藩政改革や藩主の後継者問題などをめぐり、近思録崩れ(文化朋党事件、秩父崩れ)、お由羅騒動(嘉永朋党事件、高崎崩れ)などの大事件が起こった。一方、薩摩守家久から第2代藩主・島津光久(家久の嫡子)の時代にかけては、支藩の日向佐土原藩、御一門(一門家)の加治木家、一所持の日置家が成立したが、継豊の時代には越前家、和泉家の名跡を継ぐかたちで御一門

◆島津一族略系図④江戸時代・幕末維新期

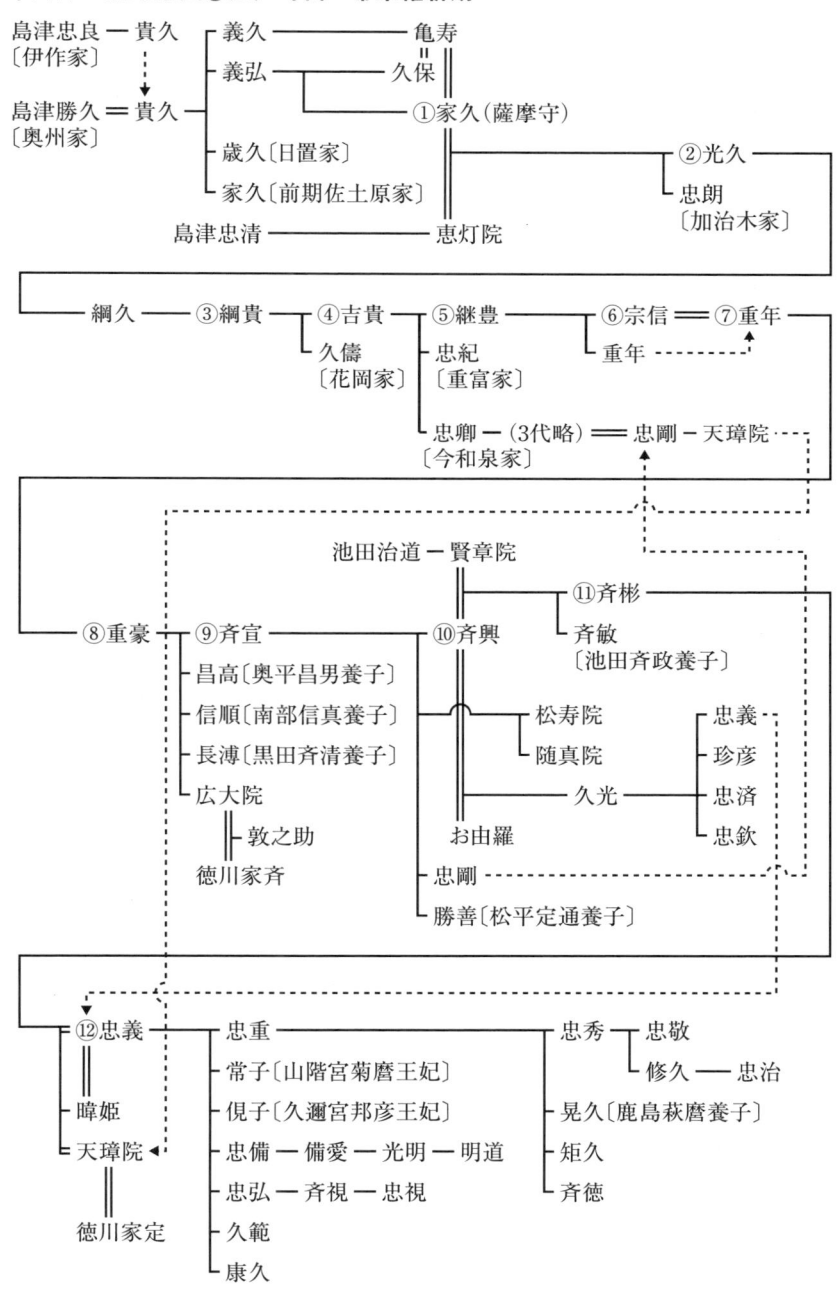

```
島津忠良 ─ 貴久 ┬ 義久 ─────── 亀寿
〔伊作家〕      │              ‖
            ┊  ├ 義弘 ┬ 久保
            ┊  │     │ ‖
島津勝久 = 貴久 │     └ ①家久(薩摩守)
〔奥州家〕      │                          ┌ ②光久
            ├ 歳久〔日置家〕              │
            └ 家久〔前期佐土原家〕        └ 忠朗
                                            〔加治木家〕
          島津忠清 ──────── 恵灯院
```

```
┌ 綱久 ── ③綱貴 ┬ ④吉貴 ┬ ⑤継豊 ┬ ⑥宗信 = ⑦重年
│              │        │        │
│              └ 久儔   ├ 忠紀   └ 重年 ┄┄┄┄→
│                〔花岡家〕〔重富家〕
│                        │
│                        └ 忠卿 ─(3代略)= 忠剛 ─ 天璋院 ┄
```

```
              池田治道 ─ 賢章院
                        ‖              ┌ ⑪斉彬
                        ‖              │
┌ ⑧重豪 ┬ ⑨斉宣 ─── ⑩斉興 ┤             ├ 斉敏
│       │                              │  〔池田斉政養子〕
│       ├ 昌高〔奥平昌男養子〕          │
│       │                  ┌ 松寿院    ├ 忠義
│       ├ 信順〔南部信真養子〕          │
│       │                  ├ 随真院    ├ 珍彦
│       ├ 長溥〔黒田斉清養子〕          │
│       │                  └ 久光 ─── ├ 忠済
│       └ 広大院                       │
│         ├ 敦之助    お由羅          └ 忠欽
│         徳川家斉    │
│                     ├ 忠剛
│                     │
│                     └ 勝善〔松平定通養子〕
│
│ ┌┄┄┄┄┄┄┄┄┄┄┄┄┄┄┄┄┄┄┄┄┄┄
│ ↓
└ ⑫忠義 ┬ 忠重              ┬ 忠秀 ┬ 忠敬
        ‖  │                │      │
        暲姫 ├ 常子〔山階宮菊麿王妃〕 └ 修久 ─ 忠治
        │  │                │
        天璋院 ├ 倪子〔久邇宮邦彦王妃〕├ 晃久〔鹿島萩麿養子〕
        │  │                │
        徳川家定 ├ 忠備 ─ 備愛 ─ 光明 ─ 明道 ├ 矩久
            │                │
            ├ 忠弘 ─ 斉視 ─ 忠視 └ 斉徳
            │
            ├ 久範
            │
            └ 康久
```

第一部　第五章●江戸時代の島津家

の重富家、今和泉家も成立する。北郷姓、佐多姓、敷根氏を称していた支族の各氏が、藩主の命で島津姓に復姓して都城家、知覧家、市成家などとなったのも、江戸時代の初期から中期にかけてのことであった。後年、重富家、加治木家、垂水家、今和泉家の4家が御一門四家とされるなど、江戸時代には一門の諸家の家格が次第に確立していく。

第一節 江戸時代の島津家①
——江戸時代前半の歴代藩主

　織豊時代の後半に三頭（トロイカ）体制を敷いていた島津家嫡流であったが、慶長5年（1600）の関ヶ原の戦いのあと、第16代当主・島津義久（島津貴久の嫡子）と、守護代（代理司令官）・島津義弘（貴久の次男）の兄弟がともに隠居した。やがて、第17代当主となった島津家久（薩摩守／義弘の三男で、義久の娘婿）の命で重臣が粘り強く徳川家康と交渉を行った結果、家久は72万石（公称77万石）の薩摩藩初代藩主となることができた。以後、島津光久（薩摩守家久の嫡子）、島津綱貴（島津綱久の嫡子で、光久の嫡孫）、島津吉貴（綱貴の嫡子）が相次いで藩主に就任するなど、この期間にはおおむね世子（次期藩主）が藩主に就任している。そういったなかで唯一、綱久（光久の嫡子）だけが、家督相続前に病没した。このため、光久の隠居後には、嫡孫である綱貴が家督を相続したわけである。ともあれ、薩摩藩政は光久の時代に確立し、綱貴・吉貴父子の時代に新たな展開を見せた。

藩祖として藩政確立に努めた義弘の三男
島津家久（薩摩守）
しまづ いえひさ（さつまのかみ）
天正4年（1576）～寛永15年（1638）

　島津家嫡流第17代当主で、薩摩藩初代藩主。島津義弘の三男、先代・島津義久（義弘の兄）の甥で娘婿。生母は正室・宰相殿（園田清左衛門の娘）。幼名は米菊丸、通称は又四郎、法名は花舜琴月大居士慈眼院殿、受領名は陸奥守、薩摩守、大隅守、官職は少将、参議、左近衛中将、権中納言、官位は従三位で、諱（実名）は忠恒とも。叔父の島津家久（中務大輔）との混同を避けるべく、それぞれ中務大輔家久、薩摩守家久などと呼び分けることがある。当初、兄の島津久保（義弘の次男）が伯父・義久の世子（次期当主）と定められて

いたが、久保は第1次朝鮮出兵(文禄の役)に出陣中の文禄2年(1593)、唐島(巨済島)で陣没した。このため、家久が世子と定められ、やがて亀寿(義久の三女)を正室に迎えている。病没した久保に代わって世子となるや、すぐさま渡海して第2次朝鮮出兵に参加した。このうち、泗川の戦いでは父・義弘を助け、味方の勝利に貢献する。ところで、この当時、重臣・伊集院忠棟(幸侃)は自立を企て、秘かに運動を重ねていたという。かかる言動に憤ったのか、家久は慶長4年(1599)3月9日、山城伏見城(京都市伏見区)下の邸で忠棟を成敗させた。やがて、家久の仕打ちに反発した伊集院忠真(忠棟の嫡子)は、居城・日向庄内(宮崎県都城市)で挙兵する。忠真の挙兵に伴う騒擾を庄内の乱というが、各方面からの介入や干渉などもあり、乱の討伐は翌年にまでずれ込む。慶長5年(1600)9月15日の関ヶ原の戦いでは、父・義弘が図らずも豊臣方として行動する。一時、徳川家康は徳川方の諸将を薩摩へ差し向ける構えを見せたが、家久や重臣の粘り強い交渉が実を結び、出兵は回避された。慶長7年(1602)8月、家久は上洛し、12月に家康に拝謁する。以上の結果、家久は薩摩、大隅の両国と日向の一部を安堵され、薩摩藩初代藩主となった。前後したが、この年には居城・薩摩鹿児島城(鶴丸城)を構築する一方、日向野尻(宮崎県小林市)で忠真を抹殺している。慶長14年(1609)には、江戸幕府の内諾を得たうえで琉球王国(沖縄県)へ出兵し、国王・尚寧王を薩摩へ連れ帰った。領地経営の面では太閤検地の石高を補うべく内検を断行し、また藩内の行政区画として10余の外城(のちの郷)設定や、家中軍役規定の制定などを行っている。寛永11年(1634)には江戸幕府から72万石余の判物を受けたが、対外的には77万石を公称した。この間の寛永元年(1624)、もしくは寛永2年(1625)には、諸藩に先駆けて妻子を江戸に住まわせている。ちなみに、諱の家久は家康から「家」の一字を拝領したものというが、元和3年(1617)ごろには第2代将軍・徳川秀忠(家康の三男)から松平姓の称号も拝領した。これ以後、歴代

第一部　第五章●江戸時代の島津家

琉球王国の居城であった首里城空撮(沖縄県那覇市／提供・宇野文祥)

67

の薩摩藩主は松平姓を名乗り、将軍から諱の一字を拝領するのが慣例となる。先に触れた通り、正室は亀寿だが、恵灯院(島津忠清の娘)を継室(後妻)に迎えた。寛永15年(1638)2月23日に病没。63歳。墓碑は鹿児島市の福昌寺跡にある。家督は恵灯院が生んだ嫡子・島津光久が継ぎ、第18代当主、第2代藩主に就任している。

金山開発に力を入れた薩摩藩の第2代藩主
島津光久 しまづ みつひさ

元和2年(1616)～
元禄7年(1694)

　島津家嫡流第18代当主で、薩摩藩第2代藩主。先代・島津家久(薩摩守)の嫡子。生母は継室(後妻)・恵灯院(島津忠清の娘)。幼名は虎寿丸、通称は又三郎、法名は泰雪慈恩大居士寛陽院殿、受領名は薩摩守、大隅守、官職は侍従、左近衛少将、左近衛中将、官位は従四位上で、諱(実名)は忠元とも。寛永15年(1638)、父・家久の病没に伴って家督を相続し、藩主に就任する。早くから学問に熱心で、泊如竹や菊池東均らに師事した。また、藩士(記録奉行)・平田純正らを促し、初代当主・島津忠久以来の島津家の歴史を『新編島津氏世録正統系図』(全178巻)にまとめさせている。一方、光久は金山開発に熱心で、寛永17年(1640)以降に、永野金山(鹿児島県さつま町、霧島市)や芹ケ野金山(鹿児島県いちき串木野市)などを採掘している。また、大隅串良郷(鹿児島県鹿屋市)や大隅国分郷(鹿児島県霧島市ほか)など、藩内各地で新田開発にも着手した。なお、光久の時代には伊勢貞昌や島津久通(宮之城家第4代当主)らの重臣が藩主を適切に補佐し、藩政確立に寄与したことでも知られている。このうち、久通は櫨や楮の植林を手がけるなど、林業、製紙業、製茶業などの特産物の振興に腐心した。そういったなか、正保2年(1645)には薩摩藩で島津久章誅殺事件が、支藩・日向佐土原藩(宮崎市)で松木一族誅殺事件が発生している。正保4年(1647)には第3代将軍・徳川家光の御前で犬追物を興行し、好評を博した。正室は曹源院(伊勢貞豊の娘)、継室は陽和院(平松時庸の娘)だが、側室も多く、妻妾とのあいだに男女各19人もの子をもうけている。元禄7年(1694)11月29日に病没。79歳。墓碑は鹿児島市の福昌寺跡にある。家督は、嫡子の島津綱久(生母は曹源院)が早世したため、嫡孫の島津綱貴(綱久の長男)が継いで第3代藩主に就任した。

将来を嘱望されながら病死した光久の嫡子

島津綱久 しまづ つなひさ

寛永9年(1632)～
延宝元年(1673)

　先代・島津光久の嫡子で、薩摩藩の世子(次期藩主)。藩主(当主)に就任する以前に病没したため、歴代には加えられていない。生母は正室・曹源院(伊勢貞豊の娘)。幼名は虎寿丸、通称は又三郎、受領名は薩摩守、法名は関由良無大居士泰清院殿、官職は侍従、官位は従四位下で、諱(実名)は久平とも。寛永18年(1641)に第3代将軍・徳川家光に拝謁し、慶安2年(1649)には父・光久に代わって琉球王国(沖縄県)使節の接待を担当した。慶安4年(1651)には第4代将軍・徳川家綱(家光の嫡子)の御前で元服し、「綱」の一字を拝領して以後、諱を久平から綱久へ改め、同時に薩摩守に補任された。このように世子としての実績を重ねていたが、惜しくも延宝元年(1673)2月19日に父に先立って病没。42歳。墓碑は鹿児島市の福昌寺跡にある。正室は松平定頼の娘で、正室とのあいだに長男・島津綱貴ら三男一女があった。このうち、綱貴は貞享4年(1687)、内祖父・光久の隠居に伴って家督を継ぎ、第3代藩主に就任している。

在任中に火事や天災に苛まれた不運な3代目

島津綱貴 しまづ つなたか

慶安3年(1650)～
宝永元年(1704)

　島津家嫡流第19代当主で、薩摩藩第3代藩主。島津綱久(先代・島津光久の嫡子)の長男。生母は正室・松平定頼の娘。幼名は虎寿丸、通称は又三郎、法名は昌道元親大玄院、受領名は薩摩守、官職は修理大夫、侍従、左近衛少将、左近衛中将、官位は従四位上で、諱(実名)は延久とも。父・綱久が早世したため、内祖父・光久の隠居に伴って貞享4年(1687)に家督を継ぎ、藩主となる。藩主在任中は元禄9年(1696)に薩摩鹿児島が大火に見舞われたが、ほかにも薩摩と日向にまたがる霧島の噴火、藩内の大洪水などに悩まされた。このうち、鹿児島の大火では居城・鹿児島城(鶴丸城)も大きな被害を受けたが、元禄15年(1702)の江戸の火災や元禄16年(1703)の元禄大地震では、江戸の高輪、芝(以上、東京都港区)、桜田(東京都千代田区)の各藩邸も焼失や倒壊の被害を受けている。こういった状況下で江戸幕府からは寛永寺(東京都台東区)の手伝普請を命じられたため、宝永元年(1704)にようやく鹿児

島城の修復に漕ぎ着けた。この間、重臣・禰寝清雄が櫨の植林や茶樹の品種改良などを奨励し、農業振興などの面で実をあげている。しかし、居城の修復や手伝普請などのほかにも、日向佐土原藩への支援も強いられたため、藩財政は悪化の兆しを見せた。正室は常照院(松平信平の娘)、継室(後妻)は吉良義央(上野介)の三女(上杉綱憲の妹で養女)、蘭室院(二階堂宣行の娘)。このうち、義央の三女の生母は正室・梅嶺院(上杉定勝の娘で、上杉綱勝の妹)だが、出羽米沢藩(山形県米沢市)第4代藩主の綱憲も義央・梅嶺院夫妻の子である。余談ながら、元禄15年(1702)12月14日に継室の父である義央は、大石良雄(内蔵助)ら浅野長矩(内匠頭)の遺臣47人に討たれた。綱貴は居城の修復がなった宝永元年(1704)9月19日に病没。55歳。墓碑は鹿児島市の福昌寺跡にある。家督は嫡子・島津吉貴が継ぎ、藩主に就任した。

薩摩藩の財政健全化に腐心した綱貴の嫡子
島津吉貴 しまづ よしたか
延宝3年(1675)～
延享4年(1747)

　島津家嫡流第20代当主で、薩摩藩第4代藩主。先代・島津綱貴の嫡子。生母は継室・蘭室院(二階堂宣行の娘)。幼名、通称は菊三郎、又三郎、号は上総入道、法名は鑑阿天清道煕大居士浄国院殿、受領名は薩摩守、上総介、官職は修理大夫、侍従、左近衛少将、左近衛中将、官位は正四位下で、諱(実名)は忠竹とも。宝永元年(1704)、父・綱貴の病没に伴い、家督を継いで藩主となる。綱貴の藩主在任中は藩内や江戸藩邸がたびたび天災に見舞われたが、吉貴が藩主に就任して以降も同様であった。具体的には、吉貴の藩主在任中には薩摩鹿児島の大火のほかに、徳之島(鹿児島県徳之島町)の疱瘡、琉球王国(沖縄県)の凶作、飢饉などの天災、疫病が相次ぐ。かかる状況を反映して34万5000両もの借財が生じるなど、藩財政は危機的な状況を迎える。やむなく、吉貴は重臣らの役料を半減させるなど、藩財政の健全化を企図して荒療治を展開した。なお、宝永2年(1705)には前田利右衛門が琉球から甘薯(サツマイモ)を持ち帰り、薩摩山川岡児ケ水(鹿児島県指宿市)に植えたという。享保6年(1721)に隠居し、家督を嫡子・島津継豊に譲っている。正室は霊龍院(松平定重の娘)。延享4年(1747)10月10日に病没。73歳。遺骸は鹿児島市の浄光明寺に葬られたという。

第二節 江戸時代の島津家② ──江戸時代後半の歴代藩主

　江戸時代後半の薩摩藩主・島津家では、当初は島津継豊（島津吉貴の嫡子）、島津宗信（継豊の嫡子）が第5代、第6代の藩主に就任するなど、世子（次期藩主）がそのまま藩主となっている。父子のうち、継豊は第8代将軍・徳川吉宗のお声がかりで、浄岸院（竹姫／徳川綱吉の養女）を正室に迎えた。薩摩藩の重臣らは浄岸院の輿入れを機に、「江戸幕府が薩摩藩政に介入するのでは？」と危ぶむ。しかし、実際にはそのようなことは起こってはいない。一方、宗信が22歳で病没したあとは、御一門・加治木家を相続していた島津重年（継豊の次男で、宗信の弟）、島津重豪（重年の嫡子）が、第7代、第8代の藩主に就任した。結果として、血統保持のために作られた御一門の制度が適切に機能した恰好になる。ところで、11歳で藩主となった重豪は、初め隠居・継豊の後見を受けたが、以後、31年間も藩主の座にあった。また、隠居後も第9代藩主の島津斉宣（重豪の嫡子）を後見し、近思録崩れ（文化朋党事件、秩父崩れ）などの騒擾を巻き起こしている。この間には広大院（茂姫／重豪の三女）が第11代将軍・徳川家斉の御台所（正室）になるという慶事があり、図らずも将軍の岳父となった重豪は「高輪下馬将軍」の異名を得た。一方で重豪は蘭学に耽溺したが、広大院の輿入れと相まって、交際範囲が拡大する。重年の時代の木曽三川治水工事などで悪化していた薩摩藩の財政は、重豪の時代には悪化が一層顕著となっていく。なお、先に触れた近思録崩れの結果、斉宣は実権を剥奪されて隠居し、島津斉興（斉宣の嫡子）が第10代藩主に就任することになる。

御一門の創設などを実現させた第5代藩主
島津継豊　しまづ つぐとよ

元禄14年（1701）～
宝暦10年（1760）

　島津家嫡流第21代当主で、薩摩藩第5代藩主。先代・島津吉貴の嫡子。生母は側室・月桂院（名越恒渡の娘）、養母は正室・霊龍院（松平定重の娘）。幼名、通称は鍋三郎、又三郎、法名は円鑑亭尭盈大居士宥邦院殿、受領名は大隅守、官職は侍従、左近衛少将、左近衛中将、官位は従四位上で、諱（実名）は

忠休とも。享保6年(1721)、父・吉貴の隠居に伴い、家督を相続して藩主となった。藩主在任中、暴風雨や洪水、飢饉などの天災が相次ぎ、継豊もその対応に追われている。ところで、継豊は瑞仙院(松平吉元の娘)を正室に迎えたが、早くに先立たれていた。このため、享保14年(1729)には第8代将軍・徳川吉宗のお声がかりで、浄岸院(竹姫/清閑寺熈定の娘で、徳川綱吉の養女)との縁組が持ち上がる。しかし、すでに29歳の継豊は、側室・妙心院(渋谷貫臣の娘)とのあいだに長男・島津宗信をもうけていた。加えて、このときの浄岸院は当時としては婚期を過ぎた25歳で、それまでに2度も縁組が破談になるという経歴の持ち主でもある。仮に、継豊と浄岸院とのあいだに男児が生まれたならば、御家騒動に発展する可能性もあった。なによりも、婚礼を機に江戸幕府が藩政へ介入してくる恐れもあり、薩摩藩の重臣や側近はこの縁組に難色を示す。しかしながら、将軍・吉宗のお声がかりであったため、享保14年(1729)12月11日に、浄岸院は継室(後妻)として継豊のもとへ輿入れする。浄岸院が第5代将軍・綱吉の養女で、以後も吉宗までの歴代将軍からも養女格として遇されていた関係で、継豊と浄岸院の婚礼は盛儀を極めた。ただし、婚礼に伴って芝藩邸(東京都港区)の拡張、浄岸院の住まいである御守殿の構築、さらに婚礼費用をはじめとする巨額の出費を強いられ、これが藩財政の悪化の一因となる。なお、浄岸院は子宝には恵まれなかったが、宗信を養子に迎えて育てた。また、継豊は藩主在任中に弟の島津忠紀、島津忠卿(以上、吉貴の子)に越前家、和泉家の名跡を継がせ、それぞれ重富家、今和泉家を興させている。江戸時代を通じて、重富、今和泉の両家は、島津家の一門でも最も家格の高い御一門(御一門四家)として遇された。延享3年(1746)に継豊は隠居し、宗信に家督を譲った。しかし、宗信、さらに次の藩主・島津重年(継豊の次男)が相次いで病没し、幼少の孫・島津重豪(重年の嫡子)が藩主に就任したため、江戸幕府から重豪を後見するように命じられる。このため、隠居の継豊は以後も、藩政に対して一定の発言権を有していたものと推測される。宝暦10年(1760)9月20日に病没。60歳。墓碑は鹿児島市の福昌寺跡にある。

浄岸院に育てられ生涯質素を貫いた篤実の人

島津宗信 しまづ むねのぶ

享保13年(1728)〜
寛延2年(1749)

島津家嫡流第22代当主で、薩摩藩第6代藩主。先代・島津継豊の嫡子。生

母は側室・妙心院(渋谷貫臣の娘)、養母は継室(後妻)・浄岸院(竹姫／清閑寺熈定の娘で、徳川綱吉の養女)。幼名、通称は益之助、又三郎、法名は俊巌良英大居士慈徳院殿、受領名は薩摩守、官職は侍従、左近衛少将、左近衛中将、官位は従四位上で、諱(実名)は忠顕とも。嫡母(父の継室)・浄岸院の養子となり、慈愛を受けつつ育った。ちなみに、享保20年(1735)には浄岸院に従い、当時8歳の宗信は江戸城大奥へ挨拶に赴いた。延享3年(1746)、父・継豊の隠居に伴って、家督を相続して藩主となった。当時は19歳であったことから、当然、父の後見を受けたものと推測される。藩財政の悪化を認識し、自ら粗食を貫くと同時に、衣類や日用品に関しても、薩摩国内で生産された質素な品を用いて冗費節減をめざしたという。なお、尾張藩(愛知県名古屋市中区)主・徳川家の姫との縁談が進められていたというが、姫の病没により輿入れにはいたらなかった。浄岸院に育てられたからか、少年時代から利発で将来を嘱望されたが、宗信は寛延2年(1749)7月10日に病没。22歳。墓碑は鹿児島市の福昌寺跡にある。生前の宗信には正室がおらず、側室もいなかったため、当然、子女もいない。このため、宗信の病没後、弟で加治木家を相続していた島津重年(継豊の次男)が急遽、生家へ復帰し、家督を継いで藩主となった。

島津重年 しまづ しげとし

木曽三川治水事件などで苦労を重ねた苦労人

享保14年(1729)～宝暦5年(1755)

　島津家嫡流第23代当主で、薩摩藩第7代藩主。先々代・島津継豊の次男。生母は側室・嶺松院(島津久房の娘)。幼名、通称は善次郎、兵庫、法名は覚満良義大居士円徳院殿、受領名は薩摩守、官職は左近衛少将、官位は従四位下で、諱(実名)は久門とも。重年は、当初は加治木家当主・島津久季の養子となり、同家の第4代当主に就任していた。ところが、寛延2年(1749)に兄・島津宗信が早世する。このため急遽、生家へ復帰し、家督を継いで藩主となった。宝暦3年(1753)、江戸幕府から木曽三川(木曽川、長良川、揖斐川)の治水工事を命じられたことから、平田靱負を総奉行に命じてこの手伝普請にあたらせた。言語に絶する難工事の末、手伝普請は宝暦5年(1755)に完成する。しかし、難工事や江戸幕府の無理解などが原因で、靱負ら多くの藩士が自刃や病死を遂げた。なお、治水工事の恩恵を受けた美濃(岐阜県南部)の人々は、靱負を平田神社(岐阜県海津市)に祀ると同時に、工事のために落命

城山麓に建つ薩摩義士碑（鹿児島市）

した藩士を薩摩義士と呼んで、現在まで供養、顕彰活動を続けている。むろん、靭負らは城山（鹿児島市）に祀られるなど、薩摩でも供養、顕彰活動が続けられた。一方、薩摩藩は手伝普請のために摂津大坂（大阪市）、山城伏見（京都市伏見区）などの商人から銀1万3000貫を借り入れたが、これにより藩財政は一気に悪化していく。のちに、第9代将軍・徳川家重（徳川吉宗の嫡子）は、重年に時服50領（着）、存命であった工事関係者にも時服などを与えて労をねぎらうが、木曽三川治水工事で実に多くの犠牲を強いられたというべきであろう。正室は正覚院（島津貴儔の娘）、継室（後妻）は智光院（島津久尚の娘）。先に触れた木曽三川治水工事などの心労が祟ったのか、重年は宝暦5年（1755）6月16日に病没。27歳。墓碑は鹿児島市の福昌寺跡にある。家督は11歳の嫡子・島津重豪が継ぐが、幼少であったからであろう、江戸幕府は3代前の藩主で、内祖父（系図の上では曾祖父）の継豊（第5代藩主）に、幼い重豪の後見を命じている。

蘭癖や将軍の岳父として名高い異色の藩主

島津重豪　しまづ　しげひで

延享2年（1745）～
天保4年（1833）

島津家嫡流第24代当主で、薩摩藩第8代藩主。先代・島津重年の嫡子。生母は正室・正覚院（島津貴儔の娘）。幼名、通称は善次郎、又三郎、異名は高

輪下馬将軍、法名は大信院、受領名は薩摩守、上総介、官職は左近衛少将、左近衛中将、侍従、官位は従四位上で、諱（実名）は久方、忠洪とも。重豪は当初は加治木家を相続し、同家の第5代当主に就任していた。しかし、宝暦5年（1755）の父・重年の病没に伴い、11歳で家督を継いで藩主となった。当初、3代前の藩主で、内祖父（系図上は曾祖父）の島津継豊の後見を受けたが、その継豊も宝暦10年（1760）に病没する。宝暦12年（1762）、正室に慈照院（一橋徳川家当主・徳川宗尹の娘）を迎えたが、安永5年（1776）には自身の三女・広大院（茂姫）が一橋徳川家の世子（次期藩主）・徳川家斉（徳川治済

島津重豪が設置した医学院跡の石碑（鹿児島市）

の嫡子で、宗尹の孫）と婚約するなど、徳川家一門と縁組を重ねた。その家斉は天明元年（1781）に第10代将軍・徳川家治の世継ぎに迎えられ、天明7年（1787）には第11代将軍に就任した。図らずも外様大名の身で将軍の岳父という地位を得た重豪は、間もなく家督を嫡子・島津斉宣に譲った。しかし、以後も藩政の実権を掌握し、斉宣ら2代の藩主の後見を行っている。このころ、重豪は江戸の高輪藩邸（東京都港区）に住んでいたが、将軍の岳父となった重豪のもとを訪ねる者が相次ぐ。その権勢は将軍を思わせるものであったことから、いつのころからか重豪は「高輪下馬将軍」の異名を得るにいたる。藩政面では儒学や武道、医学、天文学の振興をめざし、安永2年（1773）に藩校・造士館と武芸鍛練場・演武館、安永3年（1774）に医療機関・医学館（医学院）、安永8年（1779）には天文台・明時館（天文館）を設置した。また、江戸や上方の仕組みを薩摩藩へ導入するなど、開化政策にも心を砕く。その一方で、文化5年（1808）に斉宣の政策に激怒して斉宣を隠居させ、家老の樺山主税や秩父太郎らに切腹を命ずるなど（近思録崩れ）、重豪は病没するまで実権を掌握し続けた。私的な面では本草学（博物学、薬学）や蘭学に造詣が深かったことから、学者の協力を得て『南山俗語考』や『琉球物産志』、さらには『鳥名

便覧』など多数の書物を執筆している。さらに、外様大名であるにもかかわらず、シーボルト、ズーフ、チチングといった来日中の学者や有識者と進んで親交を結んだ。したがって、重豪は外様大名や将軍の岳父としてだけでなく、本草学者、蘭学者としても時代を代表する人物であったといえよう。けれども、藩主就任時に約88万両に達していた藩の借財は、膨張の一途をたどる。当初は自ら一汁一菜という質素な食事を貫いて範を垂れた重豪であったが、極端な開化政策、度の過ぎた本草学や蘭学への耽溺、将軍の岳父、あるいは本草学者や蘭学者としての交際範囲の拡大などにより、冗費は増加する一方で、藩財政の悪化に拍車がかかってしまう。やむなく、重豪は隠居後に調所広郷（笑左衛門）の登用を促し、藩政改革にあたらせねばならなかった。先に触れた通り正室は慈照院だが、病没後に玉貎院（甘露寺矩長の娘）を継室（後妻）に迎えた。妻妾とのあいだに男女各13人の子があったが、重豪の息子の富之進、虎之助、桃次郎はそれぞれ豊前中津藩（大分県中津市）、陸奥八戸藩（青森県八戸市）、筑前福岡藩（福岡市）の世子に迎えられ、奥平昌高、南部信順、黒田長溥として藩主に就任した。重豪の娘もまた、支藩・日向佐土原藩をはじめ、各大名の正室として輿入れしている。天保4年（1833）1月15日に病没。89歳。墓碑は鹿児島市の福昌寺跡にある。

島津重豪が設置した天文館跡の石碑（鹿児島市）

近思録崩れで隠居を強いられた重豪の嫡子
島津斉宣　しまづ　なりのぶ

安永2年（1773）〜
天保12年（1841）

島津家嫡流第25代当主で、薩摩藩第9代藩主。先代・島津重豪の嫡子。生母は側室・春光院（堤代長の娘）、養母は正室・慈照院（徳川宗尹の娘）。幼名

は虎寿丸、通称は又三郎、法名は大慈院、号は溪山、受領名は豊後守、官職は侍従、左近衛少将、左近衛中将、修理大夫、官位は従四位上で、諱(実名)は忠堯とも。天明7年(1787)に父・重豪の隠居に伴い、家督を相続して藩主となる。藩主就任当初、重豪は斉宣の後見を行っていた。文化2年(1805)、斉宣は自ら『鶴亀問答』なる書物を執筆して、文武や忠孝、質素倹約を奨励すると同時に、藩政改革に関する意見書の提出を藩士に求めた。当時、すでに薩摩藩の借財は銀7万6000貫余(金126万8000両)という天文学的数字に達しており、藩政改革は喫緊の課題となっていたのである。幸いにも、文化4年(1807)になると、重豪は斉宣の後見をやめる。これを機に、斉宣は樺山主税や秩父太郎らを家老に登用しつつ、近思録党を中心とした藩政改革を断行した。また、勝手方掛の新納久命らを解任、降格などとし、藩政の枢機から遠ざけた。一方、斉宣の全面的支持を得た主税や太郎らは、江戸での唐物(中国製品)の売りさばきを企図するとともに、江戸幕府に15万両の借用と、参勤交代の15年間免除などを願い出ようとする。さらに、主税や太郎らは冗費節減をめざして、隠居である重豪の江戸表の生活費の切り詰めを目論んだ。けれども、これらの改革が従来の政策を否定するものであり、また重豪に負担を強いるものであったことから、重豪の逆鱗に触れてしまう。激怒した重豪はすぐさま藩政へ介入し、文化6年(1809)には斉宣を隠居に追い込み、19歳の島津斉興(斉宣の嫡子で、重豪の内孫)を藩主の座に据える。このとき、主税や太郎ら13人が切腹、25人が配流となるなど、近思録党を含む100人以上が処分を受けた。この出来事は近思録崩れ、文化朋党事件、秩父崩れなどと呼ばれ、長く藩内に禍根を残すことになる。正室は芳蓮院(鈴木勝直の娘で、佐竹義和の養女)、継室(後妻)は蓮亭院(丹羽長貴の娘)。嫡子の斉興を含め、妻妾とのあいだに男女各14人の子をもうけている。以後、斉宣は藩政運営から遠ざけられたまま余生を過ごし、天保12年(1841)10月13日に病没。69歳。墓碑は鹿児島市の福昌寺跡にある。

第三節 江戸時代の島津家③
―― 江戸時代の妻妾・娘

　島津家というと歴代の当主や藩主ばかりに注目が集まるが、当主や藩主、あるいは一族の男子を支えた女性のなかにも注目すべき賢夫人が多い。まず、江戸時代初期の亀寿（島津義久の三女で、島津久保と薩摩守家久の正室）や屋地（島津義弘の長女で、島津朝久の正室）は、初代藩主である薩摩守家久の正室や姉として、藩内で一目置かれる存在であったものと推測されている。次に、系図上のポジションが判然としないが、島津家嫡流の当主の夫人、もしくは生母などといわれている永俊尼（カタリナ）は、配流されてもなお、キリスト教信仰を貫いた点で名高い。また、第5代藩主・島津継豊のもとへ継室（後妻）として輿入れした浄岸院（竹姫／徳川綱吉の養女）は、側室の生んだ島津宗信（継豊の嫡子）を、慈愛をもって育てた。松寿院（島津斉宣の次女）は大隅種子島領（鹿児島県南種子町ほか）主・種子島久道の正室となり、久道の没後に女島主として積極果敢な領地運営を展開する。さらに、賢章院（池田治道の娘）は第10代藩主・島津斉興の正室となって島津斉彬らを生み、我が子を自らの手で見事に育て上げた。第11代藩主となる斉彬が聡明な人物に成長したのは、賢章院の教育のお蔭であるという。なお、お由羅（岡田氏の娘）は斉興の側室となって島津久光らを生むが、お由羅の出自については諸説がある。

・**随真院**→第二部　第二章　第三節「後期佐土原家②――佐土原藩の妻妾・一族」（P.184）参照。

薩摩守家久と別居生活を続けた義久の家付娘

亀寿　かめじゅ

元亀2年(1571)？〜
寛永7年(1630)

　島津義久の三女で、島津久保（島津義弘の次男）の正室、初代藩主・島津家久（薩摩守／義弘の三男）の正室。生母は継室（後妻）・円信院（種子島時堯の娘）。通称は亀寿、持明院様、法名は持明彭窓（窗）庵主、心応慶安大姉、興国寺殿。義久は正室・萃舜妙香（花瞬妙香）とのあいだに長女・御平（蓮昌妙守／島津義虎の正室）、円信院とのあいだに次女・新城様（島津彰久の正室）、

そして三女・亀寿をもうけたが、男子に恵まれなかった。また、萃舜妙香は永禄2年(1559)11月18日、円信院は元亀3年(1572)12月23日にそれぞれ病没したが、ふたり目の継室、あるいは側室を迎えた形跡はない。おそらく、円信院に先立たれた時点で、義久は娘のうちの誰かひとりに娘婿を迎えようと決意したのであろう。なお、豊臣秀吉が天下人であった時代に、亀寿は山城伏見城(京都市伏見区)下などへ赴き、苦しい人質生活を送った。天正16年(1588)、義久は上方から薩摩へ帰国する際、亀寿との別離を嘆く和歌を詠む。これが秀吉の耳に入り、亀寿は父とともに薩摩への帰国を許されたと伝えられている。やがて、義久は甥・久保を世子(次期当主)に迎え、亀寿の婿とした。従姉弟の間柄である久保と亀寿は、仲睦まじい夫婦であったという。天正19年(1591)3月9日に義弘が正室・宰相殿に送った書状にも、そのことが記されている。ところが、父・義弘とともに秀吉による第1次朝鮮出兵(文禄の役)に参加した久保は、文禄2年(1593)9月8日に朝鮮半島沖の唐島(巨済島)で戦病死を遂げてしまう。そこで義久は、今度は同じく甥にあたる家久を世子に迎え、亀寿の婿とした。なお、通説に従い亀寿の生年を元亀2年(1571)と見るならば、天正元年(1573)生まれの久保と天正4年(1576)生まれの家久は、それぞれ亀寿よりも2歳年下、5歳年下ということになる。ともあれ、久保と亀寿、それに家久と亀寿との縁組は、義久と義弘の兄弟間での家督争いにピリオドを打つべく、執り行われたものであるという。のちに亀寿は摂津大坂城(大阪市中央区)下の島津邸に住み、江戸幕府の成立後は江戸の桜田藩邸(東京都千代田区)へ移った。ただし、輿入れしたものの、亀寿は家久とのあいだに子女をもうけていない。ところで、義久には御平の長男・島津忠辰、新城様の長男・島津忠仍らの外孫がいた。こういった状況であったから、義久は両人のどちらかを自身、もしくは家久・亀寿夫妻の養子に迎え、家督を譲ることも考えていたという。迷いに迷ったあげく、正八幡宮(鹿児島神宮/鹿児島県霧島市)で籤を引いた末に、当初の予定通り家久に家督を譲ったと伝えられている。ちなみに、家久は亀寿の存命中に早くも、継室に恵灯院(島津忠清の娘)を迎えており、ほかにも多くの側室を持っていた。このためか、慶長16年(1611)に父・義久が病没したのち、亀寿は夫・家久と別居する恰好で大隅国分(霧島市)へ移り住む。一説に、亀寿は国分で忌請という父の病没に伴う服喪行事を行ったが、忌請の終了後に家久が迎えの者をよこさなかった。亀寿はこれに激怒し、そのまま国分で別居生活に入ったという。もっとも、家付娘であり、人質生活を経験した亀寿に対しては生涯、薩

市立美術館前庭にある持明院様こと亀寿の石像(鹿児島市)

摩藩から1万石(無役)の知行(扶養手当)が贈られている。ちなみに、家久は継室や複数の側室とのあいだに、30人(十六男十四女)もの子女をもうけた。特に、亀寿と別居して以降、子作りに励んだようである。その亀寿は元和8年(1622)に島津光久(家久の嫡子)を養子に迎え、夫の家久ではなく、この光久に島津家伝来の系図類を譲った。なお、亀寿に関しては美貌には恵まれていなかったなどという、真偽不明の話が残っている。しかし、上方で初めて会った秀吉は、亀寿があまりに美人なので、「替玉ではないか？」と疑ったという逸話も取り沙汰されてきた。そんな亀寿は寛永7年(1630)10月5日に病没。60歳か。なお、廃寺となった興国寺(鹿児島市)に、亀寿の位牌が安置されていたという。現在、鹿児島市立美術館(鹿児島市)の前庭に、持明院様、白地蔵などと呼ばれる柔和な顔立ちの石像がある。かつて大乗院(鹿児島市)の境内にあったこの石像は、亀寿の石像であるという。古くから、石像に化粧を施した女性は美人になるとされてきた。このため、命日である10月5日などには、今も女性の手で化粧が施されている。

藩主に待遇改善などを主張した義弘の長女

屋地 ○やち

天文23年(1554)〜
寛永13年(1636)

　島津義弘の長女で、島津家久(薩摩守/義弘の三男)の姉、島津朝久の正室。生母は継室(後妻)・北郷忠孝の娘。通称は屋地、御屋地、法名は実清正真大姉。朝久(島津忠親の嫡子)は豊州家第6代当主で、日向飯野城(宮崎県えびの市)主などを務め、文禄2年(1593)の第1次朝鮮出兵(文禄の役)で病没したという。未亡人となった屋地は、薩摩帖佐(鹿児島県姶良市)にいた父・義弘のもとへ身を寄せた。したがって、屋地、御屋地という通称は、帖佐移住以後のものと見られている。しかし、慶長元年(1596)ごろには、豊臣秀吉の命で山城伏見城(京都市伏見区)下の島津邸で、次女・長寿院とともに人質生活を送っている。この年、第2次朝鮮出兵(慶長の役)に参加した家久へ書状を送り、同年に発生した近畿大地震の状況を報じるなどした。慶長10年(1605)、長寿院は初代藩主・家久の養女となったうえで、伊予松山藩(愛媛県松山市)主となる松平定行(徳川家康の甥)のもとへ輿入れする。なお、この縁組は徳川将軍家と島津家との、関ヶ原の戦い以来の緊張状態を改善するべく行われたもので、婚礼の儀式は幕閣並みの政治力を有していた雲光院(阿茶局/家康の側室)が取り仕切った。残念なことに、長寿院は輿入れして間もなく、摂津大坂(大阪市)で病没してしまう。そこで、宝寿院殿という人物を養子に迎えるよう家久から勧められたが、屋地はこれも島津家に対する奉公ととらえていた。しかしながら、娘とともに上方で長く辛い人質生活を送り、しかも娘を失ったというのに、屋地は薩摩藩から1000石の知行を与えられたのみであったという。この点に不満を抱いていた屋地は、同じく上方で人質生活を強いられた亀寿(島津義久の三女で、屋地の従姉妹)の事例を引き合いに出しつつ、弟である家久に対して知行の加増を求める内容の書状を送る。亀寿は家久の正室であるが、夫婦仲はよくなかった。屋地がその点を熟知したうえで引き合いに出したとすれば、「あて擦り」といったところであろうか。ちなみに、同じく人質生活を経験した御下(義弘の次女で、屋地の妹)に対して、薩摩藩は3000石の知行を与えている。屋地の生母は忠孝の娘だが、家久や御下の生母は正室・宰相殿(園田清左衛門の娘)であった。「腹違いの自分が冷遇されている」などと思い込み、この挙に出た可能性も指摘できよう。いずれにしても、女性が藩主に堂々と待遇改善を求めている点

第一部　第五章●江戸時代の島津家

81

は、興味深いというほかはない。屋地は寛永13年（1636）11月11日（一説に13日）に病没。83歳。

信仰を貫き配流となったキリスト教信者

永俊尼（カタリナ） えいしゅんに（かたりな）

天正2年（1574）？～
慶安元年（1648）

　島津家嫡流の当主夫人といわれている女性で、キリスト教信者。洗礼名はカタリナ、法名は永俊尼で、堅野永俊尼と呼ばれたという。出自などに関しては不明な部分が多いが、小西行長の娘、もしくは行長の一族の娘で、島津義久、もしくは島津家久（薩摩守／島津義弘の三男、義久の甥で娘婿）の妻妾とする説などがある。また、永俊尼を薩州家の島津忠清（第6代当主・島津義虎の三男）の正室と見る説も喧伝されてきた。家久の継室（後妻）・恵灯院は忠清の長女であるので、忠清の正室であるとすれば、恵灯院の生母、家久の義母ということになる。レオン・パジュスの『日本切支丹宗門史』に、「薩摩では大名の義母・カタリナが熱心なキリスト教信者であった」と記されている。元和元年（1615）の大坂夏の陣のあと、豊臣方に属した者たちが堅野の永俊尼の屋敷へ逃げ込む。しかも、これらの者たちもキリスト教信者であったため、薩摩藩は再三、永俊尼らに改宗を迫った。ところが、勧告に応じなかったため、寛永11年（1634）ごろに、永俊尼、喜多村越中守の娘（永俊尼の娘）、孫娘4人、家来ら20数人が薩摩種子島の西之表郊外（鹿児島県西之表市）へ配流となる。外聞をはばかった薩摩藩は永俊尼などという法名を押しつけたが、永俊尼らは決して信仰を捨てようとしなかった。寛永14年（1637）には、やはり改宗に応じなかった妙身尼（喜入忠続の正室で、永俊尼の娘）と孫娘も、同島へ配流となっている。ちなみに、忠続は当時の薩摩藩家老である。同年、島原の乱が発生するが、永俊尼の家来・皆吉長右衛門の父の一揆方への加担が判明した。間もなく、配流となっていた長右衛門やその家族は、鹿児島へ連行される。その後も、薩摩藩は十字架などを焼き払う一方で、海上を封鎖して外部との連絡を断った。このように、さまざまな手段で改宗を迫ったが、永俊尼は信仰を貫いた末に慶安元年（1648）9月8日に病没。75歳か。また、妙身尼は万治3年（1660）11月16日に病没。西之表市の種子島家墓所には、永俊尼、妙身尼、孫娘の3代の墓碑が現存する。このうち、永俊尼の墓碑の正面には、「南無妙法蓮華経」と刻まれ、左側面にはわざわざ永俊尼が仏教徒であるという意味の刻字がある。ただし、これは薩摩藩が外

聞を恐れて刻ませたもので、実際の永俊尼らはまぎれもなく信仰を貫き通している。

継豊の継室となり宗信を育てた将軍の養女
浄岸院（竹姫） ● じょうがんいん（たけひめ）
宝永2年(1705)？〜
安永元年(1772)

　清閑寺熈定の娘で、第5代将軍・徳川綱吉の養女、第5代藩主・島津継豊の継室（後妻）。俗名は竹姫。生年は一説に元禄6年(1693)。公家・熈定の娘として京都で生まれ、叔母である大典侍（熈定の妹で、綱吉の側室）に育てられた。間もなく綱吉の養女となったが、将軍が公家の娘を養女に迎えるのは異例中の異例である。やがて、陸奥会津藩（福島県会津若松市）の世子（次期藩主）・松平正邦、次いで皇族の有栖川宮正仁親王との縁組がまとまるが、正邦や正仁親王が早世したため、輿入れはしていない。以上のような事情で、綱吉や大典侍が病没したあとも浄岸院は引き続き江戸城大奥へとどまり、第6代将軍・徳川家宣（綱吉の甥で養子）から第8代将軍・徳川吉宗までの歴代将軍の養女格として遇された。享保14年(1729)に、そんな浄岸院に継豊との縁談が持ち上がる。しかし、継豊がすでに側室・妙心院（渋谷貫臣の娘）とのあいだに嫡子・島津宗信をもうけていたこと、浄岸院が男子を生めば御家騒動に発展しかねないこと、浄岸院の輿入れを機に江戸幕府が藩政へ介入する可能性が高いことなどから、薩摩藩の重臣や継豊の側近はこの縁組に難色を示す。けれども、将軍・吉宗のお声がかりということで、同年に浄岸院は継室として継豊のもとへ嫁した。継豊と浄岸院の婚儀、江戸藩邸の増築、浄岸院の住まいである御守殿の構築などのために、薩摩藩は巨額の出費を強いられている。輿入れ後、浄岸院は宗信を養子に迎え、手塩にかけて養育している。浄岸院は安永元年(1772)12月5日に病没。68歳か。鹿児島市の福昌寺跡に墓碑がある。

女島主として種子島を治めた斉宣の次女
松寿院 ● しょうじゅいん
寛政9年(1797)〜
慶応元年(1865)

　薩摩藩第9代藩主・島津斉宣の次女で、種子島久道の正室、第10代藩主・島津斉興（斉宣の嫡子で、島津斉彬や島津久光らの父）の妹、随真院（斉宣の四女）の姉。生母は側室・島津久隣の娘。俗名は於隣、隣姫、隣子。久道の

正室となるが、文政元年(1818)には久光(忠教／斉興の五男)が種子島家の養子に迎えられるという出来事があった。ただし、いかなる理由かは不明だが、久光は養子縁組を解消して生家へ戻っている。そんななか、夫の久道は文政12年(1829)、世子(次期当主)の種子島久珍は安政元年(1854)に病没する。久珍、それに家督を継いだ種子島久尚(久珍の嫡子)が若年、幼少であったことから、松寿院が実質的な種子島家の当主、大隅種子島(鹿児島県南種子町ほか)の領主、島主として領地経営を行った。一時期、当主不在の時期があったともいわれ、松寿院が女島主として手腕を振るったとも伝えられている。具体的には、大浦川などの河川改修、西之表(鹿児島県西之表市)での港湾整備、大浦(南種子町)での塩田開発などに取り組んだ。このうち塩田開発では、薩摩串木野(鹿児島県いちき串木野市)出身の逆瀬川十八を招聘し、入浜式塩田、「網代だき」などの技法を導入し、種子島の経済を潤したとされている。ほかにも、学問所の創設をはじめとする教育振興に取り組んだ。ともあれ、松寿院は当主が相次いで病没する状況下でもしっかりと家を守り、幾多の業績を残した稀代の賢夫人であるといえよう。慶応元年(1865)8月20日に病没。69歳。墓碑は種子島家の菩提寺である西之表市の本源寺にある。

斉彬を生み育てた池田家出身の女丈夫
賢章院 けんしょういん
寛政3年(1791)〜文政7年(1824)

因幡鳥取藩(鳥取市)主・池田治道の娘で、第10代藩主・島津斉興の正室、第11代藩主・島津斉彬や、池田斉敏らの生母。賢章院の生母は陸奥仙台藩(宮城県仙台市)主・伊達重村の娘・生姫。俗名、諱(実名)は弥姫、周子、法名は賢章院殿玉輪恵光大姉、号は受楽亭。鳥取藩の江戸八重洲藩邸(東京都中央区)で出生後、父母の病没に伴って、嫡母(父の継室)・転心院(徳川重倫の娘)に養育された。文化4年(1807)に斉興のもとへ輿入れし、嫡子の斉彬、次男の斉敏ら三男一女(一説に四男一女)をもうける。和歌や漢文、仏教に造詣が深く、人の世の因果応報を説いた『三十六歌仙こほろぎ物語』などの著作も残す。また、薙刀をよくし、輿入れの際に具足(甲冑)を持参したという烈女でもある。斉彬らを生むと進んで授乳し、さらに自ら斉彬らの子に漢文や書道、礼儀作法の手ほどきをした。また、側室の生んだ子も実子同様に可愛がるなど、夫の子すべてに慈愛をもって接している。斉彬が名君、蘭癖大名として天下にその名を轟かせたのも、賢章院の教育に負う面が少なくないと

いう。なお、斉敏は備前岡山藩(岡山市)主・池田斉政の養子となって家督を継ぎ、長女・智鏡院(候子)は土佐藩(高知市)主・山内豊熙の正室となっている。晩年、側室・お由羅が斉興の寵愛を独占したというが、そういったなかでも大藩の正室として矜持を保って生きた。斉彬に「父母の名を汚すことなかれ」と遺言したうえで、文政7年(1824)8月16日に病没。行年は34歳。遺骸は大円寺(東京都港区)に埋葬されたが、大正6年(1917)に鹿児島市の福昌寺跡に改葬された。

斉興の寵愛を受け久光を出産した側室

お由羅　おゆら

生年不詳〜
慶応2年(1866)

　第10代藩主・島津斉興の側室で、国父・島津久光の生母。法名は妙浄覚忍大禅定尼。姓は岡田氏で、江戸の大工・藤左衛門の娘とも、船宿の主・某の娘ともいう。当初、薩摩藩江戸藩邸の奥女中・島野の部屋子となり、文化10年(1813)ごろに斉興の側室になったものと見られる。文化12年(1815)に斉興の十二女を生み、文化14年(1817)に五男・久光を生んだ。お由羅が藩主の子を生んだことから、兄の岡田利次は薩摩藩士となり、のちに小納戸頭取に抜擢されている。嘉永元年(1848)ごろ、藩内が次の藩主に島津斉彬(斉興の嫡子、生母は正室・賢章院)を推す一派と、久光を推す一派とに割れた。このとき、お由羅は重臣らと結託し、我が子・久光を藩主にしようとしたという。嘉永2年(1849)、お由羅らが斉彬の子を呪い殺したと思い込んだ斉彬派は、お由羅や久光らの排除を企てた。ところが、久光派の巻き返しにより、斉彬派の藩士が多数処罰された。以上の出来事を、お由羅の名を冠してお由羅騒動(もしくは嘉永朋党事件、高崎崩れ)というが、この関係で斉彬や側近・西郷隆盛、大久保利通らは、お由羅のことを奸女(姦女)などと口汚く罵っている。しかし、事件はやがて江戸幕府老中の阿部正弘の知るところとなった。正弘らの勧告を受けて、嘉永4年(1851)に斉興が隠居し、斉彬が藩主に就任している。これより先、久光は御一門(一門家)の重富家を相続した。のちに久光は、安政5年(1858)に斉彬が病没すると薩摩藩の国父となり、第12代藩主となった嫡子・島津忠義を後見した。久光が中央政界で大活躍するなか、お由羅は慶応2年(1866)に病没。鹿児島市の福昌寺跡に墓碑がある。

第四節 江戸時代の島津家④
── 島津家出身の親藩・外様大名

　薩摩藩主・島津家では、江戸時代中期までは、嫡子以外の男子や女子が分家を興したり、家臣の家へ養子や嫁にいったりすることが多かった。しかし、江戸時代後期に広大院(茂姫／島津重豪の三女)が第11代将軍・徳川家斉の御台所(正室)となるころから、第8代藩主である重豪の男子が他の大名家の養子となり、藩主に就任するようになる。具体的には、重豪の次男が豊前中津藩(大分県中津市)主・奥平昌高に、他の息子が陸奥八戸藩(青森県八戸市)主・南部信順、筑前福岡藩(福岡市)主・黒田長溥になった。また、第9代藩主・島津斉宣の十一男が伊予松山藩(愛媛県松山市)主・松平勝善に、第10代藩主・島津斉興の次男が備前岡山藩(岡山市)主・池田斉敏になっている。以上の各家はいずれも名門大名だが、なかでも黒田家と池田家は島津家と同様、徳川将軍家から国主の家格や松平姓を許され、さらに歴代将軍から諱(実名)の一字を拝領した外様の大大名である。また、昌高と長溥は重豪と同じく蘭学に造詣が深く、時代を代表する学者大名であった。

中津藩主となり開国を主張した重豪の次男

奥平昌高　おくだいら　まさたか

安永4年(1775)〜
安政2年(1855)

　第8代藩主・島津重豪の次男で、奥平昌男の養子(婿養子)。豊前中津藩(大分県中津市／10万石)第5代藩主。生母は側室・市田氏。幼名は富之進、通称は九八郎、号は豊海、オランダ名はフレデリック・ヘンドリック、法名は龍徳院殿無方道応大居士、官職は大膳大夫、侍従。なお、江戸幕府には天明元年(1781)生まれと届け出ていたという。昌男の娘・本明院(八千姫)の婿養子となり、天明6年(1786)の昌男の病没に伴って家督を相続した。もっとも、実際は世継ぎのないまま昌男が病没したため、昌高が末期養子に迎えられたらしい。なお、昌男が病没する直前に姉の敬姫(重豪の長女で、昌高の長姉)と婚約していたことが、昌高が末期養子に迎えられた理由であった。前後したが、奥平家は奥平信昌(正室は徳川家康の長女・盛徳院)を中興の祖とする譜代大名である。蘭学に造詣の深い父・重豪のDNAを受け継いだ昌高は、

弟・黒田長溥と同様、シーボルトらの学者と交遊を重ねている。また、蘭学者や藩医に蘭和辞書を編纂させる一方で、オランダの文物を取り寄せて江戸・鉄炮洲藩邸（中屋敷／東京都中央区）にオランダ部屋を構築したことでも名高い。しかし、藩政の面では文化9年（1812）に中津城下で2万人規模の一揆が発生し、江戸にいた昌高もその対応に苦慮している。文政8年（1825）に隠居し、家督を次男・奥平昌暢に譲った。やがて、昌暢が天保3年（1832）に病没したため、昌高は次の藩主となった奥平昌猷（昌高の五男）を後見している。のちに、嘉永6年（1853）にペリーが来航すると、江戸幕府に開国を促す

大阪朝日放送前に建つ中津藩大坂蔵屋舗之跡の石碑（大阪市福島区）

内容の意見書を提出したほどであった。先に触れた通り、正室は本明院だが、昌高は妻妾とのあいだに33人もの子女がいたという。安政2年（1855）6月10日に病没。81歳。墓碑は東京都品川区の清光院にある。ちなみに、昌高の十男・七五郎改め池田慶政は、備前岡山藩（岡山市）の第8代藩主に就任した。

お由羅騒動の収拾に乗り出した重豪の九男
黒田長溥　くろだ　ながひろ

文化8年（1811）～明治20年（1887）

第8代藩主・島津重豪の子で、黒田斉清の養子（婿養子）。筑前福岡藩（福岡市／47万石）第11代藩主。生母は側室・青松院（牧野氏）。幼名、通称は桃次郎、官兵衛、受領名は美濃守、官職は左近衛中将、官位は従二位。黒田家は黒田如水（官兵衛孝高）の嫡子・黒田長政を初代藩主とする外様大名で、歴代の福岡藩主は薩摩藩主と同様、松平姓と将軍の諱（実名）の一字を拝領するのを常としていた。さて、長溥は斉清の娘・昌光院（純子）の婿養子となり、天保5年（1834）に養父の隠居に伴い、家督を相続して福岡藩主となった。父の重豪と養父の斉清は蘭学に造詣が深く、蘭癖大名の異名を得ていた。兄の奥平昌高（重豪の次男）と同様に父のDNAを受け継いだ長溥は、養父の薫陶も

あって少年時代から蘭学に関心を示している。わけても、文政11年（1828）には外様大名としては異例にも、養父とともに肥前長崎（長崎市）でシーボルトと会談をする。幕末維新期には西洋式軍備の導入に積極的で、藩士を長崎海軍伝習所へ入学させるなどした。また、藩内に精錬所や賛生館（医学校）などを設置し、西洋の学問、技術、医学の導入にも心を砕いている。このうち賛生館は、コレラの予防や種痘の実施など、予防医学の面で幾多の実績を残した。また、嘉永2年（1849）に生家である薩摩藩でお由羅騒動が発生した際には、亡命してきた薩摩藩士・村山松根などを保護する。さらに、騒動の発生を江戸幕府に報じ、第10代藩主・島津斉興（昌高の甥で、島津斉彬らの父）の隠居を実現させている。しかし、元治元年（1864）の禁門の変や第1次長州征伐あたりから、藩内で佐幕派と尊皇攘夷派の抗争が激化する。長溥は「七卿落ち」にかかわった五卿を筑前大宰府（福岡県太宰府市）へ移すなどの対策を講じた末に、明治2年（1869）に隠居し、家督を養子・黒田長知（藤堂高猷の次男）に譲った。ただし、明治4年（1871）の廃藩置県の前後には藩内で太政官札贋札事件が勃発し、隠居の長溥も対応に苦慮している。明治20年（1887）3月7日に病没。墓碑は青山霊園（東京都港区）にある。

分家として南部藩の雪冤に奔走した重豪の五男

南部信順 なんぶ のぶゆき

文化10年（1813）～
明治5年（1872）

第8代藩主・島津重豪の子で、南部信真の養子（婿養子）。陸奥八戸藩（青森県八戸市／2万石）第9代藩主。生母は側室・松平氏（一説に市田氏）。幼名、通称は虎之助、篤之丞、受領名は伊勢守、遠江守、官職は侍従、官位は従四位下。外様大名である八戸藩主・南部家は、陸奥南部藩（岩手県盛岡市）主・南部家の分家である。信順は信真の娘・鶴姫の婿養子となり、天保13年（1842）に養父・信真の隠居に伴い、家督を相続して八戸藩主となった。藩主就任後は人材の登用や藩政改革などに腐心し、幕末維新期には藩兵を京都御所（京都市上京区）の警備などにあたらせる。明治元年（慶応4年／1868）には、本家・南部藩の意向もあって奥羽越列藩同盟に加わったが、薩摩藩と連絡を取りつつ、早期に同盟を離脱した。のちに、南部藩の雪冤に奔走し、家名存続に尽力している。明治2年（1869）の版籍奉還を経て、明治4年（1871）の廃藩置県により、藩主、藩知事の職を退いた。明治5年（1872）2月20日に病没。墓碑は八戸市の南宗寺にある。

親藩大名・松平家の家督を継いだ斉宣の十一男

松平勝善 まつだいら かつよし

文化14年(1817)～
安政3年(1856)

　第9代藩主・島津斉宣の十一男で、松平定通の養子。伊予松山藩(愛媛県松山市／15万石)第12代藩主。生母は側室・真如院(島津樵風の養女)。幼名、通称は勝之進、千松、法名は隆聖院殿仁誉忠穆良温大居士、受領名は隠岐守、官職は左近衛権少将、官位は従四位下で、諱(実名)は定穀とも。松山藩主・松平家は久松定勝(徳川家康の異父弟)の子・松平定行を初代藩主とする親藩大名である。勝善は天保3年(1832)に定通の養子となり、天保6年(1835)の養父の病没に伴い、家督を相続して松山藩主となった。当初は定穀と名乗っていたが、安政元年(1854)に第13代将軍・徳川家祥が家定と改名したのをはばかり、諱を勝善とする。藩主在任中は居城・松山城天守閣や江戸藩邸(上屋敷)の再建、江戸城本丸や京都御所(京都市上京区)の手伝普請などで巨額の出費を強いられた。また、幕末期には江戸湾岸の警備を命じられ、これらに伴う出費も藩財政を悪化させている。正室は瑶光院、継室(後妻)は和光院で、ともに出羽庄内藩(山形県鶴岡市)主・酒井忠器の娘。安政3年(1856)8月11日に病没。40歳。墓碑は東京都港区の済海寺にある。世継ぎに恵まれなか

第一部　第五章●江戸時代の島津家

松平勝善の居城・松山城(愛媛県松山市／撮影・上田良治)

ったため、養女・清亮院(定通の娘)の婿養子に迎えた松平勝成(讃岐高松藩主・松平頼恕の六男)が家督を継ぎ、第13代藩主に就任している。

池田家を継ぐも若死にした斉彬の弟
池田斉敏 いけだ なりとし
文化8年(1811)～天保13年(1842)

　第10代藩主・島津斉興の次男で、池田斉政の養子。備前岡山藩(岡山市／31万石)第7代藩主。生母は正室・賢章院(池田治道の娘)で、第11代藩主となる島津斉彬(斉興の嫡子)の父母を同じくする弟にあたる。幼名、通称は治五郎、丈之助、受領名は伊予守、官職は侍従、左近衛権少将、官位は従四位下、諱(実名)は久寧、為政とも。池田家は池田輝政(継室は徳川家康の次女・良正院)を藩祖とする外様大名で、歴代の岡山藩主は薩摩藩主と同様、松平姓と将軍の諱の一字を拝領するのを常としていた。斉敏は文政9年(1826)に斉政の養子となり、文政12年(1829)に養父の隠居に伴い、家督を相続して岡山藩主となった。しかし、天保4年(1833)までは養父・斉政が存命であったため、斉敏が藩主として手腕を発揮する機会は少なかったという。ちなみ

池田斉敏を支えた筆頭家老・伊木家の旧屋敷門(東京都世田谷区・多摩川テラス)。後年、坂本龍馬もこの門をくぐったという

に、斉政の嫡子・池田斉輝は聡明で将来を嘱望されていたが、文政2年(1819)に23歳で早世していた。藩内には斉輝の早世を嘆く声が多かったというから、藩主となった斉敏は風当たりが強かったものと思われる。こういった関係で、藩主として確固たる実績を残せぬまま、天保13年(1842)1月30日に病没。32歳。正室を迎えていなかったが、側室とのあいだに一女があり、また一族の池田政養の娘を養女としていた。家督は婿養子・池田慶政(奥平昌高の十男で、養女の婿)が相続し、岡山藩主に就任している。なお、昌高は薩摩藩の第8代藩主・島津重豪(斉興の内祖父)の次男なので、斉敏と慶政はいとこ半の間柄になる。

池田斉敏の居城・岡山城(岡山市)

第五節 江戸時代の島津家⑤
――島津家出身の将軍の正室

　薩摩藩主・島津家では、江戸時代中期の第5代藩主・島津継豊が、第8代将軍・徳川吉宗のお声がかりで浄岸院(竹姫/徳川綱吉の養女)を継室(後妻)に迎えていた。以後、島津家と徳川将軍家とのあいだに縁組は行われていなかったが、江戸時代後期に広大院(島津重豪の三女)が御三卿・一橋家の世子(次期当主)である徳川家斉と婚約する。やがて、家斉が第10代将軍・徳川家治の世子(次期将軍)に迎えられ、さらに将軍に就任した。これに伴い、広大院は将軍の御台所(正室)となっている。さらに、同じく江戸時代後期には、天璋院(篤姫/島津忠剛の長女で、島津斉彬の養女)が第13代将軍・徳川家定のふたり目の継室に据えられた。広大院は大奥を束ねて、家斉の没後に側室らによる遺言状の捏造を見破った。一方、天璋院は崩れゆく婚家を支え続け、江戸無血開城を実現させている。以上のように、島津家出身のふたりの御台所は、揃って徳川将軍家の危機を救ったのであった。

好色将軍に嫁ぎ大奥を束ねた重豪の三女
広大院 こうだいいん

安永2年(1773)～
弘化元年(1844)

　第8代藩主・島津重豪の三女で、第11代将軍・徳川家斉の正室。生母は側室・町田勘解由の娘。通称は篤姫、茂姫、一位様、諱(実名)は寔子、官位は従一位。安永4年(1775)、当時は御三卿・一橋徳川家の世子(次期当主)であった家斉と婚約したが、やがて家斉が第10代将軍・徳川家治の養子となった。寛政元年(1789)に将軍・家斉と婚姻し、御台所(正室)となる。寛政8年(1796)、広大院は七男・敦之助を生むが、敦之助は早世する。ちなみに、外様大名の娘が将軍の正室となったのは広大院が最初だが、将軍の正室が出産したのは百数十年ぶりであった。なお、好色家の家斉は広大院や50人以上の側室とのあいだに60数人の子女をもうけたが、そういったなかで広大院は大奥を如才なく束ねたといえよう。他方、広大院が将軍の正室となって以後、江戸の高輪藩邸(東京都港区)に起居していた父・重豪は「高輪下馬将軍」の異名を得て権勢を誇った。ちなみに、父の重豪や、弟で第9代藩主の島津斉宣(重豪の

嫡子）らは、ことあるごとに将軍や大奥へ献上品を贈っている。わけても、老中・松平定信の寛政の改革で槍玉に上げられていた大奥の女中たちは、広大院の生家からの献上品に喜悦した。このことが広大院の求心力の向上に繋がり、ひいては大奥を如才なく束ねる原動力となったものと推測される。余談ながら、第13代将軍・徳川家定（家斉の内孫）の継室（後妻）に天璋院（島津忠剛の長女で、第11代藩主・島津斉彬の養女）が迎えられたのは、大奥の女中たちが天璋院の生家からの献上品に期待したからとする見方もある。ところで、広大院は将軍の正室となって以降、薩摩藩の藩邸へ里帰りすることも、他の大名の藩邸に出かけることもしていない。ただし、天保4年（1833）1月15日に父・重豪が病没する前には、秘かに高輪藩邸へ赴いて看病にあたるなど、孝養を尽くしたとする逸話が残っている。なお、大御所（前将軍）となっていた家斉は天保12年（1841）に病没したが、将軍に加賀藩（石川県金沢市）主の世子・前田犬千代（前田斉泰・溶姫夫妻の嫡子）を据えるべく、側室の専行院（お美代の方）や養父の中野碩翁らが、家斉の遺言状なるものを捏造した。犬千代の生母・溶姫は家斉の娘だが、溶姫の生母が専行院であったからである。けれども、碩翁・専行院父娘の謀略は広大院によって見破られた。直後に碩翁は自刃し、専行院は厳しい処分を受けている。その後、広大院は天保13年（1842）に従一位に補任されたものの、表舞台に立つことはなかった。弘化元年（1844）11月10日に病没。72歳。遺骸は増上寺（東京都港区）に葬られたが、昭和30年代の東京タワー建設に伴い、現在、遺骨はほかの将軍の妻妾とともに、境内のひとつの合葬塔に納められている。なお、遺体の学術的分析を担当した東京大学教授（当時）・鈴木尚（人類学者）は、広大院の身長を148.8cmとしたうえで、「比較的バランスのとれた体型をもっていたらしい。（中略）当時の庶民には見当たらないほどの美人であったと思われる」と主張している（鈴木尚『骨は語る徳川将軍・大名家の人びと』）。

崩れゆく徳川家を見事に支えた斉彬の養女

天璋院　てんしょういん

天保6年（1835）〜
明治16年（1883）

今和泉家第5代当主・島津忠剛の長女で、第11代藩主・島津斉彬の養女、近衛忠煕の養女、第13代将軍・徳川家定の継室（後妻）。生母は正室・島津久柄の娘。通称は一子、篤姫、諱（実名）は敬子、官位は従三位。父の忠剛は第9代藩主・島津斉宣の七男で、第10代藩主・島津斉興（斉彬の父）の弟である

ので、養父の斉彬と天璋院とは従兄妹の間柄にあたる。ところで、家定は公家出身の正室と継室に相次いで先立たれたため、ふたり目の継室を迎えることが喫緊の課題となった。そういったなか、老中・阿部正弘は幕政の挽回を図るべく、外様大名の娘を将軍の継室に迎えようと考える。このとき、正弘と斉彬が昵懇の間柄であったことから、正弘は斉彬の娘を家定のふたり目の継室に据えたいと願ったという。けれども、当時の斉彬には適齢期の娘がなかったため、天璋院に白羽の矢が立つことになる。なお、天璋院はまぎれもなく忠剛の娘なのだが、江戸幕府には「斉彬の実の娘」として届け出られた。ちなみに、広大院(第8代藩主・島津重豪の三女)が第11代将軍・徳川家斉(家定の内祖父)の正室であった時代には、重豪や斉宣(重豪の嫡子で、広大院の弟)らは、ことあるごとに将軍や大奥へ献上品を贈っている。この出来事を伝え聞いていた本寿院(家定の生母)や大奥の女中らは、薩摩藩主からの献上品に期待して天璋院の輿入れに同意したといわれている。やがて、天璋院は安政3年(1856)、公家である忠凞の養女となる。五摂家のひとつ・近衛家は藤原北家の嫡流だが、島津家は近衛家の家紋「牡丹」を替紋として使用することを許されるなど、深い繋がりがあった。さらに、忠凞の御簾中(正室)が近衛興子(斉興の三女で、斉彬の妹)で、近衛忠房(忠凞の嫡子)の御簾中が近衛光子(島津久長の次女で、斉彬の養女)であるなど、江戸時代後期、幕末維新期の薩摩藩主・島津家と近衛家とは、二重三重の縁組で結ばれていたのである。やがて、天璋院は江戸城へ輿入れし、12月18日に家定の御台所(継室)となった。輿入れに扈従した女中・幾島は、間もなく大奥で一目置かれる存在となる。ところで、家定は病没した正室、継室、それに側室・満倹院(お志賀の方)とのあいだに子女がおらず、病気がちであった。このため、誰を家定の世子(次期将軍)にするかという点が世間の耳目を集めるにいたる。以上の問

鹿児島県歴史資料センター黎明館に建つ天璋院の銅像(鹿児島市)

題を安政将軍継嗣問題というが、やがて大名や旗本は一橋徳川家当主・徳川慶喜（徳川斉昭の子）を推す一橋派と、紀伊藩（和歌山市）主・徳川家茂（慶福）を推す南紀派に分かれて抗争を重ねた。当初、一橋派であった養父・斉彬の密命を受け、天璋院は家定に慶喜を世子とするよう迫ったという。しかし、大老・井伊直弼の登場により一橋派の面々は失脚し、世子には家茂が迎えられる。そして、安政5年（1858）に家定が病没したことに伴い、家茂が第14代将軍に就任した。他方、天璋院は引き続き大奥へとどまり、家茂の義母として幕政の挽回に心を砕く。そういったなか、公武合体問題が巻き起こり、家茂の正室として和宮（静観院宮）親子内親王（第121代・孝明天皇の妹宮）が降嫁する。降嫁後、天璋院の側近と和宮の側近が角逐を重ねたが、慶応2年（1866）に家茂が摂津大坂城（大阪市中央区）内で病没し、第15代将軍には慶喜が就任した。余談ながら、天璋院は輿入れ後も薩摩藩邸から薩摩産の赤味噌を取り寄せたが、赤味噌が授受される際に、薩摩藩の女中と天璋院の側近とのあいだで密書の授受も行われた。慶応3年（1867）には、おそらく赤味噌の授受の際に薩摩藩と連絡を取ったのであろう。大奥の女中の手引きで侵入した薩摩藩士・伊牟田尚平が、江戸城西ノ丸に放火するという事件も発生している。慶応3年（1867）の大政奉還と王政復古を経て、明治元年（慶応4年／1868）春には、薩摩藩と長州藩の藩兵を主力とする新政府軍が江戸城に迫った。そこで天璋院や和宮は、新政府軍の東征大総督・有栖川宮熾仁親王や参謀・西郷隆盛らに使者を送るなどして、徳川家（旧将軍家）の存続を訴える。結果として、天璋院や和宮の尽力のお蔭で、江戸の町と江戸ッ子は戦火を免れることができた。江戸開城後、天璋院は薩摩藩からの迎えを追い返し、扶持（扶養手当）の受給も拒絶して徳川家にとどまり、徳川家の名誉回復と、第16代当主となった徳川家達（亀之助／徳川慶頼の三男）の養育に心を砕いた。成人後の家達は、貴族院議長やワシントン軍縮会議全権委員などの要職を歴任したが、生涯、天璋院の教えを守って質素な生活を貫いている。天璋院は、晩年には「勝海舟の姉」という触れ込みで、和宮や海舟と料亭などへお忍びで出かけたが、和宮と姉妹のように仲良く過ごしたこともあったという。この当時の天璋院の行動は、海舟の複数の著作に書きとめられている。最晩年、家達と近衛泰子（忠房の娘）を婚約させるなどした末に、天璋院は明治16年（1883）11月12日に病没。墓碑は夫の家定と同じく、寛永寺（東京都台東区）にある。

第六章 江戸時代の重要場面
島津家の重要場面30 その2

● 薩摩守家久と薩摩藩の成立 ——江戸時代の重要場面①

　慶長5年(1600)9月15日に敵中突破を敢行した島津義弘(島津義久の弟)は、奇跡的に薩摩へ帰国することができた。しかし、仕方なく豊臣方へ属したとはいえ、それで徳川家康らが追及の手を緩めるはずもない。

　織豊時代に「三頭(トロイカ)体制」を敷いていた島津家では、第16代当主の義久と守護代(代理司令官)の義弘が第一線を退き、ひたすら恭順の姿勢を示すことで家康の追及をかわそうとした。

　この間、名実ともに第17代当主となった島津家久(薩摩守／義弘の三男、義久の甥で娘婿)は、老練な島津忠良(図書頭／島津尚久の子)らを家康のもとへ送り、弁明を重ねさせている。けだし、この判断は賢明であったというべきであろう。なぜならば、家康が島津家の討伐を断念したからである。

島津家久が築いた鹿児島城(鶴丸城)跡(鹿児島市)

こうして、薩摩藩の初代藩主となった家久は、鹿児島城(鶴丸城)の構築に着手し、のちに居城を内城からこの鹿児島城へ移し、藩政の確立と城下町の整備に心を砕いた。
　一方では、藩兵を率いて慶長19年(1614)と元和元年(1615)の大坂の陣、寛永15年(1638)の島原の乱への参陣をめざし、寛永元年(1624)には率先して自身の妻子の江戸居住を行っている。家名の存続を図るべく、江戸幕府の方針に沿おうとしたのであろう。
　内政面では、10余の外城をもうけるとともに、慶長16年(1611)から慶長内検を断行して、近世的な領地経営と軍役制度の樹立をめざしている。しかし、家臣団の抵抗も凄まじく、家久も一時は対応に苦慮したほどであった。
　なお、先に触れた通り、家久は義弘の三男で、次兄である島津久保(義弘の次男、義久の甥で娘婿)の戦病死に伴い、義久の世子(次期当主)、娘婿となったという経歴の持ち主である。このため、支族や重臣のなかに、若くて軍功の少ない家久を侮る風潮があったのであろうか。家久の命で慶長4年(1599)3月、重臣・伊集院忠棟(幸侃)が成敗されるという事件も発生した。さらには、薩摩藩の成立後も伊集院忠真(忠棟の嫡子)や平田増宗らが、成敗されたり自刃を強いられたりしている。加えて、正室・亀寿(義久の三女)と別居生活に入るなど、家久は私生活の面でも試練を経験した。
　以上のように、薩摩藩成立の前後には凶事が続くなどしたが、寛永15年(1638)に島津光久(家久の嫡子)が第2代藩主となるころには、藩政もようやく落ち着きを見せた。したがって、薩摩藩の藩政は寛永15年(1638)ごろに軌道に乗ったと考えても、誤りではないであろう。

●島津継豊と浄岸院(竹姫)の婚儀──江戸時代の重要場面②

　薩摩藩の第5代藩主・島津継豊は早くに正室に先立たれたが、側室・妙心院(渋谷貫臣の娘)とのあいだに世子(次期藩主)・島津宗信(継豊の嫡子)をもうけていた。したがって、当時の継豊は継室(後妻)を迎えるつもりなど毛頭なかったが、享保14年(1729)に降って湧いたような縁談が舞い込む。
　第8代将軍・徳川吉宗が、継豊に浄岸院(竹姫／清閑寺熈定の娘)と再婚するよう勧めたのである。この浄岸院は大奥で叔母・大典侍(熈定の妹)に養育され、第5代将軍・徳川綱吉の養女に迎えられていた。一説に、浄岸院の生年は宝永2年(1705)であるというが、事実であれば享保14年(1729)には25歳ということになる。

25歳というのは当時としては大変な晩婚で、しかも浄岸院は許嫁(婚約者)に2度も先立たれたという、不幸せな経歴の持ち主であった。余談ながら、俗書には吉宗と浄岸院とが不適切な関係にあったなどと記されているが、明らかに後世の捏造であろう。

　ところで、養女であるとはいえ、将軍の娘を継室に迎えるということは、大名としては大変名誉なことであった。まして、将軍・吉宗のお声がかりとあれば、無下に断るわけにはいかない。

徳川吉宗

　しかしながら、仮に輿入れした浄岸院が男子を生めば、宗信を廃嫡、すなわち嫡子の立場を奪ったうえで、その男子を世子に据えねばならない。そういえば、東福門院(第2代将軍・徳川秀忠の五女)が第108代・後水尾天皇の女御(のち中宮)として入内したのを機に、江戸幕府は朝廷に対する監視の目を強めている。そういった前例があるだけに、浄岸院の輿入れを機に、江戸幕府が薩摩藩政へ介入することも予想された。このため、薩摩藩の重臣や継豊の側近らは大いに警戒し、どうにかこの縁談を断ろうと画策する。

　けれども、結局は将軍・吉宗に押し切られる恰好で、浄岸院は継豊のもとへ輿入れした。将軍の養女の輿入れということで、婚儀は盛儀を極めたし、江戸藩邸の増築などでも薩摩藩は巨額の出費を強いられている。なお、年齢的なこともあってか、浄岸院は子宝に恵まれなかったが、養子に迎えた宗信を、慈愛をもって育て上げた。以上のような継豊と浄岸院の縁組は、後年の第11代将軍・徳川家斉と広大院(第8代藩主・島津重豪の三女)との縁組の布石となった感がある。将軍のお声がかりで将軍の養女・浄岸院を継豊の継室に迎えたことは、結果的として薩摩藩にとってプラスになったといえよう。

◉木曽三川治水工事と薩摩義士──江戸時代の重要場面③

　江戸幕府は、諸大名が財政的に富裕化するのを防ぐべく、諸大名に城郭や寺院の築城や造営、河川改修や道路整備をはじめとするインフラ整備などの手伝普請を命じた。

　ところで、数多い手伝普請のなかでも、宝暦4年（1754）から翌年にかけて薩摩藩が手がけた木曽三川治水工事は、屈指の難工事として現在まで語り継がれている。

　周知の通り、中部地方の代表的河川である木曽三川（木曽川、長良川、揖斐川）は濃尾平野の南部で合流するが、川底の高さが異なる三川が合流するだけに、古くから台風や集中豪雨の襲来時には大洪水が頻発していた。そこで、江戸幕府はそんな木曽三川の流路へ必要に応じて堤や洗堰を構築し、大洪水の発生を防ぐよう薩摩藩へ求めたのである。

　さて、宝暦3年（1753）12月に江戸幕府からの命を受けた第7代藩主・島津重年は、家老の平田靫負を手伝普請の総奉行に命じた。すぐさま靫負は現地へ赴いて、視察や測量を行ったうえで、宝暦4年（1754）2月から工事に着手している。このとき、薩摩藩の藩士や足軽約1000人が投入されたが、工事は春の応急的な工事と、秋の本格的な工事とに分けられた。

　以上のうち、油島新田（岐阜県海津市）付近で合流する木曽川と揖斐川を分

平田公園に建つ平田靫負の銅像（鹿児島市）

割、分流させる工事や、大樽川(揖斐川の支流)の流れを緩やかにするための洗堰工事は、言語に絶する難工事であった。冬季に寒風吹きすさび、雪が舞い散る川沿いでの重労働は、南国・薩摩に生まれ育った靱負らの体躯を著しく苛んだ。また、江戸幕府の役人の無理解や非協力なども相まって、靱負らは精神的にも肉体的にも追い詰められる。

　それでも、靱負らは歯を食いしばって工事を続行し、文字通りの苦心惨憺の末、宝暦5年(1755)3月に工事を竣工させ、5月に江戸幕府へ引き渡した。以上の薩摩藩による手伝普請によって、濃尾平野の人々は現在にいたるまで多大な恩恵を受け続けている。

　しかし、1年3か月にもおよんだ工事のあいだに、80人もの薩摩藩関係者が、憤慨して自刃したり重労働などが原因で病死したりした。また、言語に絶する難工事であったため、工事費用は予算の30万両をはるかに上回ってしまった。多数の犠牲者を出した点と、工事費用が超過してしまった点の責任を取るかたちで、靱負は5月25日に自刃した。

　現在、海津市などでは手伝普請で自刃や病死を遂げた人々を薩摩義士と呼び、顕彰活動を続けている。なお、これまでに薩摩義士の顕彰碑や、供養塔、神社が、海津市内などへ建立された。

●広大院の入輿と下馬将軍の威光──江戸時代の重要場面④

　薩摩藩主・島津家では世子(次期藩主)がいない場合、加治木家などの御一門から男子を迎える慣習があった。第8代藩主・島津重豪なども、加治木家から呼び戻されて藩主に就任している。御一門と同様に、徳川将軍家にも御三卿という制度がもうけられており、将軍に世子(次期将軍)がいない場合は御三卿から迎えられる決まりであった。

　安永4年(1775)、広大院(重豪の三女)が、御三卿・一橋徳川家の世子(次期当主)である徳川家斉と婚約した。ところが、間もなく家斉が第10代将軍・徳川家治の世子に迎えられたため、やがて広大院は将軍の御台所(正室)に迎えられることになる。

　そもそも徳川将軍家の正室には、宮家の皇女や公家の姫が迎えられるのが常であった。

　しかし、先に触れたような経緯で、家斉が世子、さらには第11代将軍に就任したため、図らずも広大院は将軍の御台所となったわけである。

　他方、皇族や公家ではなく、外様大名である重豪が将軍・家斉の岳父にな

ったという点は、親藩大名や譜代大名、さらに旗本にとっては驚天動地の出来事であった。

ともあれ、藩主に居座っては広大院や家斉に迷惑がかかると思ったのであろう。重豪は間もなく隠居し、藩主の座を島津斉宣(重豪の嫡子)に譲っている。

それでも、隠居となった重豪に擦り寄る者が後を絶たず、重豪の住まいである薩摩藩の高輪藩邸(東京都港区)には来訪者が相次いだという。やがて、江戸時代初期の「下馬将軍」こと大老・酒井忠清になぞらえ、重豪を「高輪下馬将軍」と呼ぶ者すら現れた。

また、重豪、それに藩主の斉宣は広大院の身を気づかったのであろう。ことあるごとに将軍や大奥へ献上品を贈っている。こういったことが原因で、重豪が将軍の岳父となって以降、薩摩藩の交際費は増加の一途をたどり、財政悪化の一因となった。

ちなみに、惜しくも早世したが、正室である広大院は敦之助(家斉の七男)を出産している。徳川将軍家で正室が出産したのは、百数十年ぶりのことであった。

なお、広大院は好色家の家斉に嫁してよく大奥を束ね、天保12年(1841)の家斉の病没後には、側室・専行院(お美代の方)らによる遺言状の捏造を見抜き、謀略を防いでいる。徳川将軍家の妻妾のなかでも、抜きん出た賢夫人であったといってもいいであろう。

◉ 島津斉宣の苦悩と近思録崩れ ── 江戸時代の重要場面⑤

天明7年(1787)、第8代藩主・島津重豪の隠居に伴い、世子(次期藩主)である島津斉宣(重豪の嫡子)が薩摩藩の第9代藩主に就任する。当時、薩摩藩の借財は銀7万6000貫余(金126万8000両)という天文学的数字に達しており、斉宣も藩主に就任するや否や、藩政改革に頭を悩ませることになる。

このころ、斉宣は『鶴亀問答』を執筆して、藩士に文武や忠孝、質素倹約を奨励し、さらには藩政改革に関する意見書の提出を促した。

そういった状況下の文化4年(1807)、隠居の重豪が後見をやめたことから、斉宣は一気に藩政改革へと舵を切ることになる。間もなく、斉宣は樺山主税や秩父太郎らを家老に据えるなど、近思録党と呼ばれる面々を藩政上の重要なポストに登用した。

この近思録党とは、藩士で儒者の木藤武清に師事したグループを指す。特定の師匠を持たず、独学で儒学を学んだという異色の儒者・武清は、『近思

録』を重要視し、荻生徂徠や赤崎海門らの学風を嫌悪する。わけても、武清の門下では『近思録』が重要視されたことから、このグループが近思録党と呼ばれるにいたった。さて、主税らの登用と前後するかたちで、勝手方掛の新納久命らが、解任や降格などの処分を受けて藩政の中枢から去っていく。

　他方、主税や太郎らは藩政改革の一環として、唐物（中国製品）の江戸での売りさばきを企てた。このあたりまではまだ問題なかったのだが、改革を急ぐあまりに主税や太郎らは虎の尾を踏んでしまう。すなわち、冗費削減の徹底を図る段階で、隠居・重豪らの生活費にメスを入れようとしたのである。しかし、以上は従来の政策を否定するものであり、なによりも重豪に負担を強いるものであったため、たちまち逆襲を招いてしまった。

　文化5年（1808）、藩政の後見をやめたはずの重豪は一転して藩政へ介入し、斉宣に隠居を決断させるとともに、主税や太郎ら13人に切腹を、25人に配流を命じる。処分を受けた者は100人を超えたというから、薩摩藩が成立してから最大の騒擾に発展したわけである。

　以上により近思録党が崩壊し、太郎が切腹を強いられたことにちなみ、この文化6年（1809）の騒擾を近思録崩れ、あるいは文化朋党事件、秩父崩れなどという。斉宣の隠居に伴い、19歳の島津斉興（斉宣の嫡子で、重豪の内孫）が第10代藩主に就任する。結果としてこの近思録崩れが藩内に残したのは、藩政の混乱と改革の頓挫、根深い禍根であった。

◉ 調所広郷の藩政改革と密貿易——江戸時代の重要場面⑥

　天明7年（1787）に島津斉宣（島津重豪の嫡子で、島津斉興の父）が薩摩藩の第9代藩主に就任した当時、借財は銀7万6000貫余（金126万8000両）という天文学的数字に達していた。斉宣は藩政改革に着手するものの、文化6年（1809）の近思録崩れ（文化朋党事件、秩父崩れ）で隠居に追い込まれる。これに伴い、斉興（斉宣の嫡子）が第10代藩主となるが、薩摩藩の借財は銀32万貫余（金500万両）に膨れ上がり、毎年の利払いも追いつかないほどの危機的な状況に陥る。ついには江戸、京都、摂津大坂（大阪市）の商人が薩摩藩への融資に難色を示すようになったことから、一部では俸禄の遅配などさえも生じた。

　切羽詰まった藩主・斉興は、先々代藩主で隠居の重豪（斉興の内祖父で、斉宣の父）の助言を容れ、藩士の調所広郷（笑左衛門）に、抜本的な藩政改革を担当させる。

　隠居付の茶道（茶人）であった広郷は卓越した商才と経済感覚の持ち主で、

それまでに唐物(中国製品)の売りさばきなどで一定の実績をあげ、累進を重ねていた。

文化7年(1810)に藩政改革を一任された広郷は、従来の藩政改革にはなかった、いくつかの斬新な手法を展開している。具体的には、広郷は借財を信じられないような長期年賦とする一方で、奄美諸島(鹿児島県奄美地方)産の三島砂糖の総買入制度などの導入、他の特産物の奨励などを繰り広げ、年貢米以外の新たな財源の確保をめざした。

さらに、豪商の浜村孫兵衛らを説いて新規事業に必要な資金

天保山公園に建つ調所広郷の銅像(鹿児島市)

を確保し、得られた資金を効果的に投入して、やはり新たな財源の確保を模索したのである。この段階で広郷は、江戸幕府へ10万両もの献金を行ったうえで、藩の借財を250年賦とすることを債権者である商人たちに認めさせた。以上のような広郷の藩政改革のお蔭で、天保11年(1840)ごろには天文学的数字の借財もほぼ完済し、余剰金すら生じるまで藩の財政は好転する。

おそらく、広郷による以上の藩政改革が成功していなければ、幕末維新期に薩摩藩があのように活躍することはできなかったであろう。

もっとも、250年賦などのほかにも、広郷はいくつもの「危ない橋」を渡っていたらしい。その「危ない橋」の最たるものが、琉球(沖縄県)を介しての密貿易であった。嘉永元年(1848)に密貿易の件が露顕するや、広郷はその責を一身に負うかたちで、江戸の薩摩藩邸で服毒自殺を遂げている。

● 島津斉彬の不遇とお由羅騒動——江戸時代の重要場面⑦

嘉永元年(1848)当時の薩摩藩主は第10代藩主・島津斉興で、世子(次期藩主)は島津斉彬(斉興の嫡子で、島津久光の兄)であった。弱年時から聡明であった斉彬は、早くから諸大名に注目されていたという。

けれども、斉彬が40歳を超えても、斉興は家督を譲る気配が全くない。一方では斉彬がもうけた子女の大部分が、相次いで早世を遂げていた。

前後したが、斉彬の生母は正室・賢章院（池田治道の娘）だが、弟の久光（斉興の五男）の生母は側室・お由羅である。やがて、斉彬の早期の藩主就任を切望する薩摩藩の町奉行・近藤隆左衛門、山田清安、船奉行・高崎五郎右衛門らは密会を重ねた末、お由羅の一派が斉彬の子女を呪詛したと結論づけた。驚くことに、子女の居室の床下から、当該の子女を呪詛する内容の紙片が見つかったというのである。ちなみに、呪詛する内容の字句を記した紙片や妖しげな人形を床下へ置くと、その上で寝起きする者が命を落とすという説がある。斉彬の子女は以上の理由で早世したのであろうか。

ともあれ、隆左衛門らは紙片に記された筆跡が、お由羅に近い兵道家・牧仲太郎のものと断定し、

「お由羅が我が子・久光を藩主とするべく、仲太郎に斉彬公の子女を呪詛させた！」

などと吹聴し始めた。また、疑心暗鬼が高じたのであろう。やがて、隆左衛門らは斉彬に微温的な家老・碇山久徳（島津将曹）を敵視し、久徳の暗殺計画まで検討したという。ただし、久徳が斉興の側近であるのは事実だが、久光を推していたわけではない。

ともあれ、焦りも加わってか、根回しもしないまま活動を展開した点は、隆左衛門らにとって命取りとなった感がある。

嘉永2年（1849）12月3日、事態を重く見た藩当局は突如、隆左衛門、清安、五郎右衛門を含む6人に磔刑、切腹を命じ、さらに合計50余人の藩士に御役御免、配流、左遷、謹慎などの処分を申し渡した。このうち、隆左衛門らは嘉永3年（1850）3月に磔刑となったが、物頭の赤山靭負（島津久風の次男、島津久徴の弟で桂久武の兄）らも連座により切腹して果てている。

以上の薩摩藩内における一連の騒擾を、お由羅騒動、あるいは嘉永朋党事件、高崎崩れという。結局、この騒動はお由羅ら久光派の全面的勝利、斉彬派の全面的な敗北でいったんは幕を閉じる。

ただし、生き残った斉彬派の面々が画策を重ねた結果、嘉永4年（1851）になって事態は予想だにしない方向へ動き始めることになる。

● 西郷隆盛らによる精忠組結成——江戸時代の重要場面⑧

嘉永2年（1849）に始まるお由羅騒動（嘉永朋党事件、高崎崩れ）では、将来

を嘱望された赤山靭負らが自刃を強いられた。靭負は城代家老を務めた日置家第11代当主・島津久風の次男である。一説に、日置家に出入りしていた西郷吉兵衛、もしくは嫡子・西郷隆盛は、靭負の指名で介錯を務め、血染めの肩衣を譲り受けたという。それにしても、一所持の出身で、城代家老の子である靭負ですら、ときとしてかかる理不尽な仕打ちを受けたのである。

本来であれば藩政に参画できない御小姓与出身の隆盛は、この出来事を機に同志と結束していく必要性を痛感したらしい。すぐさま、親友の大久保利通とともに、有村俊斎、伊地知正治、吉井友実、さらには税所篤といった面々と協議を重ね、お由羅騒動に斃れた靭負らの遺志を継ぎ、世子（次期藩主）・島津斉彬の擁立、藩政改革の推進、さらには国事への奔走を確認するにいたった。

やがて、筑前福岡藩（福岡市）主・黒田長溥（島津重豪の子で、斉彬の大叔父）らの尽力や江戸幕府の介入により、悲願であった斉彬の薩摩藩第11代藩主への就任が実現する。

これを機に斉彬は隆盛らを重用し、隆盛を庭方役に抜擢して任務――一説に隠密任務――を与えるなどした。期待に応えるべく、隆盛らが活躍したのはいうまでもないが、頼みの斉彬が安政5年（1858）に病没してしまう。

その直後、悲観して鹿児島湾（錦江湾）への入水自殺を図った隆盛は、奄美大島（鹿児島県奄美市ほか）へ配流となった。この前後に、藩政に失望した利通らは脱藩を計画するが、第12代藩主・島津忠義（島津久光の嫡子、斉彬の甥で娘婿）に諭されてこれを思いとどまっている。

なお、当時としては異例なことに、忠義は利通らに直接書状をしたためた。その際に忠義は、「精忠士面々へ」と書状に記した。このことがきっかけで、隆盛や利通らは精忠組と呼ばれるようになる。

ともあれ、隆盛の不在中は利通が精忠組を率いたが、以後の藩政は精忠組の支持なしには立ちゆかなくなった。たとえば、島津久徴（久風の嫡子で、靭負と桂久武の兄）は安政6年（1859）に精忠組に推されて筆頭家老となるが、文久2年（1862）に支持を失って失脚する。代わって筆頭家老となった喜入久

西郷隆盛（国立国会図書館蔵）

第一部　第六章●江戸時代の重要場面

高は、利通らを登用した、いわゆる「精忠組内閣」を組閣して難局を乗り切ろうとした。いずれにしても、精忠組が藩政に大きな影響を与える体制は、明治初年まで続くことになる。

◉ 斉彬の藩主就任と集成館事業——江戸時代の重要場面⑨

嘉永2年(1849)からのお由羅騒動によって、薩摩藩内では動揺が続いた。嘉永3年(1850)に入ると、騒擾を知った筑前福岡藩(福岡市)主・黒田長溥(島津斉彬の大叔父)らの奔走で、ついに江戸幕府が動き始める。

やがて、江戸幕府の圧迫により、第10代藩主の島津斉興は隠居し、世子(次期藩主)である斉彬(斉興の嫡子)の藩主就任が実現した。

紆余曲折の末に藩主となった斉彬は、隠居の斉興や、図らずも藩主の座を争った島津久光(斉興の五男で、斉彬の弟)らに配慮したらしく、斉興の側近を更迭することも、お由羅騒動で配流などとなった者を赦免することも、すぐには行っていない。

その一方で斉彬は、極端なまでの藩政改革、さらには開明化政策、富国強兵政策に本腰を入れている。すなわち、嘉永4年(1851)に薩摩へ帰国するや否や、精錬所を構築し、のちにこれを郊外・磯(鹿児島市)の集成館へ移した。そして、銑鉄の精錬施設・反射炉を完成させるべく、藩士らを肥前長崎(長崎市)と肥前佐賀藩(佐賀市)へ派遣している。

それでも、土台の崩壊などのために、反射炉の完成には5年の歳月と巨額の費用を必要とした。

ちなみに、相次ぐ失敗で消極的になっていた関係者に対して斉彬は、

「西洋人も人なり、佐賀人も人なり、薩摩人も人なり」

島津斉彬

と記した書状を送り、いっそうの奮起を促している。ともあれ、反射炉を皮切りに、斉彬は硝子(ガラス)製作所などの各種の製造工場を建設した。斉彬の晩年、集成館内に立ち並んだ複数の西洋式工場では、武器、通信機器、薬品、工芸品、農具などが生産されている。

なお、集成館で生産された大砲は文久3年(1863)の薩英戦争でイギリス艦隊に大打撃を与えたし、薩摩切子の名で知られた紅ガラスは江戸などでも珍重された。ちなみに、最盛期の集成館では毎日1000人もの職人らが働いていたというから、驚くほかはない。

照国神社探勝園に建つ電信使用の地の石碑(鹿児島市)

安政5年(1858)の斉彬の病没後、集成館事業の大幅縮小や、薩英戦争に伴う戦災などで大打撃を受けたが、第12代藩主・島津忠義(久光の嫡子、斉彬の甥で娘婿)の指導のもとで、さらに充実した工場群として再建された。

この間、斉彬や忠義らの熱意で推し進められた集成館事業は、我が国の科学と産業の発展に計り知れない影響を与えている。

● 天璋院の入輿と阿部正弘の期待——江戸時代の重要場面⑩

薩摩藩第11代藩主の島津斉彬は安政初年、時の老中・阿部正弘から思いもよらない打診を受ける。第13代将軍・徳川家定が正室と継室(後妻)に相次いで先立たれていたことから、斉彬の娘をふたり目の継室に迎えたいというものであった。徳川将軍家の正室には、宮家の皇女や公家の姫が迎えられるのが常であったのだが、家定の公家出身の正室と継室は早くに病没していたし、側室にも懐妊の兆しが見られなかったのである。

これに対して、島津家は第8代藩主・島津重豪(斉彬の曾祖父)以来、子沢山の家系として諸大名のあいだに知れわたっていた。そこで正弘は、斉彬の

娘を家定のふたり目の継室に迎え、世子(次期将軍)を生んでもらいたいと考えたらしい。もっとも、正弘はそれだけでなく、この縁組を機に徳川将軍家と外様大名・島津家とを結びつけ、あわよくば斉彬に将軍の岳父という立場で幕政に参画してほしいという希望を抱いていたのである。

ところが、斉彬が40歳までにもうけた子女の大部分は、いずれも早世を遂げていた。このため、家定と年齢的に釣り合うような娘が、斉彬にはいなかったのである。

窮余の一策として、斉彬は島津家の分家の娘を養女に迎え、この養女を「斉彬の実の娘」という触れ込みで家定のもとへ嫁がせることにした。

老中・阿部正弘(1819〜1857)(『幕末・明治・大正回顧八十年史』より)

天璋院

やがて、斉彬や、重臣、側近が面接などを行った結果、最終的に御一門・今和泉家の天璋院(島津忠剛の長女で、斉彬の従妹)が、「斉彬の実の娘」として送り出すのに最適任と判断される。なお、小説や大河ドラマの影響で、天璋院は大変自己主張の強い女性のように思い込まれている。しかし、斉彬が越前藩(福井市)主の松平春嶽(慶永)に語ったところによると、天璋院は大変忍耐強く、人前で怒った顔を見せたことがないという。

結局、この人並みはずれた忍耐強さが決め手となり、天璋院は「斉彬の実の娘」として江戸幕府へ届け出られ、さらに公家・近衛忠煕の養女となったうえで、安政3年(1856)12月18日に将軍・家定のもとへ輿入れした。

残念なことに、家定・天璋院夫妻が子

宝に恵まれぬうちに、安政4年（1857）に正弘、安政5年（1858）に家定、さらには斉彬がこの世を去る。それでも、天璋院は大奥へとどまり、崩れゆく江戸幕府と徳川将軍家を守り抜いた。
　世子の誕生や斉彬の幕政への参画こそ実現しなかったが、「斉彬の実の娘」を継室に据えるという企ては、正弘の没後に花開いたといえよう。

第七章 幕末維新期の島津家

　幕末維新期の薩摩藩主・島津家では、島津斉興(島津斉宣の嫡子)、島津斉彬(斉興の嫡子で、島津久光の異母兄)、島津忠義(久光の嫡子で、斉彬の娘婿)が第10代から第12代の藩主に就任した。しかし、3人の就任の前後には近思録崩れ(文化朋党事件、秩父崩れ)、お由羅騒動(嘉永朋党事件、高崎崩れ)などの藩を揺るがす騒擾が勃発し、命により切腹や配流などの処分を受けた者も多い。また、斉興は初期に隠居(第8代藩主)・島津重豪(斉興の内祖父)、忠義はほぼ全期を通じて国父・久光(斉彬の異母弟で、忠義の父)の後見を受けた。このうち、久光は国父として藩政の実権を掌握すると同時に、朝廷の朝議参預として中央政界でも活躍している。しかし、慶応3年ごろ(1867)からは保守的な言動が原因で、久光は中央政界でも、また藩内でも、孤立の度を深めていく。代わって藩政の実権を掌握した忠義は、多数の藩兵を率いて上洛し、戊辰戦争などにも多数の藩兵を参加させている。そして、版籍奉還、廃藩置県を経て、明治時代半ばに忠義は公爵の爵位を授けられた。なお、島津忠重(忠義の嫡子)は海軍少将に昇進し、島津常子(忠義の三女)は皇族の山階宮菊麿王の妃、島津俔子(忠義の七女)は同じく皇族の久邇宮邦彦王の妃となった。邦彦王・俔子妃夫妻の第1王女である良子女王(香淳皇后)は、昭和天皇の皇后となって天皇陛下をはじめとするふたりの親王と5人の内親王を生むが、第5皇女の清宮貴子内親王と後期佐土原家(佐土原藩主家)の島津久永(島津久範の次男)が結婚するなど、明治維新後の島津家と天皇家、皇族は縁組を重ねている。

明治維新当時の島津家の居城・鹿児島城〈鶴丸城〉(『幕末・明治・大正回顧八十年史』より)。明治7年(1874)に焼失した大手門が現存している

110

第一節　幕末維新期の歴代当主

　薩摩藩を揺るがした文化6年(1809)の近思録崩れ(文化朋党事件、秩父崩れ)の末に、第10代藩主・島津斉興(島津斉宣の嫡子で、島津重豪の内孫)が誕生した。しかし、藩政の実権はあいかわらず内祖父で隠居の重豪が掌握したため、斉興が手腕を振るうのは文政3年(1820)からである。その後、藩士・調所広郷(笑左衛門)による藩政改革や、西洋式軍備の導入などに成功した薩摩藩は、雄藩として江戸幕府や他藩に認知されるにいたった。やがて、藩内には若いころから聡明であった島津斉彬(斉興の嫡子)の藩主就任を望む声が上がるが、一方では島津久光(斉興の五男)の藩主就任を望む声も上がる。このうち、斉彬の生母は正室・賢章院(池田治道の娘)で、久光の生母は側室・お由羅(岡田氏の娘)であった。やがて、斉彬を推す一派と久光を推す一派は熾烈な鍔迫り合いを重ねたが、藩主の斉興はその座にしがみつこうとしたのであろう。嘉永2年(1849)に斉彬派の50数人が切腹や配流などの処分を受けたが、江戸幕府は藩内の騒擾を理由に斉興に隠居を命じた。このお由羅騒動(嘉永朋党事件、高崎崩れ)の結果、ようやく斉彬の藩主就任が成功する。さて、世子(次期藩主)の時代から幕閣や旗本、大名と交流していた斉彬は、老中・阿部正弘から幕政への参画を望まれるなど、天下の衆望を集めた。安政3年(1856)には正弘の勧めで、養女・天璋院(島津忠剛の長女で、斉彬の従妹)が第13代将軍・徳川家定の継室(後妻)になっている。けれども、幕政への参画が実現しないまま、斉彬は安政5年(1858)に鹿児島で病没する。遺言に従い、甥で娘婿の島津忠義(久光の嫡子)が藩主となるが、久光が国父(藩主の父)として藩政の実権を掌握した。以後、久光は兄・斉彬の遺志を引き継いで行動し、中央政界でも特異な活躍を重ねる。しかし、結局は時流に乗ることができないまま、慶応3年(1867)に国父を退任した。この間、薩摩藩は坂本龍馬らの周旋を得て長州藩と薩長同盟を締結し、王政復古などを実現させている。明治4年(1871)の廃藩置県に伴い、忠義は鹿児島県知事を辞職したが、久光は分家して玉里家を興した。以上により、島津家嫡流やその分家、一門は藩主などの座を失うものの、明治17年(1884)の爵位制度の制定以降、久光と忠義が公爵、後期佐土原家(佐土原藩主家)の島津忠寛が子爵

（嫡子・島津忠亮は伯爵）、分家や一門の11家が男爵に叙爵されている。さらに、久邇宮俔子妃（忠義の七女）が生んだ香淳皇后（良子女王／久邇宮邦彦王の第1王女）が第124代・昭和天皇と成婚したことから、島津家嫡流のDNAは天皇家にも受け継がれることになった。

改革の成功後にお由羅騒動でつまずく斉彬の父
島津斉興 しまづ なりおき

寛政3年（1791）〜
安政6年（1859）

　島津家嫡流第26代当主で、薩摩藩第10代藩主。先代藩主・島津斉宣の嫡子。生母は正室・芳蓮院（鈴木勝直の娘で、佐竹義和の養女）。幼名は憲之郎、虎寿丸、通称は又三郎、法名は明覚亮忍大居士金剛定院殿、官職は参議、左近衛少将、左近衛中将、受領名は豊後守、大隅守、官位は従三位で、諱（実名）は忠温とも。父・斉宣の藩政改革に激怒した内祖父・島津重豪（斉宣の父）は、文化5年（1808）には重臣の樺山主税や秩父太郎ら13人に切腹、25人に配流を命じ、斉宣を隠居に追い込む。近思録崩れ（文化朋党事件、秩父崩れ）と呼ばれるこの事件に伴い、翌年、斉興が19歳で家督を継いで藩主となる。しかし、文政3年（1820）までは内祖父・重豪の後見を受けたため、斉興が積極果敢な藩政運営を行う場面は見られなかった。ところで、斉興が藩主に就任した当時、藩の借財は金500万両（銀32万貫）に達し、年間に14万両から15万両の支出超過で、借財の利払いだけでも年に35万両に達したという。やがては、江戸、京都、摂津大坂（大阪市）などの商人が薩摩藩への融資を渋るにいたったため、藩では俸禄の遅配や、物品購入代金の不払いの状態が続く。斉興は重豪の助言のもと、文化7年（1810）までに藩士・調所広郷（笑左衛門）

薩摩藩大坂蔵屋敷跡に建つ明治天皇聖蹟の石碑（大阪市西区・三井倉庫関西支社）

を登用し、抜本的な藩政改革にあたらせることとした。抜擢を受けた広郷は、藩の借財を250年賦とすることを債権者である商人らに認めさせるとともに、奄美諸島（鹿児島県奄美地方）産の三島砂糖の総買入制度、他の特産物の奨励などにも取り組む。以上のような広郷の抜本的な藩政改革のお蔭で、藩財政はようやく好転の兆しを見せた。ただし、広郷は密貿易に関与していたため、嘉永元年（1848）にその責めを負って服毒自殺している。この間の天保8年（1837）と弘化元年（1844）には、薩摩や琉球王国（沖縄県）などへ、アメリカ、イギリス、フランスなどの軍艦や商船が来航し、日本人漂流者の引き取り、通商、キリスト教布教の許可を求めた。このうち、天保8年（1837）にアメリカの商船「モリソン号」が鹿児島湾（錦江湾）口へ来航した際は、薩摩藩は江戸幕府の「異国船打払令」に従って同号を砲撃、撃退する。この事件を「モリソン号」事件というが、のちに江戸幕府と薩摩藩の対応を批判した洋学者・渡辺崋山や高野長英らが、蛮社の獄で弾圧を受けた。藩内でも、藩主の斉興や重臣らの政策に批判的な一派が現れ、斉興の隠居と、島津斉彬（斉興の嫡子、生母は正室・賢章院）の藩主就任を求める機運が高まる。危機感を抱いた重臣らの一派は、重富家当主の島津久光（斉興の五男、生母は側室・お由羅）を世子（次期藩主）に据えようとした。両派は激しい抗争を重ねたため、斉興は嘉永2年（1849）に斉彬派の50数人の切腹や配流などを含む厳しい処分を下した。お由羅騒動（嘉永朋党事件、高崎崩れ）と呼ばれるこの騒擾は、間もなく江戸幕府の知るところとなる。問題を重要視した幕閣が嘉永4年（1851）に斉興に隠居を命じたことから、斉彬の藩主就任が実現した。その後の斉興は安政5年（1858）の斉彬の没後、一時、第12代藩主・島津忠義（久光の嫡子で、斉興の内孫）を後見したが、活躍する場面もなく玉里邸（鹿児島市）で余生を過ごした。子女は正室・賢章院とのあいだに斉彬、次男・池田斉敏ら三男一女（一説に四男一女）が、側室・お由羅とのあいだに久光ら一男一女があったが、関根常忠の娘、関成駿の娘らも側室に迎えていた。妻妾とのあいだにもうけた子女は、七男八女（異説あり）に上るという。安政6年（1859）9月12日に病没。69歳。墓碑は鹿児島市の福昌寺跡にあり、同市の鶴嶺神社に木像が現存する。

天下の衆望を集め続けた幕末屈指の名君

島津斉彬 しまづ なりあきら

文化6年(1809)～
安政5年(1858)

　島津家嫡流第27代当主で、薩摩藩第11代藩主。先代藩主・島津斉興の嫡子。生母は正室・賢章院(池田治道の娘)。幼名は邦丸、通称は又三郎、法名は英徳良雄大居士順聖院殿、号は惟敬、麟洲、官職は修理大夫、権中納言、受領名は豊後守、薩摩守、官位は従三位、贈正一位で、諱(実名)は忠方とも。生母・賢章院の慈愛を受けて成長したが、蘭癖大名であった島津重豪(斉彬の曾祖父)からも特に可愛がられた。聡明で蘭学などの学問に造詣が深かったことから、早くから薩摩藩の世子(次期藩主)として幕閣や旗本、大名にその存在を知られる。このうち、幕閣や幕臣では老中の阿部正弘、旗本の筒井政憲、岩瀬忠震、川路聖謨、江川英龍(太郎左衛門)、勝海舟、大名では常陸水戸藩(茨城県水戸市)主の徳川斉昭、越前藩(福井市)主の松平春嶽(慶永)、伊予宇和島藩(愛媛県宇和島市)主の伊達宗城などと文通や交遊を重ねていた。また、洋学者の杉田玄瑞や箕作阮甫らを江戸藩邸や薩摩へ招き、蘭学の奥義を問うたり、研究や翻訳の助成を行ったりしている。なお、蛮社の獄で逃亡生活を送っていた高野長英と、薩摩で対面したこともあった。こういった関係で、幕閣や旗本、大名のあいだには、斉彬の早期の藩主就任を望む声があったという。しかし、藩の重臣らの一派は、重富家当主の島津久光(斉興の五男、生母は側室・お由羅)を世子に据えようとした。両派は激しい抗争を重ねたあげく、お由羅騒動(もしくは嘉永朋党事件、高崎崩れ)と呼ばれる騒擾を巻き起こす。やがて、この騒擾は江戸幕府の知るところとなる。問題を重要視した幕閣が嘉永4年(1851)に斉興に隠居を命じたことから、斉彬の藩主就任が実現した。しかし、おそらく斉彬は、父の斉興、異母弟の久光やその一派に配慮したのであろう。重臣らをすぐには罷免せず、お由羅騒動で配流や謹慎となった者もすぐに赦免しなかった。その一方で、斉彬は藩政改革を断行し、また西洋の科学や技術を導入して、殖産興業と富国強兵に

島津斉彬(『幕末・明治・大正回顧八十年史』より)

腐心している。さらに、自身を支持してくれた精忠組の西郷隆盛や大久保利通らをはじめとする、有能な下級藩士を積極的に登用した。やがて、斉彬は薩摩磯（鹿児島市）に集成館を構築し、ここに反射炉や硝子製作所をはじめ、各種の製造工場を集中させている。ついには、集成館内には複数の西洋式工場が林立し、今日でいうところのコンビナートの様相を呈した。この集成館では、大砲や小銃、弾丸などの武器、電信器、樟脳、硫酸などの通信機器や薬品、化学薬品、また薩摩切子（ガラス製品）、陶磁器、刀剣などの工芸品だけでなく、農具や氷砂糖、印刷用活字までもが生産されている。さらに斉彬は、江戸幕府に大船建造の解禁を求めると同時に、西洋式の帆船「伊呂波丸」、軍艦「昇平丸」、蒸気船「雲行丸」などを相次いで鹿児島湾（錦江湾）岸で建造し、我が国の造船技術の発展に多大な貢献をした。ちなみに、斉彬は我が国の総船章として「日の丸」を江戸幕府に建言したが、これがのちに「日の丸」が国旗に制定される端緒となる。ところで、第13代将軍・徳川家定は、正室と継室（後妻）が相次いで病没していたため、老中の正弘は斉彬ゆかりの女性を家定の新たな継室に迎えたいと考えていた。そこで、今和泉家の天璋院（島津忠剛の長女）を「斉彬の実の娘」とし、家定の継室として大奥へ輿入れさせた。なお、この縁組は幕政の挽回を狙ったものであり、正弘は将軍の岳父となった斉彬を幕政に参画させるつもりであったという。残念ながら、安政4年（1857）に正弘が病没したため、斉彬の幕政への参画は実現していない。さらに、当時は誰を家定の世子（次期将軍）に据えるかという点で、一橋徳川家当主・徳川慶喜（斉昭の子）を推す一橋派と、紀伊藩（和歌山市）主・徳川家茂（慶福）を推す南紀派が抗争を重ねていた。斉彬は、この問題に関しては慶喜を推していたといわれるが、安政5年（1858）に大老に就任した井伊直弼が家茂を世子の座に据え、これらに反発する一橋派の面々を失脚に追い込んだ。この出来事を安政の大獄というが、斉彬は藩兵を率いての上洛を心中で決意したという。同年7月、斉彬は鹿児島城（鶴丸城）外で藩兵の軍事演習を指揮したが、急に倒れ、同月16日に病没。50歳。墓碑は鹿児島市の福昌寺跡にあり、やがて同市の照国神社に照

薩摩磯の紡績工場（『幕末・明治・大正回顧八十年史』より）

照国神社探勝園に建つ、左から斉彬、久光、忠義の像(鹿児島市)

国大明神として祀られた。ちなみに、照国神社や隣接する探勝園跡には、斉彬、久光、島津忠義(久光の嫡子)の銅像が建立されている。正室は英姫(徳川斉敦の娘)で、妻妾とのあいだに七男六女をもうけていた。けれども、第八子までの子女はほとんど早世している。相次ぐ子女の早世は、久光派の呪詛が原因であるとする説がある。その真偽はともかく、三女・暐姫が忠義に輿入れしていた。病没する直前、斉彬は次の藩主に忠義を据えるよう、周囲の者たちに伝えていたという。遺言に従い、家督は甥で娘婿の忠義が継ぐが、久光が国父(藩主の父)として藩政の実権を掌握する。このため、斉彬の急逝を嘆き、将来を悲観した隆盛と僧侶・月照は、船上から鹿児島湾(錦江湾)へ入水した。その後も蘇生した隆盛が奄美大島(鹿児島県奄美市ほか)へ配流となるなど、斉彬の側近は不遇の時代を強いられる。

中央政界でも大活躍した斉彬の異母弟
島津久光　しまづ ひさみつ

文化14年(1817)～
明治20年(1887)

　重富家当主、薩摩藩国父、新政府の内閣顧問、左大臣。第10代藩主・島津斉興の五男で、第11代藩主・島津斉彬の異母弟、第12代藩主・島津忠義の父。生母は側室・お由羅(岡田氏)。幼名、通称は普之進、又次郎、山城、周防、和泉、三郎、号は双松、大簡、玩古道人、無志翁、官位は大勲位で、諱(実名)は忠教、邦行とも。当初、大隅種子島領(鹿児島県南種子町ほか)主・種子島久輔の養子となるが、のちに重富家当主の島津忠公の養子に転じた。天

保10年(1839)、家督を相続して当主に就任したものの、やがて藩内が、父・斉興の後継者となる第11代藩主に異母兄の斉彬を推す一派と、久光を推す一派とに割れた。お由羅騒動(嘉永朋党事件、高崎崩れ)と呼ばれるこの騒擾のあげく、嘉永4年(1851)に斉興が隠居し、斉彬が藩主に就任する。しかし、その斉彬が安政5年(1858)に病没したため、遺言により斉彬の甥で娘婿の忠義(久光の嫡子)が第12代藩主となった。やがて、久光は重富家を出て生家へ戻り、国父として藩政の実権を掌握する。したがって、安政6年(1859)

島津久光(国立国会図書館蔵)

ごろから慶応3年(1867)のあいだは、久光が実質的な薩摩藩主であったといってもいいであろう。国父に就任した直後、久光は西郷隆盛を奄美大島(鹿児島県奄美市ほか)へ配流とするなど、斉彬の側近を冷遇する。文久2年(1862)、久光は今度は1000人あまりの藩兵を率いて上洛し、さらに勅使・大原重徳を護衛して江戸へ下った。重徳は第121代・孝明天皇の勅諚というかたちで、江戸幕府に幕政改革を迫っている。また、久光自身も参勤交代の緩和などを江戸幕府に訴え、その一部を実行に移させた。しかし、江戸へ下る前の4月には寺田屋(京都市伏見区)で藩内の尊皇攘夷派を弾圧する寺田屋事件を起こし、江戸からの帰途の武蔵生麦村(神奈川県横浜市鶴見区)では、藩兵がイギリス人を殺傷する生麦事件を起こしている。このうち、イギリスとの賠償交渉はこじれ、これが文久3年(1863)の薩英戦争に発展した。薩英戦争では鹿児島湾(錦江湾)に侵入したイギリス艦隊をどうにか撃退したが、薩摩藩の砲台や台場は大部分が炎上し、鹿児島城(鶴丸城)下の一部が火災で焼失した。けれども、戦後、薩摩藩とイギリスとはお互いの健闘を称え、かえって親密になった。これを機会に薩摩藩はイギリスなどから銃砲を大量に買い入れ、西洋式軍備の導入に成功する。この文久3年(1863)、久光は再び上洛して朝廷から朝議参預を命ぜられたが、尊皇攘夷派の公家や長州藩(山口県萩市)のために、思うように活動できなかった。やむなく、隆盛を赦免して藩兵の指揮を委ね、禁門の変や長州征伐などの難問にあたらせている。慶

生麦事件碑(神奈川県横浜市鶴見区／撮影・上田良治)

応3年(1867)に国父の職を辞任し、間もなく鹿児島へ帰郷した。維新後、新政府に請われて内閣顧問や左大臣に就任したが、保守的な言動を重ねたために孤立してしまう。やむなく明治8年(1875)に辞職して翌年再び帰郷し、城下の玉里邸で余生を送る。以後も新政府に建言を重ねたが、久光の意見が国政に反映されたことはあまりない。このころ、久光に心を寄せる他藩出身の不平士族もいたが、久光は相手にしなかった。また、明治10年(1877)の隆盛らによる西南戦争でも、忠義とともに中立を貫いている。明治17年(1884)、子の忠義と同様に公爵の爵位を授けられた。私生活の面では学問をよくし、自ら『通俗国史』を執筆している。また、重野安繹や市来四郎らの学者を促し、『皇朝世鑑』などを編纂、執筆させたりもした。明治20年(1887)12月6日に病没。葬儀は国葬によって挙行されている。墓碑は鹿児島市の福昌寺跡にある。なお、同市の照国神社に祀られており、境内に隣接する探勝園跡に久光の銅像も建立されている。ちなみに、久光は明治4年(1871)の廃藩置県に伴い、再び生家を出て別家・玉里家を興していた。こういった事情で、重富家(男爵)の家督は島津珍彦(久光の三男)が、玉里家(公爵)の家督は島津忠済(久光の五男)が相続した。他の久光の男子のうち、島津忠丸(久光の次男)は宮之城家(のち男爵)を相続し、島津忠欽(久光の四男)は今和泉家(のち男爵)を相続後に分家(男爵)している。

討幕を実現させた薩摩藩の「最後の藩主」
島津忠義 しまづ ただよし

天保11年(1840)～
明治30年(1897)

　島津家嫡流第28代当主で、薩摩藩第12代藩主。国父・島津久光の嫡子、先代・島津斉彬の甥で娘婿。幼名、通称は壮之助、又次郎、左衛門、官職は修理大夫、受領名は大隅守、官位は従一位、勲一等で、諱(実名)は忠徳、茂久とも。正室に斉彬の三女・暐姫を迎えたが、忠義と暐姫は従兄妹の間柄となる。そんななか、安政5年(1858)7月16日に伯父で岳父の斉彬が急逝するが、斉彬は次の藩主に忠義を据えるように遺言していた。これにより忠義が藩主に就任するが、忠義は当初、内祖父・島津斉興(久光の父)の後見を受ける。やがて、父・久光が国父(藩主の父)として、藩政の実権を掌握した。久光は慶応3年(1867)に国父の座を降り、明治4年(1871)に別家・玉里家を興す。したがって、慶応3年(1867)までは実質的に、父の久光が藩主であったといっても大過はないであろう。そういったなかでも、忠義は薩摩磯(鹿児島市)に我が国最初の紡績所を創設する一方、藩士の五代友厚らをイギリスへ留学させるなど、藩主として殖産興業や人材の育成に腐心している。慶応3年(1867)秋、忠義は朝廷から討幕の密勅を受けると、すぐさま多数の藩兵を率いて上洛した。12月9日に京都御所(京都市上京区)で開かれた小御所会議では、長州藩の赦免などを主張している。明治元年(慶応4年/1868)に始まる戊辰戦争では、西郷隆盛らの藩兵を上方から江戸や北陸、奥羽へと派遣した。明治2年(1869)には長州藩、土佐藩(高知市)、肥前藩(佐賀市)と率先して版籍奉還を上奏し、鹿児島藩知事となるが、明治4年(1871)の廃藩置県で藩知事を辞職した。次いで、明治10年(1877)の西南戦争では父・久光とともに中立を貫く一方、城山陥落後には戦乱で荒廃した城下町の復興に尽力した。その後、貴族院議員などを務めたが、明治17年(1884)の爵位の制定に伴い、久光と同様に公爵に叙爵された。先に触れた通り、正室は暐姫だが、

島津忠義(『幕末・明治・大正回顧八十年史』より)

後妻に寧姫(近衛忠熙の五女)、さらに楼子(寿満子／板倉勝達の次女)を迎える。忠義は明治30年(1897)12月26日に病没。葬儀は国葬によって挙行される。遺骸は鹿児島市の常安峯に埋葬されたが、のちに同市の福昌寺跡に改葬された。また、同市の照国神社に祀られており、境内に隣接する探勝園跡に忠義の銅像も建立されている。子女のうち、嫡子・島津忠重は海軍少将に昇進し、五男・島津忠備、六男・島津忠弘は分家してともに男爵に叙爵された。さらに、七男・島津久範は後期佐土原家(子爵)の養子となり、三女・島津常子は山階宮菊麿王の妃、七女・島津俔子は久邇宮邦彦王の妃となる。俔子妃は香淳皇后(昭和天皇の皇后で、天皇陛下の生母)の生母であるので、現在の天皇家にも久光・忠義父子のDNAが引き継がれていることになる。

英国通の海軍少将として名高い忠義の嫡子
島津忠重　しまづ　ただしげ
明治19年(1886)〜昭和43年(1968)

　島津家嫡流第29代当主で、公爵、海軍少将。先代・島津忠義の嫡子。明治40年(1907)に海軍兵学校を卒業(第35期)。軍艦乗組を経て、大正9年(1920)から大正12年(1923)までイギリスへ私費留学する。帰国したのち、海軍軍令部参謀、海軍大学校教官を歴任し、イギリス大使館付武官、ロンドン海軍軍縮会議全権委員随員などを務めた。この間の明治30年(1897)、父・忠義の病没に伴って家督を相続し、公爵、貴族院議員となる。そして、昭和10年(1935)11月に海軍少将に昇進したが、12月14日に予備役となった。その後は学習院評議会議長などを務め、昭和43年(1968)4月9日に病没。以後、島津家嫡流の家督は島津忠秀(忠重の嫡子)、島津修久(忠秀の次男)が継ぎ、島津興業などを経営している。忠重のほかの男子では、島津晃久(忠重の次男)は皇族出身の鹿島萩麿(山階宮菊麿王の四男)の養子となり、島津矩久(忠重の三男)は分家した。なお、萩麿の生母は常子妃(忠義の三女で、晃久の伯母)であるので、萩麿と晃久とは従兄弟の間柄にあたる。子女のうち、忠秀は長く農林省(農林水産省の前身)に在職した動物学者(水産学者)で、切手の収集家としても名高い。また、矩久は潮出版社社長、創価大学理事長を務めた。

第二節　島津家ゆかりの女性皇族

　薩摩藩主・島津家は、江戸時代中期や後期に徳川将軍家と縁組を重ねたが、明治維新以降には皇族、さらには天皇家と縁組を重ねている。まず、島津常子（島津忠義の三女）が山階宮菊麿王（山階宮晃親王の第1皇子）の妃となり、王子3人を生んだ。また、島津俔子（忠義の七女）は久邇宮邦彦王（久邇宮朝彦親王の第3王子）の妃となり、3人の王と3人の女王を生んだ。このうち、邦彦王・俔子妃夫妻の第1王女である良子女王（香淳皇后）は昭和天皇の皇后となり、天皇陛下をはじめとするふたりの親王と5人の内親王を生む。すなわち、島津家嫡流のDNAは、現在の天皇家にも受け継がれているわけである。なお、昭和天皇・香淳皇后夫妻の第5皇女・清宮貴子内親王が昭和35年（1960）、後期佐土原家（佐土原藩主家）の島津久永（島津久範の次男）と結婚するという慶事もあった。

夫の薨去後も宮家を守り抜いた忠義の三女
山階宮常子妃　やましなのみや　ひさこひ

明治7年（1874）～昭和13年（1938）

　島津忠義の三女で、久邇宮俔子妃（忠義の七女）の姉、皇族・山階宮菊麿王（山階宮晃親王の第1皇子）の妃。なお、徳川家（旧将軍家）第17代当主・徳川家正の妻となった徳川正子（忠義の八女）をはじめ、姉妹の多くは華族の妻となっている。範子妃（九条道孝の次女）と死別した菊麿王と明治35年（1902）に成婚し、3人の王子を生む。夫の菊麿王は明治22年（1889）に海軍兵学校を中退後、ドイツのキール海軍大学校を卒業した海軍軍人で、明治38年（1905）の戦艦「八雲」の分隊長として日本海海戦にも参加する。海軍大尉として将来を嘱望されたが、明治41年（1908）5月2日に薨去する。そういったなかで常子妃は、我が子と範子妃の生んだ武彦王、芳麿王、安子女王とを分け隔てなく育てた。のちに、常子妃の生んだ藤麿王、萩麿王、茂麿王は戦前に臣籍降下して華族となる。しかし、武彦王の妃・佐紀子女王（賀陽宮邦憲王の第2王女）が大正12年（1923）9月1日に薨去し、海軍大佐となった鹿島荻麿（萩麿王）が昭和7年（1932）8月26日に没するなど、常子妃は悲運に見舞われた。鹿島家の家

督は、養子・島津晃久(島津忠重の次男で、常子妃の甥)が継いでいる。以後、常子妃は夫や子の菩提を弔いつつ、余暇には和歌、絵画、音楽、裁縫などを嗜んだという。常子妃は昭和13年(1938)2月26日に薨去。なお、山階宮家は昭和22年(1947)、海軍中佐であった武彦王のときに、ほかの皇族とともに臣籍降下している。

宮家へ輿入れし香淳皇后を生む忠義の七女
久邇宮俔子妃
くにのみや ちかこひ
明治12年(1879)～
昭和31年(1956)

　島津忠義の七女で、山階宮常子妃(忠義の三女)の妹、香淳皇后(良子女王)の生母、皇族・久邇宮邦彦王(久邇宮朝彦親王の第3王子)の妃。なお、徳川家(旧将軍家)第17代当主・徳川家正の妻となった徳川正子(忠義の八女)をはじめ、姉妹の多くは華族の妻となっている。邦彦王は元帥、陸軍大将を務めた日本陸軍の重鎮で、邦彦王と成婚した俔子妃は第1王女・良子女王らを生む。大正13年(1924)、貞明皇后(第123代・大正天皇の皇后)の意向により、良子女王が皇太子・裕仁親王(第124代・昭和天皇)の妃となる。なお、俔子妃の意向もあり、良子女王は日ごろから人の嫌がる拭き掃除なども率先して

大阪市長・池上四郎の銅像(大阪市天王寺区・天王寺公園)。四郎は秋篠宮紀子妃殿下の曾祖父にあたる。俔子妃と良子女王(香淳皇后)の御一家が大阪へ滞在した際、四郎は娘の紀子とともに御一家の接待にあたった

行っていた。このため、良子女王の両手はアカギレだらけであったという。女子学習院を見学した貞明皇后が以上の事実を知ったことが、妃に選ばれた理由のひとつとされている。成婚後の昭和天皇と香淳皇后とは、天皇陛下（第125代）をはじめ二皇子五皇女という子宝に恵まれた。したがって、島津家嫡流のDNAは、現在の天皇家にも受け継がれていることになる。加えて、香淳皇后の生んだ貴子内親王（昭和天皇の第5皇女）が後期佐土原家の島津久永（島津久範の次男）に嫁すなど、天皇家、旧皇族と島津家とは縁組を重ねているのである。ちなみに、大正時代の半ば、俔子妃や成婚前の良子女王が鹿児島県へ向かう途中、大阪市役所で休憩したことがあった。そのとき、大阪市長・池上四郎の娘である紀子が接待にあたっている。それから半世紀以上の歳月を経た平成2年（1990）、香淳皇后の孫・秋篠宮文仁親王（天皇陛下の第2皇子）と、紀子の孫・川嶋紀子（紀子妃）が成婚する。かつて自身が香淳皇后を接待したことがある点について、紀子は「不思議な縁を感じる」とコメントしている。久邇宮家は昭和22年（1947）、海軍中将であった朝融王（邦彦王の第1王子）のときに、ほかの皇族とともに臣籍降下している。俔子妃は昭和31年（1956）9月9日に病没。

後期佐土原家へ嫁いだ昭和天皇の第5皇女

島津貴子（清宮貴子内親王）

しまづ　たかこ（すがのみやたかこないしんのう）

昭和14年（1939）～

昭和天皇の第5皇女で、天皇陛下の妹。生母は香淳皇后（良子皇太后）。島津久永（島津久範の次男）の妻。旧名は貴子内親王、称号は清宮、通称は「スタちゃん」。学習院大学在学中の昭和35年（1960）、当時は日本輸出入銀行の銀行マンであった久永と結婚し、夫の転勤に従ってアメリカのワシントン、オーストラリアのシドニーに住んだ。帰国後は民放テレビのレポーター、プリンスホテル取締役を務めるなど、皇族出身の女性としては前例のない経歴を歩んでいる。昭和63年（1988）に昭和天皇が病臥し、翌年1月7日に崩御した際は、娘の立場からマスコミのインタビューに応じて注目された。長男の島津禎久は写真家で、世界の社会問題、環境問題などの取材を手がけている。

第八章

幕末維新期の重要場面
島津家の重要場面30 〈その3〉

● 天璋院と安政将軍継嗣問題── 幕末維新期の重要場面①

　第13代将軍・徳川家定(徳川家斉の孫)は、正室・天親院、継室(後妻)・澄心院、それに側室・満俊院とのあいだに子女がなかった。そんななか、安政3年(1856)、天璋院(島津忠剛の長女)が薩摩藩第11代藩主・島津斉彬の娘という触れ込みで、継室として家定のもとへ輿入れする。

　前後したが、第8代藩主・島津重豪(斉彬と天璋院の曾祖父)以後の3代の薩摩藩主は、いずれも妻妾とのあいだに10人以上の子女をもうけていた。老中・阿部正弘や大奥の女中たちもこういった点に着眼し、家定と天璋院の縁組に積極的だったのであろう。

　けれども、輿入れ後の天璋院に、懐妊の兆しは全く見られなかった。4人の妻妾が誰も懐妊しなかったのだから、おそらく家定の側になんらかの問題があったのであろう。

　それはともかく、嘉永6年(1853)にアメリカの太平洋艦隊司令長官・ペリ

安政将軍継嗣問題で次の将軍の座を争った徳川家茂〈左〉と徳川慶喜〈右〉(『幕末・明治・大正回顧八十年史』より)

ーが我が国に来航して以来、江戸幕府は内憂外患に悩まされ続けていた。そういったなか、将軍に世子（次期将軍）がいないという点は、幕閣や旗本、大奥の女中らにとって頭痛の種となる。

　和子の誕生が期待できない以上は、1日も早く将軍家の一門からしかるべき男子を家定の養子に迎え、世子に据える必要があった。この家定の世子選定をめぐる問題を、安政将軍継嗣問題という。のちに、継嗣問題は幕閣や旗本、大奥の女中のみならず、大名や公家らの関心事となるにいたった。やがて、具体的な世子の候補者として、一橋徳川家当主・徳川慶喜（徳川斉昭の子）と、紀伊藩（和歌山市）主・徳川家茂（慶福）の名があがる。

　このうち、安政4年（1857）当時、21歳の慶喜は幼少時から聡明で、越前藩（福井市）主・松平春嶽（慶永）、それに薩摩藩主の斉彬らのいわゆる一橋派の大名、旗本の支持を受けた。

　なお、斉彬も懐妊に期待しつつも、家定に慶喜を世子と認めさせるよう、輿入れ前の天璋院にいい含めたに違いない。ただし、慶喜の父で常陸水戸藩（茨城県水戸市）主の斉昭は、大奥削減などの幕政改革を目論んでいたという。このため、守旧派の旗本や大奥の女中は斉昭の子・慶喜に嫌悪感を抱き、12歳の家茂を世子に推す南紀派に心を寄せるようになる。

　ともあれ、一橋派と激しい鍔迫り合いを重ねた末に、南紀派は近江彦根藩（滋賀県彦根市）主・井伊直弼の大老就任を安政5年（1858）春に実現させた。当事者ともいうべき家定・天璋院夫妻を「蚊帳の外」に置く恰好で、同年初夏、継嗣問題は大きく動き始める。

◉ 安政の大獄と島津斉彬の急逝──幕末維新期の重要場面②

　安政3年（1856）に来日したアメリカの公使・ハリスは、貿易の自由化や本格的な開港を規定した日米修好通商条約の締結を江戸幕府に迫った。対応に苦慮した江戸幕府は第121代・孝明天皇に、ことの成りゆきを上奏する。

　なお、天皇の許しのことを勅許というが、上奏以後、孝明天皇が同条約の締結を勅許するか否かが、公家や大名、旗本、さらには在野の志士らの関心事となるにいたった。ところで、この当時は第13代将軍・徳川家定の世子（次期将軍）に誰を据えるかという点もまた、公家や大名らの関心事であった。

　以上のうち、世子に一橋徳川家当主・徳川慶喜（徳川斉昭の子）を推していた一橋派や、諸国の尊皇攘夷派の大部分は条約勅許に絶対反対で、安政4年（1857）の年初あたりまではこういった意見が優勢であったという。

けれども、安政5年(1858)春、江戸幕府の大老に井伊直弼(近江彦根藩主)が就任してからは、状況が一変する。直弼は大老に就任するや否や、勅許が得られないまま6月19日に日米修好通商条約に調印してしまった。前後して、直弼は家定の世子に、南紀派が推す紀伊藩(和歌山市)主・徳川家茂(慶福)を据えている。

度重なる直弼の独断専行に、一橋派の大名たちは一斉に抗議したが、大名たちは不時(無断)登城を理由に、隠居や謹慎を命じられた。また、反対運動を展開しようとした公家、旗本、それに在野の志士など、100人以上が処罰を受けている。この直弼による安政の大獄では、志士の吉田松陰、頼三樹三郎、梅田雲浜などが命を断たれた。

さて、斉昭・慶喜父子と交遊のあった薩摩藩主・島津斉彬は、早くから一橋派として行動していた。具体的には、側近・西郷隆盛を越前藩(福井市)士・橋本左内や公家・近衛忠煕のもとへ派遣し、忠煕らを介して朝廷へ働きかけを試みようとした。もっとも、幸いにも斉彬自身は、安政の大獄が本格化する以前に国元・薩摩へ国入りしていたため、直弼の追及をかわしている。やがて、薩摩で直弼の横暴を伝え聞いた斉彬は、

「もはや藩兵を率いて上洛し、公武合体を実現する以外に道はない」

という思いを強くする。それを実現するべく、酷暑の季節に軍事教練を敢行したが、無理が祟ったのであろう。斉彬は直後に発病し、7月16日に急逝した。安政の大獄の最中に斉彬が急逝したことから、一橋派や斉彬の側近らは雌伏の時を強いられることになる。

◉島津久光の登場と西郷隆盛——幕末維新期の重要場面③

第11代藩主・島津斉彬の遺言に従い、次の藩主には甥で娘婿の島津忠義(島津久光の嫡子)が就任する。当初こそ、先々代(第10代藩主)の島津斉興(斉彬と久光の父)が藩政を後見したが、その斉興も安政6年(1859)に病没してしまう。それ以後、斉彬の異母弟で忠義の父である久光が、国父(藩主の父)として薩摩藩政の実権を掌握する。

そもそも、藩が成立して以降、薩摩藩では常に先代の嫡子や嫡孫、弟が次の藩主に就任してきた。娘婿であるとはいえ、先代の甥である忠義の藩主就任は、かつてないことといえよう。

なお、国父とは国民から父として慕われる人物や、皇帝や国王の師匠などを指す言葉であるという。

ちなみに、支藩の日向佐土原藩では延宝4年(1676)から元禄3年(1690)のあいだ、幼少の藩主・島津惟久に代わって、島津久寿(惟久の父の従弟)が番代という職に就任する。番代は藩主代行であるが、多分に名誉職的なものであった。事実、佐土原藩政の実権は、一門の島津久富(久寿の父)と重臣の松木高清らが握っている。

これに対して、久光はかつて斉彬と第11代藩主の座を争ったこともある人物である。こういった経緯もあり、藩政の運営に並々ならぬ意欲を持っていた久光は、すぐさま国父として藩政の実権を掌握した。そして、藩政面では藩政改革や西洋式軍備の導入などに、対外的には公武合体運動などに邁進していく。

島津久光

そういえば、斉彬の側近であった西郷隆盛は、安政5年(1858)の主君の急逝に悲観し、鹿児島湾(錦江湾)へ入水自殺を図ったことがある。隆盛はこの咎で奄美大島(鹿児島県奄美市ほか)へ配流となり、文久2年(1862)に久光の命で赦免された。ところが、春に久光が藩兵を率いて上洛する際、隆盛は下関(山口県下関市)での待機命令を無視し、兵を率いて先に上洛してしまう。

むろん、尊皇攘夷派の藩士の軽挙妄動を戒めるべく隆盛は上洛したのだが、久光は「国父としての面子を潰された！」と思い込んだのであろう。

あろうことか、久光は赦免したばかりの隆盛を、今度は前よりもはるかに環境が厳しい、沖永良部島(鹿児島県和泊町ほか)へと配流している。

こののち、久光は亡兄・斉彬の遺志を継ごうと公武合体運動に腐心したが、今となっては同運動も時代遅れの部分があった。結局、万策尽きた久光は元治元年(1864)になって再び隆盛を呼び戻し、藩兵の指揮を委ねている。

◉ 久光の上洛と寺田屋事件——幕末維新期の重要場面④

薩摩藩主・島津斉彬は安政5年(1858)7月16日に急逝するが、直前まで、藩兵を率いて上洛し、公武合体を実現させることを夢見ていたという。その

寺田屋事件や坂本龍馬遭難の舞台となった寺田屋（京都市伏見区）

　後、国父となった島津久光は異母兄の遺志を受け継ぐかたちで、文久2年（1862）春に藩兵を率いて上洛した。
　そのころ、尊皇攘夷派の藩士は国元や江戸藩邸を次々と抜け出し、摂津大坂（大阪市）や山城伏見（京都市伏見区）の寺田屋などで密議を重ねる。これらの尊皇攘夷派の藩士は久光の公武合体の方針に反対で、朝廷の関白・九条尚忠や江戸幕府の京都所司代・酒井忠義らの暗殺を計画するなどしていた。
　加えて、以上の計画には、田中河内介父子や真木和泉（筑後久留米藩出身）らをはじめとする、藩外の尊皇攘夷派も関与していたという。
　余談ながら、薩摩藩と長州藩とは坂本龍馬の仲介で慶応2年（1866）に薩長同盟を締結するが、同盟締結後の1月24日、寺田屋にいた龍馬は幕府方の襲撃で重傷を負っている。
　さて、久光も尊皇攘夷派の藩士の心情がわからないわけではなかったが、かといって過激な計画は決して認められない。そこで、上洛して以降、側近の奈良原繁（奈良原喜左衛門の弟）や大久保利通らを寺田屋へ派遣し、尊皇攘夷派の藩士の軽挙妄動を戒めた。ところが、尊皇攘夷派の藩士は態度を硬化させ、すぐにでも過激な行動を起こす構えを見せたという。
　事態を憂慮した久光は、4月23日夜に、繁、森岡昌純、鈴木勇右衛門ら8人を鎮撫使として寺田屋へ向かわせた。しかし、寺田屋にいた有馬新七や橋口壮助らは、繁らの説得を全く聞き入れようとしない。

大黒寺にある寺田屋殉難九烈士之墓(京都市伏見区)

　やがて、双方が抜刀して斬り合った結果、尊皇攘夷派の新七、壮助、柴山愛次郎、橋口伝蔵、西田直五郎、弟子丸龍助の6人が即死した。また、尊皇攘夷派では田中謙助、森山新五左衛門、山本四郎の3人が自刃している。

　なお、寺田屋にいた他の尊皇攘夷派の22人は説得を聞き入れ、藩へ復帰した。ちなみに、和泉は出身地での謹慎生活に入ったが、哀れにも河内介父子は抹殺されている。

　結果として、この寺田屋事件では藩士同士が斬り合い、9人もの犠牲者を出したことになる。以上の出来事により、藩内の尊皇攘夷派は一時鳴りを潜めざるを得なかった。他方、国父・久光は公武合体の実現のため、行動をより本格化させることになる。

◉生麦事件の賠償問題と薩英戦争——幕末維新期の重要場面⑤

　文久2年(1862)春に藩兵を率いて上洛した薩摩藩国父(藩主の父)・島津久光は、勅使・大原重徳とともに江戸へ下り、江戸幕府に幕政改革を迫った。

　それにしても、藩主でも元藩主でもない久光が、1000人もの藩兵を率いて江戸へ下り、幕政改革を迫ったのである。数年前であれば到底あり得ない、衝撃的な出来事であったといえよう。

　さて、以上の久光らの行動は、将軍後見職と政事総裁職の新設、参勤交代の緩和などといった江戸幕府の文久の改革に結実する。ただし、意気揚々と

薩英戦争で使われた祇園之洲砲台跡の石碑（鹿児島市）

　引き揚げる久光の前には、思わぬ蹉跌が待ち受けていた。
　8月21日、帰国途上の武蔵生麦村（神奈川県横浜市鶴見区）で、馬に乗った外国人4人が久光の行列を横切ったのである。このとき、奈良原喜左衛門（奈良原繁の兄）らは、立ち去るか下馬して道を譲るよう、大声で4人に叫んだ。しかし、言葉のわからないままその場へ立ち尽くしたため、憤った喜左衛門らがイギリス人のリチャードソンらを斬ったという。リチャードソンは絶命したが、ほかは外国人居留地へ帰り着く。
　報告に接したイギリスの代理公使・ニールは、江戸幕府と薩摩藩に謝罪と犯人の処罰、賠償金の支払いを強硬に要求した。このうち、江戸幕府は謝罪と賠償金の支払いに応じたが、薩摩藩がこれに応じようとはしない。
　やがて、文久3年（1863）6月28日にイギリス艦隊（軍艦7隻）は鹿児島湾（錦江湾）へ侵入し、薩摩藩との直接交渉を試みた。
　けれども、薩摩藩が応じなかったため、7月2日早朝に藩船「天佑丸」など3隻を拿捕する。次いで、正午ごろに薩摩藩側は湾岸の各砲台が砲門を開き、これにイギリス艦隊が応戦するかたちで熾烈な砲撃戦が展開された。大砲の射程距離が短い薩摩藩側は苦戦したが、各砲台は最後まで奮闘を続ける。この結果、イギリス艦隊の各艦は船体に少なからず被弾し、また司令官を含む60数人の戦死者と負傷者を出した末に湾外へ去った。

他方、薩摩藩側は大部分の砲台が使用不能となり、鹿児島城（鶴丸城）下も一部が砲撃により焼失するという大損害を受ける。

もっとも、薩摩藩とイギリスはこの薩英戦争でのお互いの健闘を称え合い、かえって親しくなった。やがて、イギリスの協力を得た薩摩藩は、諸藩に先駆けて西洋式の軍備と軍艦の導入に成功することになる。

◉ 禁門の変から薩長同盟へ──幕末維新期の重要場面⑥

文久2年（1862）から文久3年（1863）の前半にかけて、京都では一部の公家や長州藩をはじめとする尊皇攘夷派の勢力が強く、第121代・孝明天皇が攘夷親政の詔を発したほどである。

ただし、孝明天皇や他の公家は、性急、過激な尊皇攘夷運動を望んではいなかった。一方、朝廷と江戸幕府を結びつけて幕政の立て直しを目指す公武合体運動というものが胎動していたが、京都守護職・松平容保（陸奥会津藩主）などは、この立場を堅持していた。

文久3年（1863）8月18日、容保は薩摩藩の協力のもと、近衛忠熙・忠房父子ら公武合体派の公家のみを京都御所（京都市上京区）へ参内させ、長州藩を御所警備の任から解く。この8月18日の政変と呼ばれるクーデターの結果、政治的基盤を失った長州藩は、尊皇攘夷派の三条実美ら7人の都落ち（七卿落

弾痕が残る京都御所の禁門（京都市上京区）

ち)を護衛しつつ、京都から撤退していった。

　政変後、尊皇攘夷派は京都市中に潜伏して劣勢挽回をめざしたが、元治元年(1864)6月5日の池田屋事件で、長州藩の吉田稔麿(吉田松陰の甥)らが近藤勇率いる新選組のために落命する。

　危機感を抱いた長州藩では、藩主・毛利敬親、世子(次期藩主)・毛利元徳や七卿の赦免嘆願を名目に、元治元年(1864)7月中旬までに藩兵多数が京都近郊へ集結した。

　7月19日、ついに長州藩兵は御所の禁門(蛤御門)へ殺到したが、警備にあたっていた会津藩(福島県会津若松市)や薩摩藩などの藩兵に阻まれた。禁門の門前では激闘が続き、皇太子・睦仁親王(第122代・明治天皇)の居室に流れ弾が達したともいわれる。しかし、幸いにも会津藩、薩摩藩、佐土原藩などの諸藩兵の奮戦で、長州藩兵の撃退に成功した。

　その後、江戸幕府は2次におよぶ長州征伐を企てたが、薩摩藩の西郷隆盛らは、西欧列強が我が国への侵出を目論んでいる時期に、日本人同士が争うべきではないと考えていた。

　そういったなか、坂本龍馬と中岡慎太郎は隆盛らの言動に着眼し、薩摩藩と長州藩の同盟の道を模索し始める。そして、龍馬と慎太郎の周旋で慶応2年(1866)1月21日(異説あり)に、薩摩藩から隆盛と小松帯刀が、長州藩から木戸孝允(桂小五郎)が出席し、薩長同盟が締結された。なお、同盟の条文には具体的な記述がなかったが、王政復古や武力による討幕を強く意識した軍事同盟であることに違いない。薩摩藩と長州藩のあいだで結ばれたこの同盟は、その後の討幕運動に計り知れない影響を与えることになる。

●討幕の密勅と王政復古——幕末維新期の重要場面⑦

　慶応3年(1867)秋、薩摩藩と長州藩は、討幕運動を正当化する大義名分の必要性を痛感していた。

　すでに両藩は慶応2年(1866)1月21日(異説あり)に薩長同盟を締結していたが、慶応3年(1867)9月18日には、薩摩藩の大久保利通らと長州藩の木戸孝允(桂小五郎)らのあいだで、武力による討幕を前提とした盟約を締結している。

　のちに、この盟約に安芸広島藩(広島市)も参加したことから、利通は公家の岩倉具視と協議の末、同じく公家の中山忠能らを介し、第121代・孝明天皇に、討幕に関する密勅(秘密の詔勅)の降下を奏上した。やがて、10月14

日、動揺が走った広島藩を除く、薩摩、長州両藩に討幕の密勅が降下した。

この密勅は具体的には、薩摩藩へ降下したものは日付が13日、宛先は薩摩藩の国父(藩主の父)・島津久光と藩主・島津忠義(久光の嫡子)で、長州藩へ降下したものは日付が14日、宛先は藩主・毛利敬親と世子(次期藩主)・毛利元徳

二条城(京都市中京区)での大政奉還発表の様子(五姓田芳柳 画『幕末・明治・大正回顧八十年史』より)

(敬親の嫡子)になっていた。

豈図らんや、討幕の密勅が薩摩、長州両藩へ降下したことは、時を置かずして上洛中の第15代将軍・徳川慶喜の耳に達した。先に土佐藩(高知市)の前藩主・山内容堂(豊信)らの建白を受けていた慶喜は、密勅の降下と同じ14日に朝廷へ大政奉還を奏上し、15日に受理された。なお、容堂の建白は、坂本龍馬の「船中八策」に基づくものである。

ところで、慶喜はいったん大政奉還しても、「朝廷は再び自分(＝慶喜)に国政の運営を委ねるに違いない」と考えていたという。事実、浮足立った忠能らは21日、討幕の密勅を取り消す内容の沙汰を下している。

ただ、時計の針を元へ戻すような、そんな出来事があっていいはずはない。薩長同盟の周旋にもあたった龍馬は、近江屋(京都市中京区)で中岡慎太郎らと善後策を協議していたが、11月15日に江戸幕府の見廻組隊士(異説あり)の襲撃を受けて、慎太郎とともに命を落とした。

他方、藩主の忠義は討幕の密勅を奇貨として、多数の藩兵を率いて国元から上洛する。次いで、12月9日に王政復古の大号令が発せられると、同日夜の小御所会議で敬親・元徳父子の赦免を嘆願するなどの積極果敢な言動を重ねている。

明治元年(慶応4年／1868)年初から始まる戊辰戦争では、忠義は多数の藩兵を新政府軍に参加させた。最新の西洋式軍備を装備した薩摩藩兵は忠義の期待に応えて関東や奥羽を転戦し、新政府軍の主力として各地で軍功をあげている。

●天璋院・隆盛と江戸無血開城──幕末維新期の重要場面⑧

　明治元年(慶応4年／1868)年初、薩摩藩兵や長州藩兵などを主力とする新政府軍は、徳川家(旧将軍家)のお膝元である江戸への進撃を本格化させる。

　このうち、東海道を進撃する新政府軍の東征大総督は有栖川宮熾仁親王だが、軍事面の実権は参謀の西郷隆盛が掌握していた。そのころ、前将軍・徳川慶喜は将軍家の菩提寺・寛永寺(東京都台東区)へ移り、新政府に恭順の意を示した。それでも、旧幕閣や旧幕臣のなかには徹底抗戦を主張する意見があったことから、隆盛らは江戸城への総攻撃を検討し始める。

西郷隆盛

　ところで、攻め寄せるであろう新政府軍は、総督・熾仁親王、参謀・隆盛という陣容だが、江戸城大奥には第13代将軍の後室(未亡人)・天璋院と、第14代将軍の後室・和宮(静観院宮)親子内親王がいた。このうち、天璋院は薩摩藩第11代藩主・島津斉彬の養女だが、かつて隆盛は斉彬の側近として天璋院の嫁入り道具調達に関与している。また、降嫁の前まで、和宮内親王は熾仁親王と婚約していた。ともに奇しき因縁というほかない。

　ともあれ、新政府軍と旧幕府方とが江戸を戦場にすることにより、無辜の町民に災いがおよぶことがあってはならないと考えたのであろう。

　すぐさま、天璋院と和宮内親王は新政府や隆盛のもとへ書状や使者を送り、徳川家の存続と、江戸での戦闘の回避を嘆願する。

　わけても、和宮内親王がかつての婚約者である熾仁親王に使者を派遣したことが、最良の結果に繋がったのではあるまいか。むろん、天璋院の行動もいいほうへ作用した感がある。

　加えて、旧幕臣の山岡鉄舟が駿府(静岡市)で、勝海舟が江戸の薩摩藩邸(東京都港区)で隆盛と会見した。これらの嘆願や会見が功を奏したのであろう。

　天璋院や和宮内親王らが退去したのち、4月11日に江戸無血開城が実現している。結果として、天璋院や和宮内親王の嘆願、熾仁親王や隆盛の英断

江戸無血開城を決めた勝海舟と西郷隆盛会見之地の石碑(東京都港区)

が、江戸を兵火から守ったといってもよかろう。

ただし、開城に批判的な天野八郎らの旧幕臣は彰義隊を結成し、寛永寺に居座り続けた。しかし、5月15日早朝からの新政府軍の攻撃により、彰義隊は半日で壊滅する。この彰義隊の戦い（上野戦争）では、寛永寺が炎上し、両軍に多くの戦死者が出た。のちに、両軍に多くの戦死者が出たことを伝え聞いて、天璋院は人知れず涙したに違いない。

◉ 版籍奉還と廃藩置県——幕末維新期の重要場面⑨

明治2年（1869）1月20日に、薩摩藩、長州藩、土佐藩（高知市）、肥前藩（佐賀市）の各藩主から朝廷に提出されていた版籍奉還願は、6月後半に受理される。しかし、新政府と各藩の思惑には、相当隔たりがあった。

たとえば、新政府は版籍奉還を機に各藩の藩政へ介入しようと企てるが、各藩の藩主や藩士は、藩の存続に心血を注いでいたのである。

ともあれ、藩知事（知藩事）に藩主が任命される一方、藩士の官吏への登用、藩士への知行などの支給も継続された。なによりも、藩知事や官吏は世襲制が多かったというから、これでは旧来の藩となんら変わるところがない。事態を危惧した岩倉具視や大久保利通らは、明治3年（1870）末から明治4年（1871）の年初にかけて、長州、薩摩、土佐（高知県）などへ赴き、長州藩の

第一部　第八章 ● 幕末維新期の重要場面

135

前藩主・毛利敬親、薩摩藩国父(藩主の父)・島津久光、それに実力者の西郷隆盛、木戸孝允(桂小五郎)、板垣退助に上京を促した。

　理を尽くしての説得の末、利通らは隆盛や孝允、退助に重い腰を上げさせ、新政府の参議(閣僚)へ据えることに成功する。

　そのうえで、新政府は明治4年(1871)7月14日に薩摩藩主・島津忠義(久光の嫡子)ら50余人の藩知事(旧藩主)を皇居(旧江戸城)へ召集し、廃藩置県の詔勅を宣した。この廃藩置県に伴い、各藩知事はその職を免じられ、東京移住を強いられる。一方、全国は3府302県になるが、久光は廃藩置県には大反対で、「隆盛や利通に騙された！」と訴えたという。

　加えて、明治5年(1872)には旧藩士の隠居、子に対する俸禄の支給が廃止されるなど、秩禄処分の準備が着々と進められた。以上に反発した不平士族、特に山口、鹿児島両県の不平士族は、次第に鹿児島にいた久光に心を寄せるようになる。やむなく、明治天皇は両県を巡幸し、久光の説得にあたった。

　しかし、なおも久光は考えを変えず、「このままでは皇国(＝日本)は洋夷(＝西欧列強)の属国になる」といった主旨の意見書を提出している。

　ちなみに、県域に限って述べると、廃藩置県で薩摩藩は鹿児島県となり、支藩の日向佐土原藩は佐土原県となる。それも束の間、明治4年(1871)11月14日に佐土原県は近隣2県と合併して美々津県となり、その美々津県は明治6年

市役所前に建つ都城県廳跡の石碑(宮崎県都城市)

(1873)1月15日に都城県と合併して宮崎県となった。次いで、宮崎県は明治9年(1876)8月21日に鹿児島県に吸収されていったん消滅したが、明治16年(1883)5月9日に鹿児島県から宮崎県が分離独立し、両県の県域が確定したわけである。

● 久光の動向と西南戦争 ——幕末維新期の重要場面⑩

慶応3年(1867)12月9日の王政復古のあと、新政府は三職制や3次におよぶ太政官制を布いて国家体制の整備を急いだ。さて、三職制や第1次の太政官制では、皇族や公家、それに薩摩藩主・島津忠義らが議定に補任されていたが、明治4年(1871)7月29日からの第3次太政官制までには、皇族や公家、大名の多くが姿を消し、右大臣の岩倉具視、参議(閣僚)の西郷隆盛、木戸孝允、内務卿の大久保利通らが国政を運営する体制が発足する。

けれども、明治6年(1873)10月に起こった政変などが原因で、隆盛、孝允(長州藩出身)、板垣退助、後藤象次郎(以上、土佐藩出身)、江藤新平(肥前藩出身)らの参議が相次いで下野してしまう。

そういったなか、参議となった利通らは、国政を運営するには、薩摩藩国父で朝議参預を歴任した島津久光の協力が不可欠と考えたのであろう。利通らの要請により、久光は明治6年(1873)12月25日に内閣顧問、明治7年(1874)4月27日に左大臣に就任する。ただし、久光は国政上の重要な案件に関して、隆盛や利通らと意見を異にすることが少なくなかった。

たとえば、久光は徴兵制には大反対で、内閣顧問に就任する前後には旧家臣250人を率いて上京し、性急な開化政策をやめるよう新政府に迫ったほど

明治6年(1873)の政変の図(『幕末・明治・大正回顧八十年史』より)

西南戦争の激しさを物語る田原村片山屋敷の弾痕(『幕末・明治・大正回顧八十年史』より)

である。ちなみに、上京に従った旧家臣の多くは髷を結い、刀を腰に差していたというから、見送る人々や沿道の人々は文久2年(1862)の久光の上洛行列を思い起こしたに違いない。

結局、久光は建言が全く容れられないことに憤り、明治8年(1875)10月27日に左大臣を辞任し、鹿児島へ帰郷してしまう。それでも、隆盛に参議に復職するよう促すなど、久光は久光なりに努力を重ねている。また、このころには、不平士族のなかに久光への接近を試みる者がいた。かかる不平士族のなかから、明治9年(1876)には九州北部や中部で反乱を起こす者が続出する。

一方、先に久光の助言に耳を傾けなかった隆盛は、明治10年(1877)に私学校関係者に担がれて西南戦争を起こす。半年以上におよんだその西南戦争は、9月24日に城山が陥落し、最高幹部の隆盛、桐野利秋、桂久武(島津久風の五男で、島津久徴の弟)、佐土原隊を率いた島津啓次郎(佐土原藩主・島津忠寛の三男)らが自刃、戦死して終結した。

この間、久光と忠義は中立を貫き、戦後は荒廃した鹿児島の復興に心を砕いている。

COLUMN ❷

島津家当主の死生感と晩年

　島津家の嫡流は織豊時代の島津義久が第16代当主だが、当主同様の存在であった島津忠良(日新斎／義久と島津義弘の祖父)や、義弘(義久の弟)を含めても、討ち死にや横死を遂げた者がひとりもいない。むろん、第14代当主の島津勝久のように、忠良らに実権を譲った末に他国で客死を遂げた当主もいる。それでも、歴代当主が激動の時代を見事に生き抜いたことこそ、島津家が800年以上続いた最大の理由なのであろう。ただし、天寿を全うした者が多い歴代当主のなかにも、懊悩を重ね、世を儚むことを思い立った人物がいる。

　たとえば、第11代当主・島津忠昌は文明8年(1476)に2度も桜島(鹿児島市)の大噴火に苛まれ、薩州家第5代当主・島津実久、あるいは日向の伊東氏や肥後(熊本県)の相良氏との抗争にも苦しめられた。日ごろから歌人・西行の和歌「願わくば　花のもとにて　春死なむ　その如月の　望月のころ」を愛唱していた忠昌は、永正5年(1508)2月15日に思いあまって自殺を遂げてしまう。落馬が原因で早世した島津宗久(第5代当主・島津貞久の次男)のような事例はあるが、当主の自殺は忠昌が最初で最後である。

　もっとも、自殺することを真剣に考え、実行に移そうとしていた人物はいた。その人物というのは、先に少し触れた忠良である。日ごろから独特の宗教観を持ち、自らを行者と称していた忠良は、天文21年(1552)に荼毘往生なるものを企てて周囲の者たちを慌てさせた。荼毘とは遺体を火葬することを指すが、荼毘往生とは生きながら火葬となって往生、すなわち死んで極楽浄土へたどり着くことをいう。火定、あるいは火生三昧という場合があり、類似した行為に補陀落渡海というものもある。いずれにしても、当時すでに忠良は隠居の身であったが、忠良の存在なくしては、第15代当主・島津貴久(忠良の嫡子で、義久と義弘の父)の領地経営は立ちゆかなくなってしまう。このため、貴久らが必死になって説得した結果、どうにか忠良に荼毘往生を思いとどまらせることに成功している。

　ちなみに、やはり先に名をあげた義弘などは、晩年に気力、体力ともに萎え、満足に食事が摂れなくなっている。それでも、半世紀近く戦場を疾駆してきたからであろう。側近たちが鬨の声を上げて合戦が迫っているように装うと、義弘はひとりで起き出して食事を摂ったという。

　「パブロフの犬」も顔負けの、見事な条件反射というほかはない。

第二部

島津家の分家と支族

第一章
中世の島津家の分家

　鎌倉時代から室町時代、戦国時代までのあいだ、島津家嫡流の多くの男子が分家している。これら中世の分家は、本州で分家した各家と、薩摩、大隅、日向など九州三国で分家した各家とに大別できる。まず、本州の分家には、若狭(福井県南部)で分家した若狭(津々見)忠季(島津忠久の弟)に始まる若狭家、越前(福井県中央部)で分家した島津忠綱(忠久の次男)に始まる越前家、信濃(長野県)で分家した忠綱や島津忠直(忠久の子)、もしくはその子孫に始まるという信濃家などがある。このうち、越前家は早くに播磨(兵庫県中央部)へ本拠を移した。また、信濃家の子孫は上杉景勝の転封(国替え)に従って出羽米沢藩(山形県米沢市)の藩士となるが、各家とも地元へ残った家もあるという。次に、九州三国の分家には、島津久長(島津久経の子)に始まる伊作家、島津師久(上総介／島津貞久の三男)に始まる総州家、島津用久(薩摩守／島津久豊の子)に始まる薩州家、島津季久(豊後守／久豊の三男)に始まる豊州家、島津友久(相模守／島津忠国の庶長子)に始まる相州家などがあった。ちなみに、伊作家の家号は薩摩伊作荘(鹿児島県日置市)にちなむが、ほかは上総介、薩摩守などの受領名から、それぞれ総州家、薩州家などと呼ばれるようになる。以上のうち、伊作家出身の島津忠良(日新斎／島津善久の嫡子)は生母・常盤の再婚に伴い、伊作家第10代当主と相州家第3代当主を兼ねた。さらに、島津貴久(忠良の嫡子)が島津家の嫡流である奥州家を継いで以降、総州家と薩州家が断絶に追い込まれる。唯一、豊州家のみが薩摩藩の一所持・黒木家として存続し、賢夫人の貞雲院(島津久中の次女で、小松帯刀らの内祖母)、薩摩藩筆頭家老の島津久宝(島津久長の嫡子)らを世に送り出している。なお、各家の支族のなかに、薩摩藩士として存続した家がある。

第一節 中世の島津家の分家①
──本州各地の分家

　鎌倉時代の初期から中期にかけて、島津忠久や若狭(津々見)忠季(忠久の弟)、島津忠綱(忠久の次男)、島津忠直(忠久の子)らが、若狭(福井県南部)、越前(福井県中央部)、信濃(長野県)の守護(県知事)、もしくは地頭職などを得た関係で、忠季、忠綱、忠直らや子孫が各国へ下向する。やがて、それぞれの系統は島津家嫡流から分家し、若狭家、越前家などと呼ばれた。このうち、若狭家は数代で衰退し、越前家は早くに播磨(兵庫県中央部)へ本拠を移している。一方、信濃家はいくつかの系統が、出羽米沢藩(山形県米沢市)の藩士となった。播磨や信濃などで存続した系統もある。

1　若狭家

　島津忠季(島津忠久の弟)に始まる島津家の分家。建久7年(1196)、若狭(福井県南部)の守護(県知事)、若狭遠敷、三方両郡の惣地頭職となった忠季は、下向して若狭、津々見を家号とした。この系統は嫡子の忠清、孫の忠兼も若狭を家号としたので、若狭家と呼ばれている。のち、建仁3年(1203)の比企氏の乱に連座して所領を奪われたが、間もなく守護と一部の所領を回復した。元弘3年(1333)に鎌倉幕府が滅亡すると、若狭季兼(忠兼の子)らは悪党となり、教王護国寺(東寺／京都市南区)領の若狭太良荘(福井県小浜市)への乱入を繰り返す。しかし、以後は打ち続く動乱のなかで、次第に周囲の圧迫を受けて衰退していった。なお、子孫のなかに三方、井崎を称した家もあるという。

若狭家の系図

```
┌ 島津忠久
└ 若狭(津々見)忠季 ── 忠清 ─ 忠兼 ── 季兼
```

若狭家を興すも承久の乱で討ち死にした忠久の弟

若狭(津々見)忠季　わかさ(つつみ)　ただすえ　生年不詳〜承久3年(1221)

　若狭家の祖。若狭(福井県南部)の守護(県知事)、若狭遠敷、三方両郡の惣地頭職。惟宗広言の次男で、島津忠久の弟。生母は丹後局(比企能員の妹)。通称は次郎、右衛門次郎、兵衛尉、次郎兵衛尉、次郎兵衛入道で、津々見姓も称した。忠久と同様に、実父を源頼朝とする説が広く流布している。忠久とともに源頼朝に従った忠季は、建久7年(1196)に若狭の守護、同国の遠敷、三方両郡の惣地頭職に補任された。忠季は早くに同国へ下向して若狭を称した。建仁3年(1203)、生母が能員の妹であったため、忠久と同様に比企氏の乱に連座して所領を奪われたが、間もなく守護と一部の所領を回復している。承久3年(1221)の承久の乱でも忠久とともに幕府方へ身を投じたが、忠季は6月14日の宇治川の戦いで討ち死にした。

荘園の役人らと争いを重ねた若狭家の2代目

若狭忠清　わかさ　ただきよ　生没年不詳

　若狭(福井県南部)の遠敷、三方両郡の惣地頭職。若狭(津々見)忠季の嫡子。通称は四郎、法名は定蓮。承久3年(1221)、宇治川の戦いで父・忠季が討ち死にしたのち、父と同様に遠敷、三方両郡の惣地頭職に補任された。このとき、若狭の守護には従兄弟・島津忠時(島津忠久の嫡子)が補任されたが、忠時は安貞2年(1228)に退任している。守護に補任されなかったからか、忠清は自己の勢力の伸長に積極的で、わけても代官・定西と結託して教王護国寺(東寺／京都市南区)領の若狭太良荘(福井県小浜市)へ触手を伸ばし、同荘の雑掌や公文(以上、荘園の役人)らと争いを起こす。具体的には、忠清は同荘の公文を追い出し、住民の畠を奪ったり、理由なく臨時に増税を課したりしたという。そして、忠清や定西に反発する者がいれば、科料(罰金)と称して銭や馬を持ち去ったとも伝えられている。忠清、定西と雑掌らの争いは、再三、六波羅探題(鎌倉幕府の出先機関)で裁かれたが、寛元元年(1243)に訴訟に敗れた忠清が地頭職を解任されることになった。なお、争いの経緯が教王護国寺に残る『東寺百合文書』に克明に記されているが、同文書は中世の荘園や地頭職を分析するうえで貴重な史料である。

悪党大将軍と呼ばれて恐れられた忠清の孫

若狭季兼 わかさ すえかね　　　生没年不詳

　若狭(福井県南部)の悪党。若狭忠兼(若狭忠清の子)の嫡子。通称は次郎で、周囲からは悪党大将軍などと呼ばれた。乾元元年(1302)、父の忠兼は冤罪のために、14か所の所領を鎌倉幕府の執権・北条家に没収された。なお、北条家の嫡流の当主のことを得宗というが、没収された所領は大部分が得宗領となっている。このため、季兼は以後、得宗ら北条家をひどく憎んだという。元弘3年(1333)に鎌倉幕府が滅亡すると、季兼は若狭家の旧領である若狭太良荘(福井県小浜市)への乱入を繰り返した。ときには米150石を強奪するなどしたため、周囲からは悪党大将軍と呼ばれて恐れられている。

② 越前家 えちぜん

　島津忠綱(島津忠久の次男)に始まる島津家の分家。この系統は初期に越前(福井県中央部)の守護(県知事)を務めるなどしたため、越前家と呼ばれている。ただし、子孫は島津忠行(忠綱の嫡子)のときに、播磨(兵庫県中央部)へ本拠を移したという。さて、承久3年(1221)以降に忠久や島津忠時(忠久の嫡子)が越前の守護を務め、さらに同年には忠時が越前久安保、重富保、生部荘(以上、福井市)の地頭職となったが、このときに忠綱が守護代(副知事)となって越前へ下向した。現在、生部荘の故地という福井市生部町には島津屋敷跡と呼ばれる場所があり、守護代・忠綱との関係が推測される。以上により、忠綱の系統を越前家というが、この越前家は忠行が播磨下揖保荘(兵庫県たつの市)の地頭職を得ると、早くに播磨へ移住したらしい。こういった関係で、越前家は越前よりもむしろ播磨で繁栄した。しかし、天文3年(1534)、戦国時代中期の当主・島津忠長が討ち死にすると一気に衰退している。さらに、島津忠之(忠長の子)も天正3年(1575)の青山河原の戦いで討ち死にしたため、島津義弘(忠之の子)は郷士となったという。薩摩藩でもこの系統を越前家の子孫と認め、参勤交代の際には対面したとも伝えられている。大正・昭和時代の当主・島津信夫は海軍大佐で、連合艦隊司令部付などを務めた。ちなみに、越前家の子孫から系図や相伝の文書を譲られた薩摩藩

主は、元文2年(1737)に末川忠紀(第5代藩主・島津継豊の弟)に越前家の名跡を再興させた。なお、忠綱に始まる越前家(前期越前家)と区別するべく、忠紀に始まる越前家は重富家、もしくは後期越前家と呼ばれている。この系図と相伝の文書は現存しており、日本古文書学会編『古文書研究』第14号〜第15号(昭和54年〜昭和55年)で紹介されている。

→第二部 第三章 第一節「御一門の各家　1.重富家」(P.190)参照。

越前家の系図

```
島津忠久 ― 忠綱 ― 忠行 ┬ 行景 ― 忠政     ┌ 忠親
                       └ 忠幹 ― 忠藤 ― 忠兼 ┴ 範忠 ― 忠健 ― 忠秀 ─┐
                         (忠骻)                        (忠継)

└─ 忠光 ― 忠勝 ― 忠持 ― 忠長 ― 忠之 ― 義弘 ― (中略) ― 信夫
```

越前守護代を務め越前家を興した忠久の次男

島津忠綱　しまづ ただつな

元久2年(1205)〜
文永5年(1268)?

越前家初代当主で、越前(福井県中央部)の守護代(副知事)。島津忠久の次男。生母は正室・畠山重忠の娘。通称は五郎左衛門尉、受領名は周防守、法名は道阿。父・忠久と兄・島津忠時(忠久の嫡子)は、承久3年(1221)の承久の乱に幕府方として従軍し、忠久は越前、忠時は若狭(福井県南部)の守護に補任される。このとき、忠綱は越前の守護代に補任され、越前へ下向した。ただし、安貞元年(1227)には忠綱ではなく、兄・忠時が越前の守護に補任されたが、忠時は翌年には退任したものと推測される。こういった関係で忠綱も守護代を退任したらしく、嘉禎2年(1236)からは鎌倉幕府の将軍近習役となり、第4代将軍・九条頼経から第6代将軍・宗尊親王までの3代の将軍に仕えた。宝治2年(1248)12月25日には、高麗(朝鮮半島)の山雀を第5代将軍・九条頼嗣に献上している。文永5年(1268)に64歳前後で病没したという(『越前島津家文書』ほか)。

島津忠綱と島津忠行の墓碑(兵庫県たつの市)

早くに播磨へ拠点を移した越前家の2代目

島津忠行 しまづ ただゆき　　　生没年不詳

　越前家第2代当主で、播磨下揖保荘(兵庫県たつの市)などの地頭職。先代・島津忠綱(島津忠久の次男)の嫡子。生母は越後局(高鼻和有景の娘)。通称は三郎左衛門尉、受領名は周防守。弘安2年(1279)、忠行が下揖保荘の地頭職を得たのを機に、越前家はウエイトを同荘へ移すことになる。なお、下揖保荘は有景から娘の越後局、越後局から子の忠行へと譲られたものであることが判明している(『越前島津家文書』ほか)。のちに、弘安6年(1283)までに忠行は、下揖保荘を島津行景と島津忠幹(忠䬃／以上、忠行の子)に譲ったらしい。このうち、行景は正応4年(1291)12月7日に室町将軍家の政所下文によって、下揖保荘半分の地頭職を安堵されている(『越前島津家文書』ほか)。

国人と一揆契状を作成した忠綱・忠行の子孫

島津忠兼 しまづ ただかね　　　生没年不詳

　越前家第5代当主で、播磨下揖保荘(兵庫県たつの市)などの地頭職。先代・島津忠藤(周防孫三郎、覚善)の子。幼名、通称は五郎三郎、周防三郎左衛門尉、周防守、法名は道善。父・忠藤は元弘3年(1333)の足利尊氏の挙兵に従って軍功をあげ、本領を安堵された。次いで、尊氏が第96代・後醍醐天皇に背くと、忠兼は赤松則祐や石堂頼房らに従って、播磨(兵庫県中央部)の各地や京都などを転戦している。以上の軍功により、忠兼は正平4年(1349)に播磨布施荘(兵庫県たつの市)の地頭職、正平6年(1351)に同荘下司職などを得た。ほかに、忠兼が相模山内荘(神奈川県鎌倉市)などを、島津忠親(忠兼の子)が甲斐花崎郷(比定地不詳)などを与えられている。のちに、忠兼は播磨の国人と結託し、一揆契状を作成するなどした。

海軍大佐にまで昇進した越前家の第29代当主

島津信夫 しまづ のぶお　　　明治26年(1893)～平成2年(1990)

　越前家第29代当主で、海軍大佐。阪神電鉄社長の野田誠三(旧姓・中川)は母方の従兄にあたるという。兵庫県立龍野中学校を経て海軍兵学校に進んだ

が、入学時に海軍兵学校(第35期)の先輩である島津忠重(公爵、のち海軍少将)から激励の書状を送られたという。信夫は海軍兵学校(第42期)を卒業後、駆逐艦「榊」艦長、連合艦隊司令部付、中華民国軍事測量局軍事顧問などを歴任し、海軍大佐で予備役となる。弓道は範士の腕前であったが、平成2年(1990)1月4日に病没。

3 信濃家

島津忠綱(島津忠久の次男)や島津忠直(忠久の子)、もしくはその子孫に始まるという島津家の分家。この系統はいくつかの流れがあるといわれ、室町時代、さらに戦国時代に信濃(長野県)で栄えた。さて、忠久が文治2年(1186)に信濃塩田荘(長野県上田市)、承久3年(1221)以降に信濃太田荘(長野市ほか)の地頭職となった関係で、子孫が信濃へ移住した。具体的には、信濃へ移住した子孫は忠綱の系統、忠直の系統など、複数の系統があったという。のちに、忠綱系の子孫は常陸介(常陸守)を称して信濃赤沼城(長野市)を、忠直系の子孫は兵庫介、もしくは薩摩守を称して信濃長沼城(長野市)を居城と

信濃家の系図

```
島津忠久─┬─忠時─┬─久経─┬─忠宗
         │       │       └─久長
         │       ├─高久
         │       └─忠祐─頼祐
         ├─忠綱─忠景─忠宗─忠秀─(中略)─泰忠
         └─忠直─泰忠─時忠─光忠─(中略)─忠直(月下斎)
```

〔島津忠直系〕
```
島津忠直(月下斎)─義忠═利忠─通忠─友忠┬─房忠═行忠─昌忠─┐
                                        └─行忠----┘      │
         ┌──────────────────────────────────────────────┘
         └─知忠─親忠─玖忠─教忠─容蔵
```

〔島津忠綱系〕
```
島津忠吉─泰忠(忠泰)═忠隠═島津(駒沢)忠政─島津忠恒─昌忠─┐
         ┌─────────────────────────────────────────────┘
         └─春忠═温忠─良忠─忠昌
```

一騎討ちをモチーフとした武田信玄と上杉謙信の銅像（長野市・八幡原史跡公園）

した。このうち、忠直系の子孫は、薩摩の島津家や信濃の武士たちから長沼殿、信州長沼殿と呼ばれている。また、島津氏の武将が信濃の大倉城、手子塚城（以上、長野市）、蓮城（長野県飯山市）などに在城した。戦国時代末期や織豊時代に、忠直系の子孫らは甲斐（山梨県）の武田信玄や、越後（新潟県）の上杉謙信に仕える。なかでも、織豊時代の忠直系の島津忠直（月下斎）は謙信と上杉景勝（謙信の甥で養子）に仕え、永禄4年（1561）の第4次川中島の戦いなどで奮戦した。のちに、月下斎こと忠直らは景勝の転封（国替え）に従い、出羽米沢藩（山形県米沢市）の藩士となった。米沢藩士の系譜集である『御家中諸士略系譜』（『上杉家御年譜』〔第24巻〕所収）には、忠直（月下斎）の家の系図と、島津忠吉・泰忠（忠泰）父子の家の系図が収録されている。江戸時代中期の島津忠政（忠吉の曾孫）は、薩摩藩主に遠慮して一時、駒沢姓を名乗っている。その一方で、引き続き信濃へ住んだ系統もあった。後年、信濃、すなわち長野県からは、開拓者の島津大進、代議士の島津忠貞、陸軍軍医少将の島津清志といった人物が出ている。

第二部　第一章●中世の島津家の分家

川中島の戦いで奮戦した戦国時代の長沼城主
島津忠直（月下斎）
しまづ ただなお（げっかさい）　　生年不詳〜慶長9年(1604)

　信濃長沼城（長野市）主、のち出羽米沢藩（山形県米沢市）の藩士。島津長忠の子。通称は喜七郎、六郎左衛門尉、淡路守、号は月下斎で、諱（実名）は昔忠とも。天文23年（1554）以降に越後（新潟県）の上杉謙信に従い、永禄4年（1561）の第4次川中島の戦いでも先陣として奮戦した。天正6年（1578）の謙信の病没後は上杉景勝（謙信の甥で養子）に仕え、転封（国替え）に伴って陸奥会津藩（福島県会津若松市）の藩士、次いで米沢藩の藩士となる。このうち、会津藩士の時代には、知行7000石、同心給3200石を与えられていた。景勝の懇望により軍事面や政治面に参画し、多くの功績を残したという。隠居後は趣味の和歌に没頭し、慶長9年（1604）8月1日に没。

信玄・勝頼父子や景勝に仕えた信濃の武将
島津泰忠
しまづ やすただ　　生没年不詳

　信濃赤沼城（長野市）主、のち出羽米沢藩（山形県米沢市）の藩士。島津忠吉の子。通称は孫五郎、左京亮、常陸介。なお、『御家中諸士略系譜』（『上杉家御年譜』〔第24巻〕所収）は諱（実名）を忠泰としているが、泰忠が正しいものと思われる。甲斐（山梨県）の武田信玄と武田勝頼（信玄の四男）に従い、天正6年（1578）に勝頼から軍役20人を課された。天正10年（1582）に武田家が滅亡すると、越後（新潟県）の上杉景勝（上杉謙信の甥で養子）に仕える。慶長3年（1598）の景勝の陸奥会津藩（福島県会津若松市）への転封（国替え）には従わなかったが、重臣・直江兼続の配慮で米沢藩から500石の知行を与えられたという。陸奥信夫郡梅田（比定地不詳）で病没。

駒沢への改姓を余儀なくされた泰忠の義理の孫
島津（駒沢）忠政
しまづ（こまざわ）ただまさ　　生没年不詳

　出羽米沢藩（山形県米沢市）の藩士。駒沢主税の子で、先代・島津忠隠の嫡孫。正保3年（1646）、忠隠の病没に伴い、家督を相続して藩士となる。なお、知行は当初は200石であったが、藩の石高が半減された際に100石に減らされ

吉良義央が大石良雄ら赤穂浪士に襲撃された吉良邸跡（東京都墨田区）

た。延宝8年（1680）、米沢藩第4代藩主・上杉綱憲の養女（吉良上野介義央の三女で、綱憲の妹）の傅役（養育係）に抜擢され、100石の加増を受ける。なお、綱憲は義央の子で、この縁で三女ら義央の娘は皆、兄・綱憲の養子となって大名などへ嫁いだ。このうち、三女は薩摩藩第3代藩主・島津綱貴（松平薩摩守）の継室（後妻）となったことから、忠政は綱貴に遠慮して駒沢姓へ改めた。『御家中諸士略系譜』（『上杉家御年譜』〔第24巻〕所収）にはその経緯が、「島津苗字之儀ハ松平薩摩守様エ対シ相障由故勤仕中実方之駒沢氏称号之」と記されている。周知の通り、義央は元禄15年（1702）12月14日、大石良雄（内蔵助）ら赤穂四十七士に討たれたが、忠政はそれ以前の天和3年（1683）に傅役を退き、隠居していた。

藩主の命で新田開発に従事した信濃家の子孫
島津大進　しまづ　だいしん

生年不詳〜
慶長5年（1600）

信濃延徳村（長野県中野市）の領民、開拓者。信濃芋井領（比定地不詳）主・島津勝久の子孫。なお、通称の大進は「だいじょう」とも読む。慶長初年、信濃飯山藩（長野県飯山市）主・堀直寄の指示を受け、延徳村の桜沢と延徳を開拓した。ちなみに、桜沢には字大進という地名が残っている。

151

信越本線の敷設に尽力した島津姓最初の代議士
島津忠貞　しまづ　たださだ
弘化2年(1845)〜
明治40年(1907)

　衆議院議員、長野県会議長。信濃飯山藩(長野県飯山市)の藩士・島津東籬の次男。通称は謹二で、諱(実名)の忠貞は「ちゅうてい」とも読むという。明治元年(慶応4年／1868)に旧幕府方が飯山城下へ襲来した際には、他の藩士とともに防禦にあたった。維新後に飯山町の戸長(自治体の首長)、長野師範学校幹事などを歴任した。明治12年(1879)に長野県会議員に当選し、明治17年(1884)には松方デフレで苦しむ県民を救うべく、県会で財政支出の削減などを提案する。地方政党の北信自由党の中心的人物として民権運動を展開し、明治23年(1890)の第1回衆議院議員総選挙に当選して以降、明治27年(1894)の第3回総選挙、同年の第4回総選挙の3回当選し、合計3期4年11か月在職した。衆議院での所属政党は弥生倶楽部、自由党を経て、最終的には無所属となっている。衆議院議員としては予算委員会委員などを務め、特に信越本線の敷設に尽力した点で名高い。明治30年(1897)ごろに政界を引退し、明治40年(1907)6月27日に病没。

第15軍の軍医部長などを務めた陸軍軍医少将
島津清志　しまづ　きよし
明治27年(1894)〜
没年不詳

　陸軍軍医少将。長野県出身。日本陸軍の軍医となって各部隊で勤務し、昭和15年(1940)8月1日に陸軍軍医大佐となる。昭和17年(1942)7月7日から昭和19年(1944)4月7日まで船舶司令部(別名＝暁部隊／広島市)の軍医部長を務め、昭和20年(1945)6月10日に陸軍軍医少将に昇進した。7月23日に第15軍(ビルマ)の軍医部長に就任し、インパール作戦失敗後の極めて困難な状況下、傷病兵の治療を指揮している。

COLUMN ❸ 島津家の同姓同名

● 島津忠良──日新斎＆図書頭

　伊作家と相州家の当主・島津忠良（日新斎／1492〜1568）と、宮之城家の第2代当主・島津忠良（図書頭／1551〜1610）が、ともに島津忠良を名乗っている。図書頭の父・島津尚久は日新斎の三男なので、日新斎と図書頭とは祖父と孫という間柄になる。ちなみに織田信長は、父の信秀という諱（実名）を我が子のひとりに命名している。偉大な父にあやかるべく、尚久は我が子に忠良と命名したのであろうか。ただし、日新斎の諱は「ただよし」と読むが、図書頭の諱は「ただなが」と読む。また、図書頭の諱を忠長と表記して「ただなが」、もしくは「ただたけ」と読む場合もあること、日新斎と図書頭とは生きた時代が異なること、九州屈指の名将であった日新斎に比べると図書頭は有名でないことなどから、両者が混同されることはあまりない。

● 島津家久──中務大輔＆薩摩守

　日向佐土原城（宮崎市）主である島津家久（中務大輔／1547〜1587）のほかに、徳川家康から「家」の一字を与えられた薩摩藩初代藩主・島津忠恒も島津家久（薩摩守／1578〜1638）と名乗った。中務大輔は島津貴久の四男で、島津義久や島津義弘らの末弟にあたる。薩摩守は義弘の三男なので、中務大輔と薩摩守とは叔父と甥という間柄になる。薩摩守が家久を名乗ったのは天正15年（1587）の中務大輔の没後のことだが、島津家をテーマとした本では中務大輔の諱（実名）を家久、薩摩守の諱を忠恒という具合に書き分けている場合もある。本書ではカッコなどを使って可能な限り、前者を「家久（中務大輔）」もしくは「中務大輔家久」、後者を「家久（薩摩守）」もしくは「薩摩守家久」と表記した。

● 島津久宝──豊州家＆加治木家

　一所持の豊州家（黒木家）第15代当主・島津久宝（1802〜1873）と、御一門の加治木家第10代当主・島津久宝（1852〜1887）が、いずれも島津久宝を名乗っている。豊州家の久宝は筆頭家老であったが、加治木家の久宝は慣例に従って藩政に参画していない。豊州家の久宝は一時権勢を誇ったが、それでも御一門四家のひとつ・加治木家には気を遣ったであろう。ただし、加治木家の久宝が生まれたころには、豊州家の久宝は国父・島津久光の手で筆頭家老の座を追われていた。このため、両者が混同されることはほとんどない。

第二節 中世の島津家の分家②
——九州三国の分家

　鎌倉時代から室町時代にかけて、島津家では男子が薩摩、大隅、日向の三国に本拠を置いて分家した例が多い。これらの家には、島津久長(島津久経の次男)に始まる伊作家、島津師久(上総介／島津貞久の三男)に始まる総州家、島津用久(薩摩守／島津久豊の次男)に始まる薩州家、島津季久(豊後守／久豊の三男)に始まる豊州家、島津友久(相模守／島津忠国の庶長子)に始まる相州家があった。このうち、伊作家、相州家出身の島津貴久(島津忠良の嫡子)が、戦国時代中期に島津家嫡流第15代当主となる。なお、総州家と薩州家は嫡流が断絶したが、豊州家の嫡流のみは薩摩藩の一所持・黒木家として存続している。

1　伊作家

　島津久長(島津久経の次男)に始まる島津家の分家。この系統は薩摩伊作荘(鹿児島県日置市)を領地としたことから、伊作家と呼ばれている。なお、伊作姓は「いさく」とも読む。鎌倉時代末期、島津家嫡流の第3代当主・久経の子であった久長は分家して、弘安4年(1281)には伊作荘の惣地頭となった。第7代当主・伊作犬安丸の没後、伊作久逸(島津忠国の子)が家督を継ぐ。こういった関係で、現代の人名事典などでも、久逸以降は伊作姓ではなく、島津姓で項目が立てられている。次いで、明応3年(1494)に第9代当主の島津善久(久逸の嫡子)が没すると、正室の常盤は相州家第2代当主・島津運久と再婚する。のちに、島津忠良(善久・常盤夫妻の嫡子)が伊作、相州両家の当主を兼ね、島津貴久(忠良の嫡子)が島津家嫡流の第15代当主となった。これに伴って奥州家に代わり、伊作家こそが島津家嫡流となったわけである。なお、伊作二郎三郎、伊作久行(以上、久長の子)、伊作竹寿丸(伊作宗久の子)、伊作親久(伊作親忠の子)らはそれぞれ分家し、津野、恒吉、神代、西の各氏の祖となっている。以上のうち、神代氏には「かしろ(かじろ)」や「かみしろ」のほかに、「くましろ」などという読み方もあるという。

　→第一部　第三章　第一節「戦国・織豊時代の島津家①——奥州家の歴代当

主〔後編〕」(P.33)、および本節「5.相州家」(P.165)参照。
- 島津忠良(日新斎)→第一部 第三章 第一節「戦国・織豊時代の島津家①——奥州家の歴代当主〔後編〕」(P.36)参照。
- 島津貴久→第一部 第三章 第一節「戦国・織豊時代の島津家①——奥州家の歴代当主〔後編〕」(P.37)参照。

伊作家の系図

```
島津久経 ― 久長 ― 宗久 ― 親忠 ┬ 久義 ― 勝久 ― 教久 ― 犬安丸 = 久逸 ┐
                              └ 十忠
             └ 善久 ― 忠良 ― 貴久
```

蒙古(元軍)の迎撃に出陣した伊作家の初代当主
伊作久長　いざく ひさなが　　生没年不詳

　伊作家初代当主。島津久経の次男。通称は大隅守、法名は道恵。父・久経は島津家嫡流の第3代当主であったが、久長は分家して伊作家を興した。弘安4年(1281)には薩摩伊作荘(鹿児島県日置市)の惣地頭となり、父とともに同年の第2次蒙古襲来(弘安の役)などに参加する。文保元年(1317)に譲状を作成し、伊作宗久(久長の嫡子)に伊作荘などを与えている。

譲状を受け薩摩で版図拡大を企てた久長の子
伊作宗久　いざく むねひさ　　生没年不詳

　伊作家第2代当主。伊作久長の子。通称は左京進、法名は道忍で、諱(実名)は清久とも。文保元年(1317)、父・久長の譲状で薩摩伊作荘(鹿児島県日置市)などを与えられる。南北朝期には幕府方に身を投じ、薩摩などで版図の拡大を目指した。正平9年(1354)、伊作親忠(宗久の子)らに置文を与えている。

元久と提携するも横死を遂げたという宗久の孫
伊作久義　いざく ひさよし　　生年不詳〜応永29年(1422)

　伊作家第4代当主。伊作親忠の嫡子。幼名は犬若丸、通称は大隅守、法名

は道栄花岸。建徳元年(1370)、父・親忠の譲状で薩摩伊作荘(鹿児島県日置市)の南方を与えられる。別府氏、二階堂氏などと抗争を続け、島津家嫡流の第7代当主・島津元久と結んで窮地を脱出した。次いで、応永3年(1396)に元久と契状(契約書、念書)を交わし、薩摩国内の領地を与えられた。応永4年(1397)には総州家第2代当主・島津伊久の領地を預かったこともあるが、応永24年(1417)には島津家嫡流の第8代当主・島津久豊(元久の弟)から別の領地を与えられている。応永29年(1422)1月29日に没。一説に、伊作十忠(親忠の子で、久義の弟)に殺害され、居城の伊作城(日置市)を奪われたのであるという。

妻子を残して他国へ亡命した久義の後継者
伊作勝久　いざく　かつひさ　　　生没年不詳

　伊作家第5代当主。伊作久義の嫡子。通称は四郎左衛門尉、大隅守、法名は道恕。当初は総州家第2代当主・島津伊久に心を寄せていたが、やがて島津家嫡流の第7代当主・島津元久、第8代当主・島津久豊に接近した。応永24年(1417)の久豊の宛行状により、薩摩各地に領地を与えられた。応永29年(1422)1月29日、伊作十忠(久義の弟で、勝久の叔父)によって父・久義が殺害され、居城の伊作城(鹿児島県日置市)を奪われたという。このため、勝久は家族を薩摩へ残したまま、他国へ亡命したと伝えられている。

② 総州家

　島津師久(上総介／島津貞久の三男)に始まる島津家の分家。この系統は、師久らが上総介(総州)を称したことから、総州家と呼ばれている。ただし、師久を奥州家の初代当主・島津氏久(陸奥守／貞久の四男)と同様に、島津家嫡流の第6代当主と見なす説もある。師久は島津家嫡流の第5代当主・貞久の子であったが、南北期に貞久と師久とは対立を重ねた。正平18年(1363)、師久は薩摩の守護(県知事)のみを譲られ、大隅の守護には弟の氏久が任じられた。これ以後、貞久らの総州家は、薩摩碇山城(鹿児島県薩摩川内市)を守護所(県庁)とする。しかし、総州家は島津伊久(師久の嫡子)と島津守久(伊久の嫡子)との対立が原因で、薩摩の守護の座を失う。次いで、守久と島津久

世(守久の子)は島津家嫡流の奥州家などと戦ったが、守久は亡命の末、応永29年(1422)に肥前(佐賀県、長崎県)で客死し、久世も応永24年(1417)に千手堂(鹿児島市)で自刃した。そして永享2年(1430)に、島津久林(久世の子)が日向真幸徳満城(宮崎県えびの市)で横死をする。以上のように、当主の過半が非業の死を遂げたあげくに、総州家は断絶してしまう。なお、島津久安(師久の次男)と島津忠成(島津忠朝の孫)は分家し、それぞれ碇山氏、相馬氏を称した。このうち、久安の系統は当初、数代にわたり姶良氏を称している。

総州家の系図

```
島津貞久┬師久┬伊久──守久─久世─久林
        └氏久└久安  └忠朝─○──忠成
             〔碇山氏祖〕      〔相馬氏祖〕
```

総州家を興し薩摩の守護となった貞久の三男
島津師久　しまづ　もろひさ
正中2年(1325)～天授2年(1376)

　総州家初代当主、薩摩の守護(県知事)。島津家嫡流第5代当主・島津貞久の三男。生母は正室・大友親時の娘。幼名は生駒丸、通称は三郎左衛門尉、大夫判官、上総介、法名は定山道貞大禅定門、称名寺殿。南北朝期には足利尊氏に属し、足利直義(佐殿／尊氏の弟)方と戦う。正平18年(1363)に父・貞久から薩摩の守護のみを譲られた。このころ、渋谷氏一族の攻撃により、守護代(副知事)・酒匂氏が討ち死にする。文中3年(1374)ごろには、師久の居城で守護所(県庁)でもある薩摩碇山城(鹿児島県薩摩川内市)が、渋谷氏一族の猛攻を受けた。このときは島津家嫡流の第6代当主・島津氏久の来援を得て、師久はどうにか敵方を撃退している。天授2年(1376)3月21日に病没。52歳。墓碑は薩摩川内市の称名寺跡にあったが、鹿児島市の福昌寺跡へ改葬された。

元久のお蔭で窮地を脱した総州家の2代目
島津伊久　しまづ　これひさ
正平2年(1347)～応永14年(1407)

　総州家第2代当主。先代・島津師久の嫡子。通称は上総介、法名は久哲、道哲。天授2年(1376)、父・師久の病没に伴い、家督を相続して当主となる。居城の薩摩碇山城(鹿児島県薩摩川内市)へ島津守久(伊久の嫡子)を置き、伊久は薩摩平山城(鹿児島県南九州市)へ居城を移した。ところが、嫡子・守久

と対立し、明徳4年(1393)にはなんと守久に平山城を包囲される。このとき、島津家嫡流の第7代当主・島津元久が奔走し、守久に同城の包囲を解かせた。以上の点を恩義に感じた伊久は重代の家宝を元久へ譲り、平山城などの管理も元久に任せて碇山城へ移る。しかし、応永8年(1401)、伊久は今度は元久と対立し、薩摩鶴田(鹿児島県さつま町)などで元久と干戈を交えた。結果として、伊久の以上の行動が総州家の凋落を招いた感がある。その後の伊久は薩摩平佐城(薩摩川内市)へ逃れ、応永14年(1407)5月1日に病没。61歳。

③ 薩州家

　島津用久(薩摩守/島津久豊の子)に始まる島津家の分家。この系統は、用久らが薩摩守(薩州)を称したことから、薩州家と呼ばれている。室町時代中期、用久は島津家嫡流の第8代当主・久豊の子であったが、第9代当主・島津忠国(久豊の嫡子で、用久の兄)の守護代(副知事)を務め、分家して薩州家を興した。初期の薩州家当主は忠国らと対立し、わけても第5代当主・島津実久は、島津家嫡流を凌ぐ存在となる。やがて、戦国時代末期、織豊時代に島津義久が登場すると、薩州家の第6代当主・島津義虎はこれに従っている。ところが、第1次朝鮮出兵(文禄の役)へ参加した第7代当主・島津忠辰(義虎の嫡子)が文禄2年(1593)に改易(お取り潰し)となり、やがて戦病死を遂げた。これにより薩州家嫡流は断絶したが、島津忠清(義虎の三男)の系統が島津仲、島津忠栄(義虎の四男)の系統が島津矢柄を名乗り、薩摩藩士として存

薩州家の系図

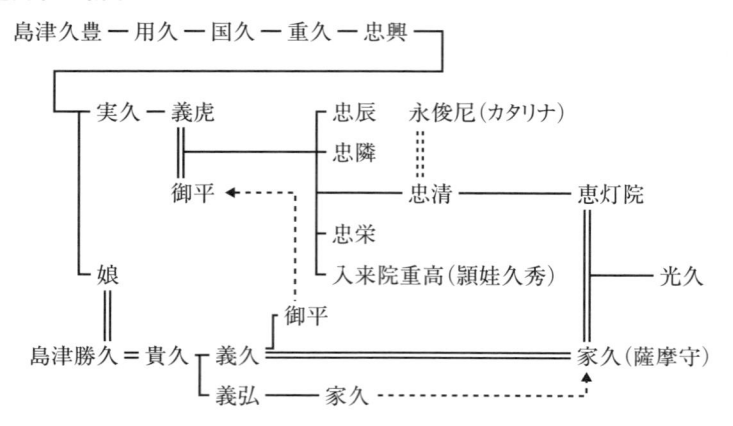

```
島津久豊 ─ 用久 ─ 国久 ─ 重久 ─ 忠興 ─┐
                                          ├─ 実久 ─ 義虎 ─┬─ 忠辰   永俊尼(カタリナ)
                                          │              ├─ 忠隣
                                          │              │      御平 ←
                                          │              ├─ 忠清 ─── 恵灯院
                                          │              ├─ 忠栄
                                          │              └─ 入来院重高(頴娃久秀)  ── 光久
                                          └─ 娘                御平
                                                                 ↓
                                 島津勝久 ═ 貴久 ─┬─ 義久 ────────── 家久(薩摩守)
                                                    └─ 義弘 ── 家久
```

続する。ところで、薩州家は島津家嫡流と再三縁組を重ねていたが、わけても恵灯院(忠清の長女)は薩摩藩初代藩主・島津家久(薩摩守)の継室(後妻)となり、第2代藩主となる島津光久(薩摩守)を生んだ。したがって、嫡流こそ断絶したが、薩州家のDNAは島津家嫡流に受け継がれていることになる。なお、島津延久(用久の子)、島津資久、島津秀久、島津光久(以上、島津国久の子)、島津興久(島津重久の子)はそれぞれ分家し、太田、大野、吉利、寺山、西川の各氏の祖となる。

・永俊尼(カタリナ)→第一部 第五章 第三節「江戸時代の島津家③——江戸時代の妻妾・娘」(P.82)参照。

忠良・貴久父子と敵対した薩州家の第5代当主
島津実久　しまづ さねひさ　　生没年不詳

　薩州家第5代当主。先代・島津忠興の嫡子。通称は八郎左衛門尉、薩摩守で、諱(実名)は久意とも。薩摩出水(鹿児島県出水市)から薩摩川内(鹿児島県薩摩川内市)を版図に収め、島津家嫡流の第14当主・島津勝久を凌駕する存在となる。ところで、忠興の娘で実久の姉にあたる女性が、勝久の正室となっていた。このため、実久は義弟である自分を島津家嫡流の世子(次期当主)にするように迫るが、勝久に拒絶された。実久はこれに憤って横暴を重ねたとされている。以後、実久は大永6年(1526)に入来院氏を圧倒し、薩摩百次城(薩摩川内市)を掌中にした。のちに、勝久と伊作家の第10代当主・島津忠良との引き離しを画策したため、忠良らと対立する。一時、実久は忠良や島津貴久(忠良の嫡子)を窮地に追い込んだこともあったが、天文8年(1539)の紫原の戦いなどで忠良・貴久父子に敗北した。これ以後、実久は急速に勢力と影響力を失っている。天文22年(1553)に隠退し、島津義虎(実久の嫡子)に家督を譲ったという。

早くから忠良・貴久父子に接近した実久の嫡子
島津義虎　しまづ よしとら　　天文5年(1536)～天正13年(1585)

　薩州家第6代当主。先代・島津実久の嫡子。幼名は千代、通称は三郎太郎、八郎左衛門尉、薩摩守で、諱(実名)は晴久、陽久、義俊、義利とも。父・実久とは異なり、早くから伊作家第10代当主・島津忠良や島津貴久(忠良の嫡子)

に従っていた。天文22年(1553)に家督を相続し、薩州家の当主となる。以後は肥後(熊本県)の相良義陽らとの戦いに従事し、天正9年(1581)の響ノ原の戦い、天正12年(1584)の沖田畷の戦いなどでは先鋒などを務め、義陽や龍造寺隆信を討ち死にに追い込むのに貢献した。この間、薩摩出水亀ケ城(鹿児島県出水市)を居城として約3万2000石もの領地を有し、今釜新田(出水市)などの開発に意を注いでいる。正室は御平(島津義久の長女)で、子女には島津忠辰、島津忠隣、島津忠清、島津忠栄、入来院重高(頴娃久秀)などがあった。義虎は天正13年(1585)に病没。50歳。遺骸は出水市の龍光寺に葬られた。

秀吉の逆鱗に触れ改易となる薩州家の第7代当主

島津忠辰　しまづ　ただとき

永禄8年(1565)〜
文禄2年(1593)

　薩州家第7代当主。先代・島津義虎の嫡子。生母は正室・御平(島津義久の長女)。通称は又太郎、和泉、薩摩守、法名は通津宗安で、諱(実名)は忠永とも。家督を相続して当主となり、薩摩出水亀ケ城(鹿児島県出水市)を居城として約3万2000石もの領地を有した。天正11年(1583)には島津義弘(義久の次弟)に属して肥後(熊本県)へ進み、肥後隈本城(熊本城/熊本市)の守備を任された。のちに、義弘に従って第1次朝鮮出兵(文禄の役)に参加し、朝鮮半島の釜山へ上陸する。ところが、病を理由に積極的に進撃しなかったため、文禄2年(1593)に薩州家は改易(お取り潰し)となった。忠辰は小西行長に預けられたが、朝鮮半島沖の加徳島で同年8月27日に病没。29歳。弟の島津忠隣、島津忠清、入来院重高(頴娃久秀)らが他家を継いだりしたため、島津用久に始まる薩州家の嫡流は、ここに断絶してしまう。なお、恵灯院(忠清の娘)は島津家久(薩摩守/義弘の三男で、義久の娘婿)の継室(後妻)となり、第2代藩主となる島津光久を生んでいる。また、忠清の正室、恵灯院の生母を、永俊尼(カタリナ)に擬する説がある。

頴娃氏や入来院氏の名跡を継いだ義虎の五男

入来院重高(頴娃久秀)　いりきいん　しげたか (えい　ひさひで)

天正7年(1579)〜
正保4年(1647)

　島津義虎の五男で、島津忠辰の弟、入来院重時(島津以久の次男)の養子。通称は弥一郎、石見守で、諱(実名)は忠富、重国とも。また、入来院姓のほかに頴娃姓も名乗っている。文禄2年(1593)、第1次朝鮮出兵(文禄の役)に参

加していた長兄・忠辰が改易（お取り潰し）となった際、ほかの兄たちとともに小西行長のもとへ預けられた。文禄3年(1594)から第1次朝鮮出兵、次いで慶長2年(1597)からの第2次朝鮮出兵（慶長の役）に参加し、さらに慶長4年(1599)の庄内の乱、慶長5年(1600)の関ヶ原の戦いにも従軍した。薩摩へ帰国後に知行200石を与えられ、一時、頴娃久昔の名跡を相続して頴娃久秀と名乗る。しかし、慶長10年(1605)に重時の養子となり、入来院重高と改名した。やがて、薩摩入来院(鹿児島県薩摩川内市)の地頭となったが、薩摩阿久根(鹿児島県阿久根市)で正保4年(1647)に病没。69歳。

④ 豊州家

島津季久(豊後守／島津久豊の三男)に始まる島津家の分家。一所持。この系統は、季久らが豊後守(豊州)を称したことから、豊州家と呼ばれている。ただし、江戸時代には豊州家というよりも、一所持の黒木家(後述)として薩摩藩内で認識されていたようである。さて、季久は島津家嫡流の第8代当主・久豊の子であったが、室町時代中期に分家して豊州家を興した。豊州家は、文明18年(1486)から永禄11年(1568)までは日向飫肥城(宮崎県日南市)を居城としたが、以後は再三領地替えを経験した末に、寛永11年(1634)に第7代当主・島津久賀が薩摩黒木郷(鹿児島県薩摩川内市)の領主となった。石高は1398石だが一所持で、安政2年(1855)の『門葉家名人員』(『斉彬公史料』〔第2巻〕所収)には、豊州家の石高が1691石余と記されている。ところで島津家の分家は、伊作家と相州家の当主を兼ねた島津貴久が島津家嫡流を相続し、薩州家と総州家は嫡流が断絶してしまう。そういったなかで、豊州家の嫡流のみが断絶を免れ、薩摩藩の一所持・黒木家として存続したわけである。歴代当主のうち、第3代当主・島津忠朝、第4代当主・島津忠広らは、島津忠良、貴久(忠良の嫡子)らの軍事行動に協力した。江戸時代には、島津久宝や島津久芳(久宝の嫡子)らの歴代当主が薩摩藩の要職を務めた。さらに、この豊州家は、貞雲院(島津久中の次女)のような賢夫人も輩出している。なお、江戸時代中期以降の豊州家の支族に、倉山氏、黒岡氏がある。

・屋地→第一部 第五章 第三節「江戸時代の島津家③——江戸時代の妻妾・娘」(P.81)参照。

豊州家の系図

島津久豊 ― 季久 ― 忠廉 ― 忠朝 ― 忠広 ＝ 忠親 ― 朝久 ― 久賀 ― 久守 ―

└ 久邦 ― 久兵 ― 久智 ― 久起 ― 久中 ┬ 久長 ― 久宝 ― 久芳 ― 久雄
　　　　　　　　　　　　　　　　　　└ 貞雲院

└ 久治 ― 久忠

豊州家を興し基礎固めを行った久豊の三男
島津季久　しまづ　すえひさ
応永20年(1413)〜
文明9年(1477)

　豊州家初代当主。島津久豊の三男。生母は側室・上原氏。通称は修理亮、豊後守、越後守。父・久豊は島津家嫡流の第8代当主であったが、季久は分家して豊州家を興した。享徳3年(1454)、大隅平安城(鹿児島県姶良市)主・平山武豊を攻め、近郊に大隅瓜生野城(姶良市)を築城する。さらに、季久は総禅寺(姶良市)を創建するなどした。文明9年(1477)に病没。65歳。なお、文明18年(1486)に日向飫肥城(宮崎県日南市)へ入城するなど、豊州家の基礎固めを行ったのは、第2代当主の島津忠廉(季久の嫡子)であった。

忠昌に従い九州各地を転戦した豊州家の3代目
島津忠朝　しまづ　ただとも
生没年不詳

　豊州家第3代当主。先代・島津忠廉の嫡子。通称は豊後守。日向飫肥城(宮崎県日南市)主で、島津家嫡流の第11代当主・島津忠昌に従った。明応4年(1495)、忠昌の命で大隅岩弘城(鹿児島県鹿屋市)主・平田兼宗を攻め、開城に追い込む。このあと、忠朝は恩賞として大隅串良(鹿屋市)を与えられている。

日向の伊東氏と対決し戦功をあげた忠朝の嫡子
島津忠広　しまづ　ただひろ
生年不詳〜
天文20年(1551)

　豊州家第4代当主。先代・島津忠朝の嫡子。通称は二郎三郎、右馬頭、豊後守、法名は永徳寺円翁智鑑大禅定門で、諱(実名)は忠真とも。天文14年(1545)以降、伊作家の第10代当主・島津忠良らに属し、日向の伊東義祐と戦

って戦果をあげた。天文18年(1549)に隠居し、家督を養子・島津忠親に譲る。その後は日向飫肥城(宮崎県日南市)から日向福島(宮崎県串間市)へ移った。天文20年(1551)5月20日に病没。

義弘を一時養子とするも城地を失った5代目
島津忠親 しまづ ただちか
永正元年(1504)〜元亀2年(1571)

　豊州家第5代当主。北郷忠相の子で、先代・島津忠広の養子。通称は二郎左衛門尉、尾張守、豊後守、法名は天香寺殿齢岡永寿居士、号は泰心斎。天文18年(1549)、養父・忠広の隠居に伴い、家督を相続して当主となった。島津家嫡流の第15代当主・島津貴久に属したが、居城が日向飫肥城(宮崎県日南市)であったため、日向の伊東氏や大隅の肝付氏と角逐を重ねている。この間の永禄3年(1560)から永禄5年(1562)まで、島津義弘(貴久の次男)を養子にしていた。しかし永禄11年(1568)に伊東、肝付両氏の攻勢に耐えられず、飫肥城を出て日向都城(宮崎県都城市)へ逃れた。元亀2年(1571)6月12日に病没。68歳。遺骸は都城市の西明寺へ葬られている。

各地で奮戦後に巨済島で戦病死した義弘の娘婿
島津朝久 しまづ ともひさ
生年不詳〜文禄2年(1593)

　豊州家第6代当主。島津忠親の嫡子で、島津義弘の娘婿。通称は藤二郎、豊後守。大隅平房と大隅市成(以上、鹿児島県鹿屋市)の領主。天正6年(1578)、日向宮崎(宮崎市)の支配を任され、日向飯野城(宮崎県えびの市)へ詰めた。同年の耳川の戦いで軍功をあげ、天正15年(1587)に日向(宮崎県)で負傷した際は、義弘から薬を贈られる。正室は屋地(義弘の長女)。文禄元年(1592)から義弘に従って第1次朝鮮出兵(文禄の役)に参加したが、朝鮮半島沖の唐島(巨済島)で文禄2年(1593)に戦病死を遂げた。なお、朝久・屋地夫妻の次女・長寿院は島津家久(薩摩守)の養女となったうえで、慶長10年(1605)に伊予松山藩(愛媛県松山市)主・松平定行の正室となった。

豊州家から肝付家へ嫁いだ小松帯刀の内祖母

貞雲院 じょううんいん

天明元年(1781)〜
安政6年(1859)

　豊州家第13代当主・島津久中の次女で、肝付兼役の正室、小松帯刀らの内祖母。俗名はため、ため子。貞雲院は「ていうんいん」とも読む。兼役のもとへ嫁して、嫡子・肝付兼善をもうける。ところで、兼善は6人の男子に恵まれたが、貞雲院は内孫にあたるこの6人の男子の養育に熱意を傾けた。このうち、家督を継いだ長男・兼両が薩摩藩の若年寄を、相良家を相続した次男・長発は戊辰戦争で東海道総督を、小松家を相続した帯刀は家老を務めた。また、山田家を相続した五男・司、六男・群吉は戊辰戦争に従軍し、奮戦の末に戦死を遂げている。なお、貞雲院の嫁ぎ先の肝付家は薩摩吉利郷(鹿児島県日置市)の領主、帯刀が相続した小松家は薩摩喜入郷(鹿児島市)の領主で、一所持という家柄である。安政2年(1855)の『門葉家名人員』(『斉彬公史料』)〔第2巻〕所収)には、肝付家の石高が5374石余、小松家の石高が3015石と記されている。孫たちのなかでは、帯刀が藩政改革や討幕運動などの分野で大活躍したことで名高い。晩年、貞雲院は失明したというが、薩摩藩の重臣でも貞雲院の前では姿勢を正したと伝えられている。安政6年(1859)8月5日に病没。79歳。

精忠組に弾劾された幕末期の薩摩藩筆頭家老

島津久宝 しまづ ひさたか

享和2年(1802)〜
明治6年(1873)

　豊州家第15代当主で、薩摩藩筆頭家老。先代・島津久長の嫡子。通称は豊後、式部。安政3年(1856)、父の病没に伴って家督を相続した。幕末維新期に島津斉興から島津忠義までの3人の藩主の筆頭家老を務める。しかし、江戸幕府寄りの姿勢を見せ、第11代藩主・島津斉彬が心血を注いだ集成館を縮小するなどの施策を繰り広げ、次第に藩内での影響力を失う。やがて、大久保利通らの精忠組によって弾劾され、安政6年(1859)に筆頭家老の座を追われた。明治6年(1873)1月17日に病没。

越後長岡で河井継之助と対戦した久宝の嫡子

島津久芳 しまづ ひさよし

文政5年(1822)～
明治18年(1885)

　豊州家第16代当主で、薩摩藩若年寄。先代・島津久宝の子。通称は隼人。江戸に遊学後、薩摩藩第11代藩主・島津斉彬による水軍隊(海軍)の創設に参加し、教練にあたった。文久3年(1863)の薩英戦争、元治元年(1864)の第1次長州征伐、明治元年(慶応4年/1868)からの戊辰戦争に部隊を率いて参加し、越後方面総督として越後長岡城(新潟県長岡市)の攻防戦などに参加する。なお、この間に薩摩藩の番頭から小姓与番頭、軍役方、若年寄を歴任し、西洋式軍艦の調達の分野で足跡を残した。明治10年(1877)の西南戦争の際には屋敷を提供するなど、同戦争の早期鎮定に寄与している。明治18年(1885)12月8日に病没。

⑤ 相州家

　島津友久(相模守／島津忠国の庶長子)に始まる島津家の分家。この系統は、友久らが相模守(相州)を称したことから、相州家と呼ばれている。室町時代中期、友久は島津家嫡流の第9代当主・忠国の庶長子であったが、分家して薩摩田布施亀ケ城(鹿児島県南さつま市)などを居城として相州家を興した。しかし、伊作家の島津忠良が相州家の第3代当主を兼ね、島津貴久(忠良の嫡子)が島津家嫡流の第15代当主となる。また、島津運久の男子や、忠良・貴久父子の兄弟、男子も名跡を継がなかったため、相州家は消滅した。

- **常盤**→第一部　第三章　第二節「戦国・織豊時代の島津家②——戦国・織豊時代の妻妾」(P.44)参照。
- **島津忠良(日新斎)**→第一部　第三章　第一節「戦国・織豊時代の島津家①——奥州家の歴代当主〔後編〕」(P.36)参照。
- **島津貴久**→第一部　第三章　第一節「戦国・織豊時代の島津家①——奥州家の歴代当主〔後編〕」(P.37)参照。

相州家の系図

```
島津忠国 ┬ 友久 ─ 運久 ═ 忠良 ─ 貴久
         │                ↑         ┊
         ├ 立久 ── (3代略) ──── 勝久 ═ 貴久
         │                              ↓
         └ 久逸 ─ 善久 ─ 忠良
```

島津家を継がず相州家を興した忠国の庶長子

島津友久　しまづ　ともひさ

生年不詳～
明応2年(1493)？

　相州家初代当主。島津忠国の庶長子。生母は側室・伊作勝久の娘。幼名、通称は又七郎(又太郎)、相模守、右馬頭、法名は天勇玄機常珠寺殿。家を継がずに分家し、相州家を興した。薩摩田布施亀ケ城(鹿児島県南さつま市)を居城とし、明応2年(1493)3月10日、もしくは明応4年(1495)に62歳(63歳、65歳とも)で病没したという。

常盤と再婚し忠良に家督を譲った相州家の2代目

島津運久　しまづ　よきひさ

生年不詳～
天文8年(1539)？

　相州家第2代当主。島津友久の嫡子、常盤の後夫、島津忠良(日新斎)の養父。通称は三郎左衛門尉、相模守、号は一瓢斎、法名は大年寺大年道登で、諱(実名)は忠幸とも。薩摩田布施亀ケ城(鹿児島県南さつま市)を居城とし、薩摩半島の南部を版図に収めていた。明応3年(1494)に伊作家第9代当主の島津善久が没すると、その正室・常盤に求婚する。このとき、常盤が忠良(善久・常盤夫妻の嫡子)の家督相続を再婚の条件としたため、忠良を養子に迎えた。永正9年(1512)に薩摩阿多城(南さつま市)を攻略、このころに隠居し、相州家の家督を常盤との約束通り忠良に譲っている。これに伴い、忠良は伊作、相州両家の当主を兼ね、薩摩半島の南部と中部を版図に収めることができた。天文8年(1539)(もしくは天文9年〈1540〉)に72歳(もしくは73歳)で病没したという。なお、運久の子女には養子の忠良のほかに、島津長徳軒や野間喜庵らの息子、島津忠将(垂水家／島津貴久の弟)の正室や佐多忠成の正室となった娘などがいたとされているが、以上の点は定かではない。

COLUMN ❹

島津義弘が正室に送った書状

　戦国時代、織豊時代の島津家で最も勇猛果敢な武将と見なされているのが、守護代(代理司令官)で当主同様の存在であった島津義弘(島津義久の弟で、中務大輔家久らの兄)である。義弘は慶長3年(1598)の泗川の戦いで明国(中国)・李氏朝鮮の連合軍を撃破し、慶長5年(1600)の関ヶ原の戦いでは、最終盤に敵中突破を敢行したことで名高い。

　そんな義弘は意外にも筆まめであったらしく、義弘がしたためた書状が現代に伝えられている。わけても、義弘が天正19年(1591)に京都へ滞在していたときや、文禄元年(1592)から始まる朝鮮出兵で朝鮮半島へ上陸して以降は、国元にいる正室・宰相殿(園田清左衛門の娘)にたびたび書状をしたためた。

　留意すべきは、その書状が勇猛果敢な武将とは到底思えない、人間味にあふれた字句で埋め尽くされている点である。

　たとえば、天正19年(1591)3月9日に義弘が国元の宰相殿へ送った書状の「今夜もそなたを夢にまさしくみまいらせ候て」などという記述は興味深い。当時の義弘は68歳で、おそらく宰相殿と結婚して半世紀近い年月が過ぎていたであろう。にもかかわらず、68歳の老将の夢のなかに、国元に残る糟糠の妻が登場したというのだから、驚くほかはない。

　また、朝鮮半島沖の唐島(巨済島)にいた文禄2年(1593)当時、宰相殿はあまり返事をよこさなかったらしい。義弘は6月22日にやはり宰相殿に書状を送り、「儂を見捨てたのか？」などと小言をいっている。そんなやり取りから3か月後、義弘・宰相殿夫妻を絶望させる出来事が起こった。9月8日、島津久保(義弘の次男、義久の甥で娘婿)が唐島で戦病死を遂げたのである。

　なお、久保は亀寿(義久の三女)の娘婿で、島津家の世子(次期当主)に据えられていた。文禄3年(1594)8月7日に義弘が宰相殿に送った書状には、

　「宰相(殿)は力強く生きてほしい。万一、儂が死んだ場合は読経してほしい……」

という意味のことを記している。この前後には久保のほかに、薩州家第7代当主の島津忠辰(島津義虎の嫡子)や、垂水家の島津彰久(島津以久の嫡子)らも相次いで戦病死を遂げていた。忠辰や彰久も義久、義弘の孫や娘婿であったので、義弘は肉親や姻族の相次ぐ戦病死を目の当たりにして、自身の死を覚悟したのであろう。幸いなことに、義弘は朝鮮半島からも、関ヶ原からも無事に帰国した。

　宰相殿に対する愛情が、義弘を生還に導いたのかもしれない。

第二章
支藩・佐土原家とその分家

　島津家嫡流には多くの分家、支族があったが、そのなかで豊臣政権、あるいは江戸幕府から独立した大名として認められた分家は、前期佐土原家と後期佐土原家の2家だけであった。いずれも日向佐土原(宮崎市)に居城、拠点を置いた2家だが、このうち、前期佐土原家は島津家久(中務大輔/島津貴久の四男)を祖とする。しかし、前期佐土原家は第2代当主・島津豊久(中務大輔家久の嫡子)が慶長5年(1600)の関ヶ原の戦いで討ち死にしたため、2代で断絶した。のちに、喜入忠栄(喜入忠続の子)によって名跡が再興されたが、忠栄以降は前期佐土原家ではなく、永吉家と呼ばれている。また、後期佐土原家は佐土原藩主家ともいわれ、島津以久(島津忠将の嫡子)が慶長8年(1603)に薩摩藩主・島津家から3万石を分与されて立藩した。のちに、分家・島之内家に3000石を分与したため、石高は2万7000石となるが、江戸幕府からは城主の家格を許されている。なお、後期佐土原家は初代藩主の以久から第10代藩主の島津忠寛まで、いずれも先代藩主の子が次の藩主に就任した。三百諸侯と呼ばれた各大名家のなかでも、こういったことは他にあまり例がない。幕末維新期、最後の藩主・忠寛は本家である薩摩藩第12代藩主・島津忠義と同一歩調を取り、討幕などの面で多大な功績を残した。版籍奉還、廃藩置県を経て、明治時代半ばに忠寛が子爵の爵位を、島津忠亮(忠寛の嫡子)が伯爵の爵位を授けられている。

第一節 前期佐土原家

　戦国時代、織豊時代に日向佐土原城(宮崎市)を居城とした島津家の分家。江戸時代に同城を居城とした島津以久に始まる分家・後期佐土原家と区別するために、前期佐土原家と呼んでいる。天正7年(1579)、島津家久(中務大輔)が長兄・島津義久によって佐土原城主に封じられたが、天正15年(1587)の家

久の死に伴い、豊臣秀吉の手でいったん改易(お取り潰し)となった。やがて、島津豊久(家久の嫡子)が改めて佐土原城主に封じられて復活したが、慶長5年(1600)の関ヶ原の戦いで豊久が討ち死にしたのちに再度改易となり、2代で断絶する。なお、のちに喜入忠栄(喜入忠続の子)が前期佐土原家の名跡を継ぐが、忠栄以降は薩摩永吉郷(鹿児島県日置市)の領主に転じた関係で、永吉家と呼ばれている。

→第二部 第三章 第二節「一所持・一所持格の各家 6.永吉家」(P.210)参照。

前期佐土原家の系図

```
島津貴久 ― 家久(中務大輔) ┬ 豊久 = 忠栄 ― 久雄 ― 久輝 ― 久貫 ─┐
                          └ 東郷重虎(島津忠直)                    │
┌─────────────────────────────────────────────────────────────┘
└ 久馮 ― 久芳 ― 久謙 ― 久輔 ― 久明 ― 久陽 ― 久□ ― 久籌
```

幾多の戦功をあげるも急死した文武両道の達人

島津家久(中務大輔)

しまづ いえひさ(なかつかさだいぶ)　天文16年(1547)～天正15年(1587)

前期佐土原家初代当主。島津貴久の四男。生母は側室・橘姫(肱岡頼明の姪)。通称は又七郎、中務大輔(中書)。なお、次兄・島津義弘の三男である島津家久(薩摩守)とは別人である。父・貴久、長兄・島津義久の命で、元亀

天昌寺跡にある前期佐土原家の墓碑(宮崎市)。左から、島津家久(中務大輔)、豊久、家久正室、家久生母

豊国神社に建つ豊臣秀吉像(大阪市中央区)

年間(1570〜1573)に大隅の伊地知氏、天正年間(1573〜1592)の前半には日向の伊東氏の討伐などに従軍した。合戦の場では次兄・義弘を助けて多くの軍功をあげたことから、元亀元年(1570)に薩摩串木野城(鹿児島県いちき串木野市)、次いで天正7年(1579)に佐土原城主に封ぜられる。この間、天正3年(1575)に伊勢神宮(三重県伊勢市)へ参拝した際には、上洛して連歌師・里村紹巴らと交遊した。このときの記録に『中書家久公御上洛日記』があるが、島津家の支族・樺山善久から『古今和歌集』に関する秘伝「古今伝授」を受けるなど、文人大名としての足跡も残している。また、天正12年(1584)に義弘とともに沖田畷の戦いに参加し、敵将・龍造寺隆信を討ち死にに追い込むという大殊勲をあげた。しかし、天正15年(1587)に豊臣秀吉の九州征伐が本格化すると、おもに日向方面で防禦を担当するものの、島津方は各地で豊臣秀長(秀吉の弟)の軍勢に圧倒される。やむなく降伏したが、同年6月5日に家久は秀長の陣所で没。41歳。一説に、佐土原城の引き渡しを拒み、徹底交戦を主張したことから、何者かに毒殺されたのであるという。墓碑は佐土原の天昌寺跡(宮崎市)にある。

関ヶ原で義弘を守り抜いた中務大輔の嫡子
島津豊久 しまづ とよひさ
元亀元年(1570)〜
慶長5年(1600)

　前期佐土原家第2代当主。島津家久(中務大輔／中書)の嫡子。幼名は豊寿丸、通称は又七郎、官職は侍従で、諱(実名)は忠豊とも。天正15年(1587)、前期佐土原家は豊臣秀吉の手でいったん改易(お取り潰し)となった。しかし秀吉によって、豊久が改めて佐土原城へ封じられる。領地は佐土原など979町(2万8600石)であった。以後、豊久は伯父・島津義弘に従って、小田原征伐や朝鮮出兵などに参加する。慶長5年(1600)の関ヶ原の戦いでも豊臣方に属した義弘に従い、島津隊の副将として美濃関ヶ原(岐阜県関ケ原町)へ布陣した。そして、決戦の最終盤、影武者となって義弘の戦場離脱を幇助したが、烏頭坂(岐阜県大垣市)で徳川方に討たれた。31歳。烏頭坂などに豊久のものという墓碑があるが、遺骸は佐土原の天昌寺に埋葬されたと伝えられている。現在、天昌寺跡(宮崎市)にも豊久の墓碑が残る。豊久の討ち死にによリ前期佐土原家は徳川家康の手で改易となり、2代で断絶した。なお、豊久は烏頭坂では討ち死にせず、国元へ生還したという異説も残っている。

城地を奪われ東郷家の名跡を継いだ豊久の弟
東郷重虎(島津忠直) とうごう しげとら(しまづ ただなお)
生没年不詳

　島津家久(中務大輔／中書)の次男で、東郷重尚の養子。幼名は鎌徳丸、通称は源七郎、薩摩守で、諱(実名)は忠仍、忠直(忠恵)とも。重尚の養子となり、東郷重虎と称する。重尚は渋谷氏の支族・東郷氏の当主だが、瀬戸口姓から改姓した自顕流の剣豪・東郷重位とは系譜が異なる。重虎は天正5年(1577)に家督を相続し、薩摩和泉(鹿児島県出水市)などを領する東郷氏第16代当主となった。天正15年(1587)の豊臣秀吉による九州征伐の際は、薩州家第7代当主・島津忠辰に属して戦う。しかし、島津家嫡流第16代当主・島津義久によって、間もなく重虎は城地を奪われた。文禄2年(1593)、島津義弘(義久の次弟)の命で島津姓に復姓し、島津忠直(恵直)と改名している。

第二節　後期佐土原家①
——佐土原藩の歴代藩主

　江戸時代に日向佐土原城を居城とした島津家の分家で、薩摩藩の支藩。親疎の別は外様、家格は城主、江戸城内での詰め間は大広間。戦国時代、織豊時代に佐土原城を居城とした島津家久（中務大輔）に始まる分家・前期佐土原家と区別するために、後期佐土原家、もしくは佐土原藩主家と呼んでいる。
　慶長8年（1603）、島津以久（島津忠将の嫡子）が薩摩藩主・島津家久（薩摩守）から3万石を分与され、佐土原藩主となった。石高は元禄3年（1690）の分知により2万7000石となるが、江戸幕府からは城主の格式を許された。第10代藩主・島津忠寛は明治維新期に薩摩藩とともに国事に奔走し、明治17年（1884）に忠寛が子爵、明治24年（1891）に島津忠亮（忠寛の嫡子）が伯爵の爵位を授けられている。また、分家した島津健之助は、明治42年（1909）に男爵の爵位を授けられている。なお、17世紀末に番代（藩主代行）を務めた島津久寿（島津久富の嫡子）は、番代退任後に3000石の分知を受けて江戸幕府の旗本となった。久寿の系統は島之内家と呼ばれている。なお、島津久信（島津彰久の嫡子で、以久の内孫）の系統は、薩摩藩の御一門・垂水家となった。

　→第二部　第三章　第一節「御一門の各家　3.垂水家」（P.194）参照。

後期佐土原家の系図

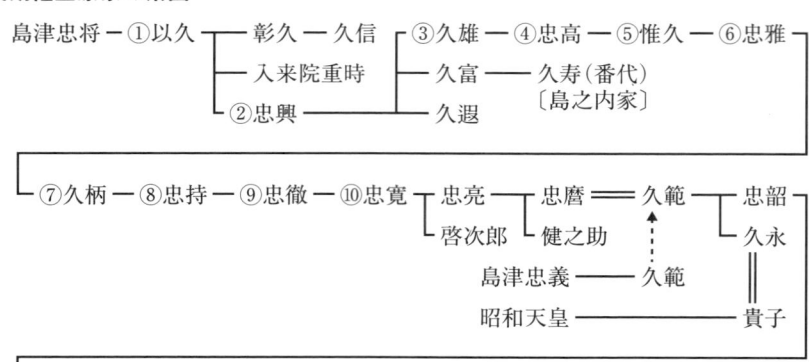

```
島津忠将 ─①以久 ─┬─ 彰久 ── 久信
                  ├─ 入来院重時    ┌─③久雄 ─④忠高 ─⑤惟久 ─⑥忠雅─┐
                  └─②忠興 ───────┼─ 久富 ── 久寿（番代）            │
                                  │          〔島之内家〕              │
                                  └─ 久遐                              │
  ┌───────────────────────────────────────────────────────────────────┘
  └─⑦久柄 ─⑧忠持 ─⑨忠徹 ─⑩忠寛 ─┬─ 忠亮 ─┬─ 忠麿 ══ 久範 ─┬─ 忠韶
                                    │         └─ 健之助          ├─ 久永
                                    └─ 啓次郎                     │   ║
                                         島津忠義 ── 久範         │   ║
                                         昭和天皇 ─────────────── 貴子
  └─ 忠範
```

嫡流の義久らを支え続けた佐土原藩の藩祖

島津以久 しまづ ゆきひさ

天文19年(1550)～
慶長15年(1610)

　佐土原藩初代藩主。島津忠将の嫡子。生母は正室・佐多久親の娘(一説に佐多忠成の娘)。幼名は堯仁坊、通称は又四郎、号は宗恕、法名は仁雄宗恕居士高月院殿で、諱(実名)の以久は幸久、行久、征久とも表記した。また、以久は「もちひさ」とも読む。大隅清水城(鹿児島県霧島市)で出生。永禄4年(1561)、父が討ち死にしたため家督を継ぐ。成人後、大友方との高城の戦いや、伊集院忠真の討伐などで軍功があった。天正15年(1587)の九州征伐を経て、文禄4年(1595)ごろまでに、以久は豊臣秀吉から直接知行を与えられていた。直接知行を与えられた者を御朱印衆というが、島津家の一族や島津家の分家、支族で御朱印衆は、以久、北郷忠虎、伊集院忠棟(幸侃)の3将だけであった。やがて、慶長2年(1597)に大隅種子島領(鹿児島県南種子町ほか)主、慶長4年(1599)に1万1700石の大隅垂水領(鹿児島県垂水市)主へ転じる。慶長5年(1600)の関ヶ原の戦いのあとも、日向東長寺城(鹿児島県国富町)へ入城して敵襲に備えている。このあと、豊臣秀吉から拝領した「楢柴名物」の茶壺を徳川家康に献上した話は名高い。慶長8年(1603)、薩摩藩の運動が功を奏し、以久は徳川家康によって佐土原藩(3万石)主に封じられた。

高月院にある島津以久の墓碑(宮崎市)

このため、垂水領主の座を内孫・島津久信(島津彰久の嫡子)に譲ったうえで、初代佐土原藩主となる。入封した以久は樺山久成、伊集院忠利、宇宿久重を家老に据え、城下町の建設、家臣団の編成、寺院・神社の創建などに心を砕いたが、前期佐土原家の旧臣を召し抱えるなどの配慮も見せた。慶長11年(1606)以降は江戸幕府の命により、駿河駿府城(静岡市)と丹波篠山城(兵庫県篠山市)の手伝普請を務めている。妻妾には三男・島津忠興らを生んだ梅香院(松木氏)らがいる。慶長15年(1610)4月9日、山城伏見(京都市伏見区)で病没。61歳。遺骸は京都の大雲院(京都市下京区)に埋葬されたが、のちに佐土原の高月院(宮崎市)が佐土原藩主家の菩提寺となっている。

佐土原藩政の基礎固めを行った以久の三男
島津忠興 しまづ ただおき

慶長5年(1600)〜
寛永14年(1637)

佐土原藩第2代藩主。先代・島津以久の三男。生母は側室・梅香院(松木氏)。幼名は堯秀坊、法名は前典殿宗誉原隆居士、官職は右馬頭、官位は従五位下。当初、兄の島津彰久(以久の長男)が世子(次期当主)だったが、彰久は第2次朝鮮出兵で没した。その後、忠興と甥・島津久信(彰久の遺児)とが家督をめぐって争ったが、家老の樺山氏らの奔走で忠興が世子の座に据えられた。慶長15年(1610)、父の病没に伴って家督を相続し、藩主に就任した。慶長19年(1614)には江戸城の手伝普請、大坂冬の陣への参加を果たすととも

島津忠興が創建した高月院(宮崎市)

に、居城を山上から山下へ移転させるなどの措置も講じている。他方、弓馬組の設置などを通じて、尚武精神の高揚に努めた。さらに、父の菩提を弔うべく佐土原に高月院を創建し、佐土原藩主家の菩提寺としている。正室は龍泉院(松木清長の養女、丹生氏)。寛永14年(1637)6月11日に病没。38歳。遺骸は江戸の幡随院(新智恩寺／現在は東京都小金井市)に埋葬された。

城下や藩邸、領内の復興に腐心した青年藩主
島津久雄　しまづ　ひさたか

寛永10年(1633)～
寛文3年(1663)

　佐土原藩第3代藩主。先代・島津忠興の嫡子。生母は正室・龍泉院(松木清長の養女、丹生氏)。幼名は堯仁坊、万寿丸、法名は見立院殿前丹州真誉隆厳居士。官職は右馬頭、受領名は但馬守、官位は従五位下。諱(実名)の久雄は「ひさお」とも読む。寛永14年(1637)、父の病没に伴って5歳で家督を継ぎ、藩主となる。同年、島原の乱への出兵を命じられたが、幼少の久雄に代わって重臣が藩兵の指揮を執った。承応2年(1653)の佐土原の大火と寛文2年(1662)の日向地震で佐土原城下が、明暦3年(1657)の明暦の大火で江戸の桜田藩邸(東京都千代田区)が、そ

高月院にある島津久雄の墓碑(宮崎市)

れぞれ甚大な被害を受けるなど、久雄の藩主在任中は大火や天災が相次いでいる。城下の復興などにも心を砕いたが、江戸幕府からは京都御所(京都市上京区)の手伝普請を命じられるなどしたため、藩財政は一層悪化したという。正室は薩摩藩出身の徳雲院(島津光久の長女)、継室(後妻)も同じく光久の養女(島津久茂の娘)であった。寛文3年(1663)12月2日に病没。31歳。佐土原の高月院に埋葬された。

高僧を庇護し諫言に耳を傾けた第4代藩主
島津忠高　しまづ　ただあきら

慶安4年(1651)～
延宝4年(1676)

　佐土原藩第4代藩主。先代・島津久雄の嫡子。生母は正室・徳雲院(島津光久の長女)。幼名は堯英坊、万寿丸、通称は久四郎、法名は松厳院殿隆誉栄

高月院にある島津忠高の墓碑（宮崎市）

崇雲良心居士、受領名は飛騨守、官位は従五位下で、諱（実名）は久英、国久とも。また、忠高は「ただたか」とも読む。寛文3年(1663)の父の病没により家督を継ぎ、13歳で藩主となる。藩主在任期間は10数年だが、藩士の格式を定め、知行目録を与える一方、城内・弁天山に太鼓を設置して刻を知らせたり、藩主が国入りした際の行事を定着させたりなど、家臣団の統制の面で一定の足跡を残した。もっとも、忠高は藩主の権力基盤を強化しようとするあまり、側近を相次いで追放したり、許可なく縁組を交わした藩士に切腹を命じたりするなどの暴走も目立った。一方、日蓮宗不受不施派の高僧・日講や、儒者・高橋一閑を厚遇し、佐土原藩学の隆盛を招来している。なお、日講は江戸幕府の忌諱に触れて配流となった人物であったが、異例にも忠高は自ら教えを請うたという。厚遇に応えるべく、日講は佐土原で仏典である『楞厳経』をはじめ、孔子の『論語』、さらに『日本書紀』などを講じている。ときには日講が城内や重臣の邸に招かれ、詩歌をやり取りすることもあった。さらに日講は、忠高に失政があれば諫言を厭わなかったという。対する忠高も日講の諫言には素直に耳を傾け、言動を改めたと伝えられている。正室は亀井滋政の娘。延宝4年(1676)8月11日に没。26歳。佐土原の高月院に埋葬された。

番代となるも実権を握れなかった苦労人

島津久寿　しまづ ひさなが

寛文4年(1664)～
元禄6年(1693)

佐土原藩番代（藩主代行）、のち江戸幕府の旗本。島津久富（島津久雄の次弟）の嫡子で、先代・島津忠高の従弟。生母は正室・恵性院（鎌田正統の娘）。幼名は鶴千代、通称は又吉郎、法名は青原院殿篤誉勇信義哲居士、官職は式部少輔、官位は従五位下。諱（実名）の久寿は「ひさとし」とも読む。なお、先代・忠高の生前、一部の一族や重臣は、久寿を養子にするよう忠高に迫っていたとする説がある。延宝4年(1676)に忠高が病没した当時、嫡子の島津惟久は2歳という幼児であった。このため、一族や重臣は宗家・薩摩藩や江戸幕府とも協議の末、惟久が15歳に達するまで、久寿に番代として藩政を代

行させることにする。ただし、久寿自身も当時は13歳という若年であったため、藩政の実権は父の久富や重臣の松木高清らが掌握する。したがって、後年の薩摩藩国父・島津久光などとはくらべものにならないほど、久寿の権力基盤は脆弱であった。この点を克服するべく、久寿は前例がないほど要路へ挨拶に赴き、権力基盤の強化に腐心する。そんな矢先、高清らの藩政運営に反発する一派が行動を活発化した結果、松木騒動と呼ばれる騒擾に発展し、薩摩藩の裁定を請うたことすらあった。また、藩内は番代の久寿派と幼主の惟久派とに分かれて抗争を重ねるが、先に触れた通り久寿が実権を掌握していたわけではない。貞享3年(1686)には薩摩藩第2代藩主・島津光久が高清を捕縛させたが、反発した松木派の面々は松木邸に立て籠もる。やむなく松木派を討伐したが、47人もの犠牲者を出した。けれども、高清の捕縛後は重臣・宇宿久明が権勢を振るうなど、以後も一部の重臣による藩政の壟断が続く。ともあれ、打ち続く騒擾のために番代・久寿の権力基盤が一層脆弱となるなか、元禄2年(1689)には惟久が15歳に達する。そこで、久寿は元禄3年(1690)に番代の職を辞任し、分家して3000石の分知を受け、江戸幕府の旗本となる。なお、『寛政重修諸家譜』では当主の諱の上に●印が付されているが、久寿の諱の上にも●印が記されている。『寛政重修諸家譜』の本文にも、久寿が忠高の遺領・佐土原藩(3万石)を相続し、元禄3年(1690)に家督を惟久に譲ったかのように記されている。ともあれ、久寿に始まる分家は、島之内家と呼ばれている。正室は光久の養女(島津久輝の娘)。それにしても、番代時代の心労が祟ったのであろうか。久寿は元禄6年(1693)8月3日に病没。30歳。遺骸は江戸の幡随院(新智恩寺／現在は東京都小金井市)に埋葬された。

→本章 第四節「後期佐土原家の分家　1.島之内家」(P.186)参照。

高僧を招聘し藩学を盛んにさせた向学の人
島津惟久　しまづ ただひさ

延宝3年(1675)〜
元文3年(1738)

佐土原藩第5代藩主。先代・島津忠高の嫡子で、番代・島津久寿の従兄の子。生母は側室・松寿院(竹井清真の娘)。幼名は万吉丸、通称は又次郎、左京、法名は自得寺殿前淡州刺史竟淵道水大居士、受領名は淡路守、官位は従五位下で、諱(実名)は忠充とも。延宝4年(1676)に父・忠高が病没した当時2歳であったために、久寿が14年間、番代(藩主代行)を務めている。惟久が16歳に達した元禄3年(1690)に久寿が番代を退任し、惟久が名実ともに藩主に就任

した。なお、惟久の藩主就任の時期については、延宝4年(1676)説と元禄3年(1690)説がある。就任当初、重臣・宇宿久明が山口高直を追い落として権勢を誇ったが、宝永元年(1704)に久明が病没すると、惟久は宇宿派を藩政から排除している。元禄13年(1700)には知行の半分を藩庫に納めさせ、財政の改善をめざした。一方、久寿への分知により佐土原藩の石高は2万7000石となっていたが、江戸幕府へ願い出て城主の家格を得ることに成功する。また、久寿が番代であった時代、配流中の高僧・日講は冷遇されている感があったが、惟久は日講の希望した石塔建立を許可するなどの配慮を見せた。さらに、佐土原出身の高僧・古月を藩内の大光寺へ招き、同寺の南に自得寺(知叉軒)を建立した。厚遇に応えるべく、古月は毎月布薩会を開き、平易な歌詞などからなる『佐土原三十三ケ寺院巡拝歌』や数え歌、いろは歌なども考案して民衆に仏教の教えを説いている。文教の面では、惟久は向学心に燃える藩士を各地に遊学させるなどして、佐土原藩学の隆盛を企図した。正室は酒井忠隆の娘、継室(後妻)は島津綱貴の養女(島津久洪の娘)。享保8年(1723)に隠居し、家督を三男・島津忠雅に譲った。元文3年(1738)9月19日に没。64歳。遺骸は佐土原の高月院に埋葬された。ちなみに、惟久の法名・自得寺殿とは、古月のために建立した自得寺に由来する。

半世紀以上も実権を握った改革好きの殿様
島津忠雅　しまづ ただのり

元禄15年(1702)～天明4年(1784)

佐土原藩第6代藩主。先代・島津惟久の三男。生母は継室(後妻)・島津綱貴の養女(島津久洪の娘)。幼名は万寿丸、通称は又四郎、法名は仁寿院殿前加州刺史忍済慈昭大居士、受領名は但馬守、加賀守、官位は従五位下で、諱(実名)は忠就とも。諱の忠雅は「ただまさ」とも読む。兄ふたりが妾腹であったため、三男の身で世子(次期藩主)となる。享保8年(1723)、父の隠居に伴って家督を継ぎ、藩主となる。藩財政の改善をめざし、延享2年(1745)には藩士や寺院・神社の知行改め、寛延2年(1749)には御蔵地(藩主の直轄地)の検地を断行した。また、藩内・大光寺の住職であった高僧・古月が宝暦元年(1751)に遷化すると、遺骨の一部を大光寺へ埋葬している。宝暦3年(1753)に隠居し、家督を三男・島津久柄に譲った。正室は鳥居忠瞭の娘。天明4年(1784)5月15日に病没。83歳。藩主の座に歴代で最長の30年間在職し、隠居後も32年生きたわけである。遺骸は佐土原の高月院に埋葬された。

兄弟を重臣に据え混乱を招いた不運な藩主

島津久柄 しまづ ひさもと

享保19年(1734)～
文化2年(1805)

　佐土原藩第7代藩主。先代・島津忠雅の三男。生母は正室・鳥居忠瞭の娘。幼名は万寿丸、通称は又四郎、法名は法林院殿前但州猛誉勇信大居士、受領名は淡路守、但馬守、官位は従五位下。三男であったが、兄ふたりが妾腹であったために世子(次期藩主)となる。宝暦3年(1753)、父の隠居に伴って家督を継ぎ、藩主となる。藩主在任中には、明和6年(1769)と安永7年(1778)の地震、明和6年(1769)の佐土原の大火により、藩内は甚大な被害を受けた。ところが、島津久武(久柄の弟)ら重臣の失政が原因で対立が生じる。前後したが、三男の身で藩主となった久柄は、長兄・島津久智、次兄・横山久福(以上、異母兄)、それに弟の曾小川久諡、久武、伊集院久中らを藩政に登用していた。具体的には、久智と久武を一門家、久中ら6人を寄合家と定め、藩政の枢機に参画させていたのである。しかし、身贔屓が天明騒動と呼ばれる騒擾に発展して、久柄もその対応に苦慮する。むろん、藩財政は年を追うごとに悪化していた。そこで、久柄は藩政改革を企図して製紙業を奨励し、これを藩の専売品にしようと試みている。天明5年(1785)に隠居し、家督を三男・島津忠持に譲った。正室は島津重豪の養妹(島津貴儔の娘)。文化2年(1805)8月13日に病没。72歳。遺骸は佐土原の高月院に埋葬された。

高月院にある島津久柄の墓碑(宮崎市)

藩財政の悪化に苦しめられた重豪の娘婿

島津忠持 しまづ ただもち

明和3年(1766)～
天保2年(1831)

　佐土原藩第8代藩主。先代・島津久柄の三男。生母は正室・島津重豪の養妹(島津貴儔の娘)。幼名は勝丸、通称は又之進、法名は徳寿院殿前淡州刺史誉観山大居士、受領名は淡路守、官位は従五位下。天明5年(1785)、父の隠居に伴い、家督を継いで藩主となる。藩財政の悪化が深刻であったため、年貢増徴、知行の半額支給などを断行した。ただし、江戸幕府からは東海道な

第二部　第二章●支藩・佐土原家とその分家

どの橋梁普請を命じられたため、藩財政の健全化は遠のく。そういった状況下でも、向学心に燃える藩士複数を摂津大坂（大阪市）へ遊学させ、佐土原藩学の隆盛を企図した。しかしながら、忠持の悲願であった藩校創設は、藩財政の悪化などから断念を強いられている。文化13年（1816）に隠居し、家督を嫡子・島津忠徹に譲った。正室は島津明子（重豪の養女で、島津久徴の娘）。天保2年（1831）1月26日に病没。66歳。遺骸は佐土原の高月院に埋葬された。

高月院にある島津忠持の墓碑（宮崎市）

騒擾に悩み参府途上で客死した随真院の夫

島津忠徹　しまづ ただゆき

寛政9年（1797）〜
天保10年（1839）

　佐土原藩第9代藩主。先代・島津忠持の嫡子。生母は正室・島津明子（島津重豪の養女で、島津久徴の娘）。幼名は護之助、通称は又四郎、法名は徳元院殿前飛州刺史真誉実道山大居士、受領名は筑後守、飛騨守、官位は従五位下。文化13年（1816）、父の隠居に伴って家督を継ぎ、藩主となる。文政6年

島津忠徹が亡くなった東海道草津宿（滋賀県草津市）

(1823)に佐土原藩学の一層の隆盛を企図し、儒者・御牧赤報を藩の師範として招聘した。しかし、学問を軟弱と決めつける武道派の面々の反発を招き、騒擾に発展する。文政7年(1824)、国入りした忠徹は、武道派の10数人を奄美大島(鹿児島県奄美市ほか)へ配流とするなどという、重い処分を下している。そういったなか、文政8年(1825)に藩校・学習館が完成したことから、8歳に達した子弟に入学を義務づけた。その一方で、流通の促進と藩財政の好転をめざして、専売品の奨励や、藩札・楮本銭の発行を行うが、財政の健全化には失敗している。正室は随真院(島津斉宣の娘で、島津斉彬らの叔母)。天保10年(1839)4月26日、江戸に参勤する途上の近江草津(滋賀県草津市)で病没。43歳。遺骸は幡随院(新智恩寺／現在は東京都小金井市)へ埋葬された。ちなみに、配流となっていた者たちは天保12年(1841)に赦免されたが、すでに病没していた者もいたという。

薩摩藩と同一歩調を取った歴代屈指の名君
島津忠寛 しまづ ただひろ

文政11年(1828)〜
明治29年(1896)

佐土原藩第10代藩主。先代・島津忠徹の次男。生母は正室・随真院(島津斉宣の娘で、島津斉彬らの叔母)。幼名は徳次郎、通称は佐嘉江、又之進、号は蠖堂、受領名は淡路守。官位は従五位下などを経て従二位に進み、没後に正二位を追贈されている。天保10年(1839)、父の病没に伴い、家督を継い

蔵屋敷跡のモニュメント(大阪市西区)

で藩主となった。従兄で薩摩藩主の斉彬の影響を強く受け、海防(海岸防禦)の強化、西洋式軍備の導入に取り組む。また、蘭癖大名の曾祖父・島津重豪、文才に長けた生母・随真院のDNAを受け継いでいたこともあり、領民の教育施設・郷学所の構築などにも心を砕いている。一方、藩財政は危機的な状況であったことから、薩摩藩の理解と協力のもとで、検地や年貢増徴を断行するなどした。私生活の面では、幕末維新期に三男・島津啓次郎ら複数の男子を海外へ留学させており、子弟の教育に熱心であったことがうかがえる。これより先、嘉永元年(1848)には学習館の学頭を領内へ出張させ、各地で儒学の古典の講義をさせた。幕末維新期、忠寛はおおむね薩摩藩と同一行動を取り、元治元年(1864)の禁門(蛤御門)の変で、佐土原藩兵は薩摩藩兵とともに京都御所(京都市上京区)を守り抜いている。また、明治元年(慶応4年／1868)に始まる戊辰戦争では、多数の佐土原藩兵を従軍させた。以上の功績により、忠寛は明治2年(1869)に賞典禄3万石を拝領する。次いで、同年の版籍奉還によって佐土原藩知事となり、明治3年(1870)には居城を藩内の広瀬に移すなどしたが、明治4年(1871)の廃藩置県で辞職した。明治17年(1884)、忠寛は子爵の爵位を授けられた。正室は孝(戸田〈松平〉光庸の四女)。激動の時代に的確な判断を重ねた、時代を代表する人物のひとりであったといえよう。明治29年(1896)6月20日に病没。遺骸は東北寺(東京都渋谷区)へ埋葬された。

佐土原城の礎石をもとに復元された佐土原歴史資料館鶴松館(宮崎市・佐土原城跡)

第三節　後期佐土原家②
——佐土原藩の妻妾・一族

　後期佐土原家の妻妾、一族のなかに、注目すべき人物が複数いる。江戸時代前期の一族・島津久遐(島津忠興の三男で、島津久雄の弟)は第2代藩主の三男で第3代藩主の弟だが、次兄の島津久富らに阻まれて藩政面では活躍していない。しかし、清廉潔白な性格であったことから、失脚後も一族や藩士から慕われ続けたという。また、第9代藩主・島津忠徹の正室で、第10代藩主・島津忠寛の生母である随真院(島津斉宣の四女)は、松寿院(斉宣の次女で、種子島久道の正室)の妹にあたる。薩摩藩第8代藩主・島津重豪の孫であるだけに文才があったことから、文久3年(1863)に国入りする際の道中を克明に日記に記している。さらに、随真院の孫で忠寛の三男である島津啓次郎は海外に留学し、帰国後に佐土原へ学校や団体を設立した。将来を大いに嘱望されたが、明治10年(1877)の西南戦争の際に西郷隆盛と行動をともにし、惜しくも城山(鹿児島市)で戦死を遂げている。

清廉潔白な人柄で藩士に慕われた忠興の三男

島津久遐　しまづ　ひさとお
寛永14年(1637)〜没年不詳

　島津忠興の三男で、島津久雄と島津久富の弟。生母は側室・池田氏。長兄・久雄は第3代藩主、次兄の久富は番代(藩主代行)・島津久寿の父として藩政の実権を掌握したが、三男の久遐は、当初はこれといった権限を与えられていなかった。貞享年間(1684〜1688)、重臣・松木高清が久富とともに藩政の実権を掌握した際、藩内ではこれに反発する松木騒動と呼ばれる騒擾が起こった。このとき、薩摩藩第2代藩主・島津光久は高清の一派を排除するよう久富・久遐兄弟に迫るが、久富は命に従っていない。これに憤った久遐は隠退を試みるものの、光久らは藩政運営に参加するよう求めた。やむなく久遐はこれに応じたが、藩政刷新は実現せず、久遐は第一線を退いている。ただし、清廉潔白な人物として、以後も久遐は心ある一族や藩士から慕われ続けたという。

国入りの道中を日記に記した斉彬の叔母

随真院　ずいしんいん

享和元年(1801)～
明治9年(1876)

　島津斉宣の四女で、島津斉彬や島津久光らの叔母。島津忠徹の正室で、島津忠寛の生母。生母は側室・中根氏。俗名は祀姫、随姫。江戸の薩摩藩邸で出生し、文化2年(1805)以降は嫡母(父の継室)・蓮亭院(丹羽長貴の娘)に養われる。当初、伊予宇和島藩(愛媛県宇和島市)の世子(次期藩主)・伊達兵五郎と婚約するが、兵五郎の病没により輿入れしなかった。文化13年(1816)、一族である忠徹の正室となって江戸の佐土原藩邸に輿入れし、夫とのあいだに嫡子・忠寛ら三男六女をもうけた。天保10年(1839)に夫が病没すると、落飾して随真院と称した。蘭癖大名の異名を得ていた祖父・島津重豪のDNAを受け継いでいたからか、大変な能書家で、相当文才があったらしい。また、踊りや三味線にも長けていたと伝えられている。文久3年(1863)、随真院は江戸幕府の文久の改革により佐土原へ帰国した。江戸から中山道、山陽道を経て佐土原へ向かう際、道中の出来事を『江戸下り島津随真院道中日記』として克明に記録している。のち、明治4年(1871)の廃藩置県により上京し、明治9年(1876)7月17日に東京で病没した。

西南戦争で隆盛と運命をともにした忠寛の三男

島津啓次郎　しまづ　けいじろう

安政4年(1857)～
明治10年(1877)

　島津忠寛の三男。生母は側室・知佐。号は東洲、老仙。幼児期に家臣・町田宗七郎の養子となり、11歳で江戸の幕臣・勝海舟に入門した。さらに、海舟の口添えを得て12歳で渡米して英語、仏語、数学などを学び、19歳で帰国する。このあと、町田家を出て生家へ復帰し、佐土原では鳧文黌や自立社などの学校、団体を設立した。当時、若年ではあったが、佐土原に大きな足跡を残したといっても大過はないであろう。明治10年(1877)、西郷隆盛らが鹿児島で挙兵すると、啓次郎は自ら佐土原隊を組織して西郷軍に身を投じた。やがて西郷軍へ加わり、日向各地を転戦する隆盛らと行動をともにする。9月、撤退した隆盛らとともに城山(鹿児島市)へ籠城し、9月24日に戦死した。21歳。墓碑は南洲神社(鹿児島市)と佐土原にある。西南戦争では数多くの士族(旧藩士)が西郷軍に身を投じたが、藩主の子弟で参加、戦死したのは啓次

郎だけであった。将来を嘱望された人物であっただけに、その若過ぎる死は人々に惜しまれた。

西南戦争最後の舞台となった城山(『幕末・明治・大正回顧八十年史』より)

西郷隆盛の私学校跡に残る西南戦争銃弾跡(鹿児島市)

第四節 後期佐土原家の分家

　後期佐土原家の江戸時代の分家には、番代・島津久寿(島津久富の嫡子で、島津忠高の従弟)に始まる旗本・島之内家がある。久寿をはじめとする島之内家の歴代当主は、江戸幕府の大番頭、小姓組番頭、書院番頭など、将軍の警備を受け持つ番方の要職に就任した。島之内家は旗本として、明治維新まで存続した。また、後期佐土原家の明治維新後の分家には、島津健之助家や島津久永家などがある。健之助は明治時代末期に分家し、男爵の爵位を授けられた。久永(島津久範の次男)は昭和35年(1960)に清宮貴子内親王(昭和天皇の第5皇女)と結婚し、分家した。なお、貴子内親王の生母は香淳皇后だが、香淳皇后の生母・久邇宮俔子妃は島津忠義の七女である。

1 島之内家

　島津久寿(島津久富の嫡子で、島津忠高の従弟)に始まる後期佐土原家(佐土原藩主家)の分家。石高は3000石。久寿は、延宝4年(1676)から元禄3年(1690)のあいだ、佐土原藩第5代藩主・島津惟久(忠高の嫡子)に代わり、番代(藩主代行)を務めた。久寿は番代を退任後、佐土原藩から3000石を分与されて江戸幕府の旗本となる。島之内家は島津久睦(惟久の長男)や島津久芬(惟久の四男)を養子に迎えるなどして、旗本として家名を存続している。歴代の当主のなかでは、久寿が大番頭、第4代当主・久芬が小姓組番頭、書院番頭、大番頭、第5代当主・島津久般(久芬の嫡子)が小姓組番頭、西ノ丸(将軍世子)書院番頭など、将軍の警備を受け持つ番方の要職に就任した。書院番、小姓組番、大番は将軍の親衛隊であるが、その指揮官に島津家の分家の当主が就任していたわけである。なお、久芬の継室(後妻)で、久般の生母は、江戸の町奉行や寺社奉行などを務めた三河西大平藩(愛知県岡崎市)主・大岡忠相(越前守)の娘である。したがって、久般は外様大名・島津家の血と名判官の忠相という、ふたつの優れたDNAを受け継いでいることになる。

島之内家の系図

```
島津忠高 ─ 惟久 ┬ 久睦 ┈┐
                └ 久芬 ┈┐│
                        ││
島津久富 ┬ 久寿 ＝ 久武 ＝ 久睦 ＝ 久芬 ─ 久般 ─ 久道 ─ 伊予守
        └ 久武 ┈┘
```

② 島津健之助家

　島津健之助(島津忠亮の次男)に始まる後期佐土原家(佐土原藩主家)の分家。健之助は明治42年(1909)に分家する際に、第10代藩主・島津忠寛(忠亮の父で、健之助の内祖父)の勲功により、特旨をもって男爵の爵位を授けられた。

島津健之助家の系図

　島津忠寛 ─ 忠亮 ─ 健之助 ─ 久健 ─ 久純

③ 島津久永家

　島津久永(島津久範の次男)に始まる後期佐土原家(佐土原藩主家)の分家。久永の父・久範は島津忠義の七男であるので、久永は忠義の外孫にあたる。久永は昭和35年(1960)に清宮貴子内親王と結婚し、分家した。

・**島津貴子(清宮貴子内親王)**→第一部 第七章 第二節「島津家ゆかりの女性皇族」(P.123)参照。

島津久永家の系図

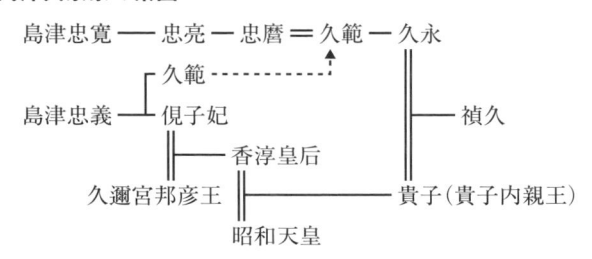

```
島津忠寛 ── 忠亮 ─ 忠麿 ＝ 久範 ─ 久永
                  ┌ 久範 ┈┈┈┈┘
島津忠義 ┼ 俔子妃                    ┬ 禎久
         ╠ 香淳皇后                   └ 貴子(貴子内親王)
久邇宮邦彦王 ╩
         昭和天皇
```

第二部　第二章●支藩・佐土原家とその分家

第三章
江戸時代の島津家の分家
薩摩藩士の家格

　他藩では、藩士は城下町へ集められる場合が多かったが、薩摩藩の場合はやや事情が異なっていた。薩摩藩では、居城である薩摩鹿児島城（鶴丸城）の城下に集められていたのは、城下士と呼ばれる面々だけである。具体的には、藩士でも外城衆中、もしくは外城士、郷士と呼ばれる面々は、外城（郷）と呼ばれる藩内の行政区画に住んだ。一方、城下士には御一門、一所持、一所持格、寄合、寄合並、無格、小番、新番、御小姓与の別があり、御一門から寄合並までを大身分と呼ぶ。御家老与などという場合もあった。島津家の支族の北郷氏や敷根氏、佐多氏のように、江戸時代に藩主の命で島津姓に復姓して、それぞれ都城家、市成家、知覧家となった家もある。ところで、大身分の家は同じ大身分の家と縁組を重ねる場合が多かった。たとえば、幕末期に家老として活躍した桂久武は、一所持の島津久風（日置家）の五男として出生し、同じく一所持の桂久徴の養子となって家督を相続した。また、同じく家老として活躍した小松帯刀は、内祖父が一所持の肝付兼役で、内祖母の貞雲院も一所持の島津久中（豊州家）の娘である。のちに、三男である帯刀は同じく一所持の小松清猷の名跡を継ぎ、歴史の表舞台に登場したのであった。そういえば、幕末維新期の薩摩藩では、御小姓与出身の西郷隆盛や外城士の活躍が有名だが、この期間を通じて藩の中枢にあったのは、日置家の島津久徴や宮之城家の島津久治などの、一所持を中心とした大身分の面々である。なお、加治木家の支族の村橋家のように、ほかの姓を名乗って大身分の家から分家した例がある。このため、大身分以外では、島津姓を名乗った藩士は稀である。その一方で、島津将曹こと碇山久徳や島津伊勢（広兼）こと諏訪甚六のように、藩主から在職中、もしくはその身一代に限って島津姓を名乗ることを許された者もいる。さて、それぞれの家数と人数は、弘化3年（1846）の『門閥其他御目見以下総数』では、

　　御一門4家、一所持29家、一所持格12家、寄合52家、寄合並10家、無格2家、小番760家、新番24家、御小姓与6146家

となっている。無格は中世以来の家柄を誇る家で、小番や新番は他藩の馬
廻に相当する直臣のことである。また、安政2年(1855)の『門葉家名人員』
(『斉彬公史料』〔第2巻〕所収)の冒頭の集計では、

　　御一門4人、一所持・一所持格40人、寄合38人、寄合並5人、御役付其身
　　計3人

となっている。前後したが、『門葉家名人員』には小番、新番、御小姓与
の記載がなく、また『門葉家名人員』の本文には次のように47人の名前が記
されているが、空欄が1か所ある。御一門四家の家数は不変だが、一所持以
下の家数は時代によって増減があったことがうかがえる。なお、実際の各家
の当主の名と食い違う場合もあるが、当主の名については『斉彬公史料』
〔第2巻〕の記述に従った。

　　御一門四家
　　　　島津周防忠教　　島津兵庫久長　　島津讃岐貴敦　　島津安芸忠剛
　　　一所持
　　　　島津左衛門久徴　　島津若狭忠敬　　川上筑後久封　　島津大蔵久隆
　　　　島津図書久治　　島津豊後久寶　　島津主殿久儔　　島津伯耆久福
　　　　島津壬生久清　　島津左膳久元　　新納波門久世　　樺山相馬久要
　　　　島津出雲久静　　桂小吉郎久武　　島津頼母久武　　島津求馬久敬
　　　　喜入摂津久通　　町田助太郎久長　　島津帯刀久直　　島津内記久雄
　　　　北郷作左衛門久視　　島津主計久寛　　島津矢柄久敬　　大野多宮久甫
　　　　吉利仲久包　　本田内膳久　　伊集院伊膳久文　　種子島鶴裂裟久尚
　　　　島津石見久浮　　頴娃織部久武　　小松相馬久猷　　入来院怡公寛
　　　　比志島静馬範惟　　肝付兵部兼兩　　（　空　　欄　）　　新納内匠久
　　　　菱刈李之助隆徴　　諏訪数馬武盛　　川田将監佐武　　畠山主計義制
　　　　新納駿河久仰　　鎌田図書正純　　伊勢雅楽貞章　　市田隼人義近

　ところで、寄合、寄合並は中世以来の家柄を誇る家もあるにはあるが、過
半は御一門や一所持、一所持格の分家である。ちなみに、藩主の一族や重臣
の職を世襲する家のことを、譜代門閥層という。大身分と呼ばれる寄合、寄
合並あたりまでが、薩摩藩の譜代門閥層といったところであろうか。

第一節　御一門の各家

　御一門は一門家、御一門(一門)四家ともいう。御一門は鎌倉時代に島津家から分家した家の名跡を継いだ重富家(越前家)、今和泉家(和泉家)の両家と、織豊時代に分家した垂水家、江戸時代に分家した加治木家の4家からなる。先に紹介した『門葉家名人員』に記されている忠教(のちの国父・島津久光)、久長、貴敦、忠剛の4人は、それぞれ重富家(1万4487石)、加治木家(1万石)、垂水家(1万8000石)、今和泉家(1万3700石)の当主である。なお、4家に世子(次期当主)のない場合は、藩主の子弟を世子に据えたことがあった。また、逆に藩主に世子のいない場合に、加治木家を相続していた島津重年(島津継豊の次男)や島津重豪(重年の長男)を呼び戻して、藩主としたこともある。徳川将軍家における御三家・御三卿と同様、御一門は血統の保持の役割を果たし、宗家の一門として藩内では厚遇された。なお、御一門は、江戸時代後期までは原則として藩政に関与することがなかった。いうまでもなく、原則として政治にタッチしないという慣習は、江戸幕府の御三家・御三卿の制に酷似しているといえよう。

1　重富家

　島津忠紀(島津吉貴の次男で、島津継豊の弟)に始まる島津家の分家。御一門四家のひとつ。薩摩藩第4代藩主・吉貴の子である忠紀は、元文元年(1736)に分家して大隅脇元(鹿児島県姶良市)の地を拝領した。かつて、鎌倉時代に島津忠綱(初代当主・島津忠久の次男)が興した越前家という分家があり、同家は越前(福井県中央部)、播磨(兵庫県南部)に住んだが、戦国時代に衰退する。第5代藩主の継豊はこの点を惜しみ、忠紀に越前家伝来の系図と文書を与えて、越前家の名跡を継がせた。のちに脇元の地名を重富に改めたことから、この系統は重富家、あるいは越前家(後期越前家)と呼ばれるようになる。石高は1万4487石で、重富家はやがて御一門四家のひとつに位置づけられた。ちなみに、安政2年(1855)の『門葉家名人員』(『斉彬公史料』〔第2巻〕所収)には、重富家の石高が1万4694石余と記されている。歴代当主のうち、

島津忠公(第9代藩主・島津斉宣の子)や島津久光(忠教／第10代藩主・島津斉興の五男で、第12代藩主・島津忠義の父)らは藩主の子弟で、わけても久光は、生家へ復帰後に国父(藩主の父)として活躍した。なお、久光が生家へ復帰したのち、家督は島津珍彦(久光の三男)が継ぐ。珍彦は幕末維新期に国事に奔走して功績が多く、明治22年(1889)に男爵の爵位を授けられた。また、島津忠彦(珍彦の内孫)は参議院議員に当選している。

重富家の系図

島津吉貴 ─ 忠紀 ─ 忠寛 ═ 忠公 ═ 久光 ─ 珍彦 ─ 壮之助 ─ 忠彦 ─ 晴久
                                                           └ 孝久

家督を継いで国事に奔走した久光の三男
島津珍彦　しまづ　うずひこ
弘化元年(1844)〜明治43年(1910)

　重富家第5代当主。島津久光の三男で、島津忠義の弟。幼名、通称は敬四郎、又次郎、周防、常陸、備後、諱(実名)は紀寛、忠鑑だが、維新後は珍彦で通した。先代・久光の子で、久光が万延元年(1860)に生家である島津家へ復帰した際、家督を継いで当主となる。西郷隆盛や大久保利通らによる薩長同盟の締結、討幕運動に理解を示し、元治元年(1864)の禁門の変、明治元年(慶応4年／1868)の鳥羽・伏見の戦い、明治2年(1869)の箱館戦争などで軍功があった。維新後は侍従や貴族院議員を歴任し、明治22年(1889)に男爵の爵位を授けられた。また、鹿児島師範学校の校長や鹿児島中学造士館の館長を務めるなど、鹿児島県の発展に貢献した。妻は典子(第11代藩主・島津斉彬の四女)で、ハル(珍彦の次女)は宮之城家の島津長丸に嫁して皇后宮女官長を務めた。珍彦は明治43年(1910)6月16日に病没。墓碑は鹿児島県姶良市の紹隆寺にある。

戦後参議院議員を2期務めた珍彦の内孫
島津忠彦　しまづ　ただひこ
明治32年(1899)〜昭和55年(1980)

　重富家第7代当主、貴族院議員、参議院議員。島津壮之助の嫡子で、島津珍彦の内孫。大正14年(1925)、父・壮之助の病没に伴い、家督を相続して当主、男爵となった。大正14年(1925)から昭和22年(1947)まで貴族院議員を務

め、華族制度の廃止に立ち会う。次いで、昭和22年(1947)の第1回参議院選挙に鹿児島県選挙区で立候補し、3年議員に当選した。昭和25年(1950)の第2回参議院選挙でも同選挙区で当選し、都合2期9年間、参議院議員を務めた。なお、当初は無所属で、その後は緑風会、民主自民党、自由党、自由民主党と所属政党を変えている。閣僚歴はないが、昭和28年(1953)から昭和29年(1954)にかけて、参議院の電気通信委員長を務めた。薩摩の島津家の一族で国政選挙に当選したのは、現在までのところ忠彦のみである。昭和55年(1980)5月12日に病没。

② 加治木家

島津忠朗(忠平／薩摩守家久の三男)に始まる島津家の分家。御一門四家のひとつ。薩摩藩初代藩主・家久の子である忠朗は、分家して寛永8年(1631)に大隅加治木郷(鹿児島県姶良市)に1万石を与えられた。なお、加治木郷は島津義弘(家久の父で、忠朗の祖父)の隠居の地で、分家の創設は義弘の遺言に従ったものという。やがて、加治木家は御一門のひとつとなり、藩内屈指の家格を誇るにいたる。先に触れた通り、加治木家の石高は1万石だが、家臣300戸の俸禄7600石余も合わせて知行していた。ちなみに、安政2年(1855)の『門葉家名人員』(『斉彬公史料』〔第2巻〕所収)には、加治木家の石高が1万9338石余と記されている。この石高は、家臣の知行などを含んだ数字であろう。歴代当主のうち、島津重年(第5代藩主・島津継豊の次男)と島津重豪(重年の嫡子)は、それぞれ第7代藩主、第8代藩主に就任している。第6代当主・島津久徴(天錫／島津久峯の長男)は文学に造詣が深く、第8代当主・島津久徳(島津久照の子)は文政7年(1824)に剝岩池を作った。第10代当主・島津久宝(島津久長の子)は城代家老に進む。明治30年(1897)、島津久賢(相良頼基の次男で、久宝の養子)が男爵の爵位を授けられた。

加治木家の系図

島津家久(薩摩守)―忠朗―久薫＝久季＝重年―重豪＝久徴―久照―
└久徳―久長―久宝＝久賢＝久英＝義秀―久崇

庶民教育にも功績を残した当代屈指の漢詩人
島津久徴 しまづ ひさなる

宝暦2年(1752)～
文化6年(1809)

　加治木家第6代当主、漢詩人。知覧家の第18代当主・島津久峯の長男で、加治木家第5代当主・島津重豪の養子。幼名、通称は太郎次郎、兵庫、字は子瑕、号は天錫、錦水、法名は錦水院天錫子瑕大居士、諱(実名)は久憑、久容とも。なお、久峯は第5代藩主・島津継豊の三男であるので、久徴は継豊の外孫にあたる。ちなみに、日置家の第12代当主も同姓同名の島津久徴(下総)だが、活躍した時代が異なる別人である。久徴は先代・重豪が薩摩藩第8代藩主へ転出したあと、安永元年(1772)に加治木家の家督を相続した。領主として薩摩加治木郷(鹿児島県姶良市)の特産品の奨励、教育の充実などに心を砕く。教育の振興に熱心で、肥前長崎(長崎市)の伊藤瓊山と江戸の秋岡冬日を薩摩へ招いて、郷校(庶民の教育機関)・毓英館を創設した。また、久徴は漢詩をよくしたが、皆川淇園、江村北海、中井竹山をはじめとする、時代を代表する学者や文人と交遊を重ねた。さらに『名山楼詩集』などを著し、実窓寺跡(姶良市)などの石碑にもに久徴の文章が刻まれている。寛政12年(1800)に隠居し、家督を島津久照(久徴の嫡子)に譲った。文化6年(1809)9月11日に病没。58歳。

戊辰戦争に大砲隊を送り出した少年当主
島津久宝 しまづ ひさたか

嘉永5年(1852)～
明治20年(1887)

　加治木家第10代当主。先代・島津久長の嫡子。なお、同時代の人物に豊州家の島津久宝(豊後)がいるが、別人である。安政3年(1856)、父の病没に伴って家督を相続した。明治元年(慶応4年／1868)から始まる戊辰戦争では大隅加治木郷(鹿児島県姶良市)から大砲隊などを送り出し、自身も日向(宮崎県)まで出征している。明治20年(1887)8月14日に病没。墓碑は姶良市の能仁寺跡にある。

戊辰戦争で用いられた大砲(兵庫県神戸市中央区・三宮神社)

第二部　第三章●江戸時代の島津家の分家

3 垂水家

　島津忠将(島津忠良の次男で、島津貴久の弟)に始まる島津家の分家。御一門四家のひとつ。忠将は分家し、家督を継いだ島津以久(忠将の嫡子)が慶長4年(1599)に大隅垂水郷(鹿児島県垂水市)などの領主となった。なお、垂水に定着したのが以久の時代であるので、本項では忠将を家祖、以久を初代当主とした。ただし、忠将を初代と見る説、早世した島津彰久(以久の嫡子)を歴代当主と見なす説などもある。以久は慶長8年(1603)に3万石の日向佐土原藩(宮崎市)主に封じられたことから、垂水家の家督を島津久信(彰久の嫡子で、以久の内孫)に譲って藩主に転じた。垂水家の石高は1万8000石であったが、安政2年(1855)の『門葉家名人員』(『斉彬公史料』〔第2巻〕所収)には垂水家の石高が1万5421石余と記されている。明治30年(1897)、島津貴暢が男爵の爵位を授けられた。なお、島津久章(久信の子)は分家し、新城家を興している。

　　→第二部 第二章 第二節「後期佐土原家①――佐土原藩の歴代藩主」(P.172)、
　　および第二部 第三章 第二節「一所持・一所持格の各家　5.新城家」(P.209)
　　参照。

・**島津以久**→第二部 第二章 第二節「後期佐土原家①――佐土原藩の歴代藩主」(P.173)参照。

・**島津忠興**→第二部 第二章 第二節「後期佐土原家①――佐土原藩の歴代藩主」(P.174)参照。

垂水家の系図

```
島津忠良 ─ 忠将 ─ 以久 ┬ 彰久 ─ 久信 ┬ 久敏 ═ 忠紀 ─ 久治 ═ 忠直
                      ├ 入来院重時   └ 久章〔新城家〕
                      └ 忠興〔後期佐土原家〕
         └─ 貴儔 ═ 貴澄 ─ 貴品 ─ 貴柄 ─ 貴典 ─ 貴敦 ─ 貴徳 ─ 貴暢 ─ 貴晴
```

味方の救援をめざすも討ち死にを遂げた貴久の弟

島津忠将　しまづ ただまさ

永正17年(1520)～
永禄4年(1561)

　垂水家の家祖、大隅清水城(鹿児島県霧島市)主。島津忠良の次男で、島津

貴久(忠良の嫡子)の弟。幼名は菊寿丸、通称は又四郎、右馬頭、法名は心翁大安居士で、諱(実名)は政久とも。薩摩と大隅の各地を転戦し、島津家の三国統一作戦に貢献した。天文17年(1548)に本田氏から清水城を奪い、自らの居城とする。天文23年(1554)以降、大隅蒲生城(鹿児島県姶良市)の蒲生氏らの討伐で実をあげた。けれども、永禄4年(1561)7月、大隅廻城(霧島市)の攻防戦で、味方を救うべく家老・町田忠成らの制止を振り切って竹原山へ向けて出撃する。しかし、付近の馬立坂で敵方に捕捉され、奮戦の末、同月2日に討ち死にを遂げた。42歳。正室は佐多久親の娘(一説に佐多忠成の娘)。墓碑は霧島市の楞巌寺跡にある。

家督相続前に戦病死した義久の娘婿

島津彰久　しまづ あきひさ

永禄10年(1567)～
文禄4年(1595)

垂水家の世子(次期当主)、大隅清水城(鹿児島県霧島市)主。島津以久の嫡子で、島津義久の娘婿。生母は正室・北郷氏。通称は又四郎、右衛門尉(守右衛門尉)、法名は天宗慈雲大禅定門。父・以久が大隅種子島領(鹿児島県南種子町ほか)主に転じたのち、清水城主へ就任した。正室は義久の次女・新城様。文禄元年(1592)からの第1次朝鮮出兵(文禄の役)に従軍したが、垂水家の家督を継ぐ以前の文禄4年(1595)7月5日、朝鮮半島沖の唐島(巨済島)で戦病死を遂げた。29歳。清水城外に彰久・新城様夫妻の墓碑があったが、現在は失われている。

入来院家の養子となり活躍した以久の次男

入来院重時　いりきいん しげとき

生年不詳～
慶長5年(1600)

入来院氏嫡流第15代当主。島津以久の次男で、入来院重豊の養子。生母は正室・北郷氏。幼名、通称は鎌三郎、又六、法名は雲庵定隠で、諱(実名)は忠重とも。入来院氏は薩摩入来院(鹿児島県薩摩川内市)を拠点とした薩摩北部の有力武将である。永禄12年(1569)、第13代当主である入来院重嗣(重豊の父)は島津家に属すものの、第14代当主・重豊のときに謀叛の噂が流れた。このため、重豊は天正2年(1574)に島津家嫡流の第16代当主・島津義久へ血判起請文を提出するとともに、重時を入来院氏の養子に迎える。重時は家督を相続後、島津義弘(義久の弟)に従って、文禄元年(1592)からの朝鮮出兵や

慶長5年(1600)の関ヶ原の戦いなどに参加した。この間の文禄4年(1595)には、薩摩湯之尾(鹿児島県伊佐市)へ転封(国替え)となっている。また、慶長4年(1599)に伊集院忠棟が島津家久(薩摩守／義弘の嫡子、義久の甥で娘婿)の命で成敗された際には、重時は徳川家康に拝謁して弁明をした。正室は島津歳久の長女(島津忠隣の後室)。慶長5年(1600)の関ヶ原の戦いののちに隠居し、家督を入来院重高(薩州家第6代当主・島津義虎の五男で、重時の養子)に譲った。重時はその年のうちに没したという。なお、入来院氏は慶長18年(1613)に入来院(入来郷)へ復帰し、薩摩藩の一所持として存続した。ちなみに、安政2年(1855)の『門葉家名人員』(『斉彬公史料』〔第2巻〕所収)には、「薩摩国薩摩郡入来郷　入来院恰公寛」と記されており、石高は4815石余となっている。

漢学や和歌をよくした第4代藩主・吉貴の子
島津貴澄　しまづ たかずみ

元文3年(1738)〜文化4年(1807)

垂水家第8代当主。島津吉貴の六男(一説に五男)で、島津貴儔(吉貴の三男で、貴澄の兄)の養子。幼名、通称は小源太、玄蕃、越後、備前、美作、号は予章、法名は景徳院如山元宥大居士で、諱(実名)は元直とも。薩摩藩第4代藩主・吉貴の子で、一時、末川家を相続したのち、兄で先代当主・貴儔の養子となり、垂水家の家督を継ぐ。漢学や和歌に詳しく、『廃籠詩稿』という著作を残している。また、郷校(庶民の教育機関)・文行館を創設し、市川鶴鳴らを招いて教育の向上をめざした。文化4年(1807)に病没。70歳。

④ 今和泉家(和泉家)

島津忠卿(島津吉貴の七男で、島津継豊の弟)に始まる島津家の分家。御一門四家のひとつ。かつて、鎌倉時代に島津忠氏(第4代当主・島津忠宗の次男)が興した分家・和泉家があったが、同家は室町時代に断絶した。薩摩藩第5代藩主の継豊はこの点を惜しみ、忠卿に和泉家の名跡を継がせた。このため、忠卿に始まる分家は和泉家と区別するべく、今和泉家と呼ばれている。今和泉家は代々、薩摩今和泉郷(鹿児島県指宿市)など1万3700石を領有したが、島津忠温(吉貴の八男)、島津忠厚(第8代藩主・島津重豪の三男)、島津

光台寺跡にある今和泉島津家墓地(鹿児島県指宿市)

忠剛(第9代藩主・島津斉宣の七男)など、藩主の子が養子に入ることが多かった。第13代将軍・徳川家定の継室(後妻)となった天璋院(忠剛の長女)も、この今和泉家の出身である。今和泉家の本邸は鹿児島城(鶴丸城)下の大龍寺の隣にあったが、現在の鹿児島市の郊外などに複数の屋敷があった。また、今和泉郷の屋敷(陣屋)は現在、指宿市立今和泉小学校となっており、光台寺跡(指宿市)には今和泉家歴代の墓碑が並ぶ。明治29年(1896)、島津忠欽(島津久光の四男で、島津忠敬の養子)は今和泉家を出たが、家督は島津隼彦(忠欽の次男)が継いでいる。明治33年(1900)、隼彦が特旨により、男爵の爵位を授けられた。

- **天璋院**→第一部 第五章 第五節「江戸時代の島津家⑤──島津家出身の将軍の正室」(P.93)参照。
- **島津忠欽**→第二部 第三章 第三節「明治維新後の分家 4.島津忠欽家」(P.217)参照。

今和泉家の系図

島津吉貴 ─ 忠卿 ＝ 忠温 ＝ 忠厚 ─ 忠喬 ＝ 忠剛 ┬ 忠冬 ＝ 忠敬 ＝ 忠欽 ─┐
　　　　　　　　　　　　　　　　　　　　　　　├ 忠敬 ┄┄▲　　　　　│
　　　　　　　　　　　　　　　　　　　　　　　└ 天璋院　　　　　　　 │
　　　　　　　　　　　　　　　島津久光 ─ 忠欽 ┄┄┄┄┄┄┄┄┄┄┄┄┘
　　　　　　　　　　　　　　　└ 隼彦 ─ 忠親 ─ 忠克

第二部 第三章●江戸時代の島津家の分家

藩主不在時に儀礼面で活躍した天璋院の父
島津忠剛 しまづ ただたけ

文化3年(1806)～
安政元年(1854)

　今和泉家第5代当主。島津斉宣の七男で、島津忠喬の養子、天璋院の父。したがって、第10代藩主・島津斉興(斉宣の嫡子)の弟、第11代藩主・島津斉彬(斉興の嫡子)や国父・島津久光(斉興の五男)らの叔父にあたる。生母は側室・荒田常明の娘。幼名、通称は啓之助、安芸で、諱(実名)は久彰とも。第9代藩主・斉宣の子として生まれ、当初は花岡家(一所持)の養子となった。しかし、一度生家へ戻ったのち、文政8年(1825)に今和泉家第4代当主・忠喬の養子に迎えられる。一時期、隠居(第8代藩主)・島津重豪(斉宣の父)の住む高輪藩邸(東京都港区)に起居したが、幼少時から利発な少年であったという。大名の養子にという話もあったが、忠剛本人が江戸での生活を嫌ったため、今和泉家の世子(次期当主)に据えられたと伝えられている。天保10年(1839)、今和泉家の家督を相続し、第5代当主となった。慣例に従い、忠剛は藩政に参画しなかったが、天保13年(1842)には前年に病没した父・斉宣の遺体を国境で出迎え、不在の藩主に代わって位牌を奉じるなどした。御一門として、冠婚葬祭などの面では重要な役割を担っていたことがうかがえる。

今和泉島津家墓地にある島津忠剛の墓(鹿児島県指宿市)

今和泉家の本邸跡に残る石塀(鹿児島市)。天璋院の生誕地とみられている

なお、今和泉家に限らず、当時は藩内のどの家も財政悪化に苦しめられていた。このため、忠剛は海老原清煕（えびはらきよひろ）と新納熊五郎（にいろくまごろう）に改革を委嘱し、どうにか財政を好転させている。正室は島津久柄（しまづひさえ）（一所持格（いっしょもちかく））の娘で、小説などにはお幸という名前で登場する。しかし、実際には忠剛の正室、天璋院の生母にあたる女性は、俗名が不詳であるという。なお、久柄の家は島津忠広（しまづただひろ）（初代藩主・薩摩守家久（さつまのかみいえひさ）の四男）を祖とする、島津家の分家である。やがて、嘉永6年（1853）、藩主・斉彬の命により、天璋院を「斉彬の実の娘」として江戸幕府に届け出た。ちなみに、この年、忠剛は藩主・斉彬の海防（海岸防禦）強化の指示に従い、今和泉郷の高台へ大砲を設置している。もっとも、忠剛自身は病気がちであったらしく、公式行事を欠席することが多かった。そんな忠剛は、徳川家定（とくがわいえさだ）と天璋院との婚約が本決まりになる以前の、安政元年（1854）2月27日に病没（ほうぎょ）。49歳。墓碑は鹿児島県指宿市（いぶすきし）の光台寺（こうだいじ）跡にある。家督は島津忠冬（ただふゆ）（忠剛の嫡子）、さらに島津忠敬（しまづただゆき）（忠剛の四男）が相次いで継ぐ。なお、天璋院が家定のもとへ輿入（こしい）れしたのは、安政3年（1856）12月18日のことであった。

第二節　一所持・一所持格の各家

　本来、一所持とは所領を持つ家を指すといわれるが、一所持格はそれに準ずる家のことであるという。一所持、一所持格には、都城家（3万9617石）のように大名並みの石高を誇る家もあるが、桂家のように数百石の石高しかない家もあった。また、中世以来の家柄を誇る北郷家や種子島家なども一所持だが、島津姓を名乗った分家が多く含まれている。たとえば、本章の冒頭で触れた、安政2年（1855）の『門葉家名人員』（『斉彬公史料』〔第2巻〕所収）に登場する、久徴、久治（島津久光の次男）、久福、久静は、それぞれ日置、宮之城、知覧、都城の各家の当主である。これらの当主のなかには、幕末維新期に活躍した人物が多い。このうち都城家は、石高だけ見れば藩内最高で、支藩の後期佐土原家（日向佐土原藩／2万7000石）すらも上回っている。しかし、儀礼などの面において、御一門と一所持などの区分は徹底されていたという。ここでは一所持・一所持格の各家のうち、おもに戦国時代から江戸時代にかけて分家した家や、江戸時代に島津姓へ復姓、改姓した家を取り上げた。なお、後者の歴代当主のうち、都城家の鎌倉時代と室町時代の当主については第二部　第四章　第一節「島津家の支族　26.北郷氏」（P.252）を、豊州家については第二部　第一章　第二節「中世の島津家の分家②——九州三国の分家　4.豊州家」（P.161）を参照していただきたいと思う。

1　豊州家

→第二部　第一章　第二節「中世の島津家の分家②——九州三国の分家　4.豊州家」（P.161）参照。

2　日置家

　島津歳久（島津貴久の三男）に始まる島津家の分家。この系統は薩摩日置郷（鹿児島県日置市）の領主であったことから、日置家と呼ばれている。天正8

年(1580)以降、家祖・歳久は薩摩祁答院(鹿児島県薩摩川内市)などを与えられ、薩摩宮之城(鹿児島県さつま町)を居城とした。文禄4年(1595)、第2代当主・島津常久(島津忠隣の嫡子で、歳久の孫)が、日置郷の領主に転じる。当初、石高は1万7300石であったが、安政2年(1855)の『門葉家名人員』(『斉彬公史料』〔第2巻〕所収)には、日置家の石高が6564石余と記されている。歴代の人物のうち、歳久、忠隣(島津義虎の次男で、歳久の養子)は九州各地を転戦して軍功を重ねた。しかし、歳久は第1次朝鮮出兵(文禄の役)の前後に自刃を強いられ、忠隣は九州征伐の際に討ち死にを遂げている。また、第3代当主・島津久慶(常久の嫡子)は薩摩藩家老として活躍したが、浄土真宗(一向宗)信者の疑いで病没後に弾劾された。以上のように、織豊時代、江戸時代初期には、日置家では不運な出来事が続く。しかし、第11代当主・島津久風が城代家老、第12代当主・島津久徴(久風の嫡子)が筆頭家老に就任するなど、江戸時代後期、幕末期の当主のなかには藩政の枢機に参画した者が多い。なお、第13代当主・島津久明(久徴の嫡子)、日置家出身の赤山靱負、桂久武(以上、久風の子で、久徴の弟)らも薩摩藩内で活躍した。明治33年(1900)、久明が男爵の爵位を授けられている。

・**赤山靱負**→第二部 第四章 第一節「島津家の支族 2.赤山氏」(P.220)参照。
・**桂久武**→第二部 第四章 第一節「島津家の支族 13.桂氏」(P.230)参照。

日置家の系図

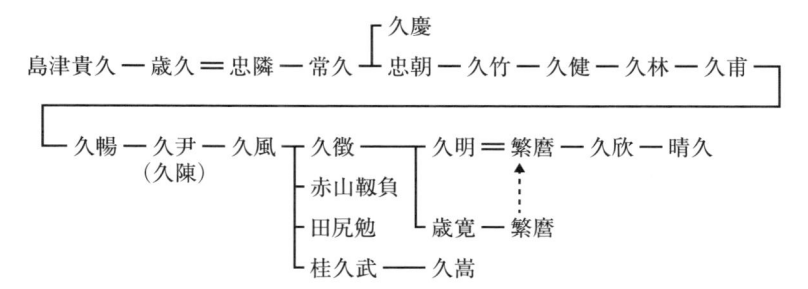

```
                              ┌久慶
島津貴久─歳久═忠隣─常久─┤
                              └忠朝─久竹─久健─久林─久甫─
┌久暢─久尹─久風┬久徴──┬久明═繁麿─久欣─晴久
         (久陳)  │        ├赤山靱負 │
                  │        ├田尻勉   └歳寛─繁麿
                  │        └桂久武──久嵩
```

無実の罪で自刃を強いられた義久らの弟
島津歳久　しまづ としひさ

天文6年(1537)〜
文禄元年(1592)

日置家の家祖(初代当主)、薩摩宮之城(鹿児島県さつま町)主。島津貴久の三男で、島津義久と島津義弘の弟、島津家久(中務大輔)の兄。生母は継室(後妻)・雪窓夫人(入来院重聡の娘)。通称は又六郎、官職は左衛門督(金吾)、

号は晴蓑、法名は心岳良空大禅伯。義久のエクスパンション(領土拡張主義)を実現するべく、次兄の義弘に従って九州各地を転戦した。天正15年(1587)の九州征伐の際は最後まで抗戦を主張したあげく、病気を理由に豊臣秀吉のもとへ伺候していない。文禄元年(1592)の第1次朝鮮出兵(文禄の役)にも出陣を渋ったが、同年に大隅の武士・梅北国兼らが肥後佐敷城(熊本県芦北町)へ籠城するという乱が起こる。この梅北の乱に歳久の家来が加わっていたため、周囲は歳久を乱の黒幕と名指しした。これを鵜呑みにした秀吉が追手を差し向けたため、歳久は薩摩龍ケ水(鹿児島市)で7月18日に自刃。56歳。墓碑は心岳寺(廃寺/鹿児島市)にあったが、現在は鹿児島市の平松神社にある。なお、生前の歳久は妻妾とのあいだに娘ふたりをもうけており、島津忠隣(薩州家第6代当主・島津義虎の次男)を長女の婿養子に迎えて世子(次期当主)としていた。しかし、忠隣は天正15年(1587)の日向根白坂(宮崎県木城町)の戦いで討ち死にしていた。このため、家督は嫡孫である島津常久(忠隣の嫡子)が相続した。

叔父と手柄を競って討ち死にした歳久の婿養子
島津忠隣　しまづ　ただちか
永禄12年(1569)～天正15年(1587)

　日置家の世子(次期当主)。薩州家第6代当主・島津義虎の次男で、初代当主・島津歳久の婿養子。生母は正室・御平(島津義久の長女)か。通称は三郎次郎、法名は桂山昌久大禅定門。天正14年(1586)、義久(歳久の長兄)に従って九州北部へ遠征した。次いで、天正15年(1587)4月、豊臣方の豊臣秀長(豊臣秀吉の弟)による九州征伐が本格化すると、島津家久(中務大輔/歳久らの弟)と日向根白坂(宮崎県木城町)の戦いに参加した。しかし、家久と手柄を競ったあげく、豊臣方の猛攻を受けて根白坂で17日に討ち死に。19歳。なお、正室(歳久の長女)は入来院重時と再婚したという。

没後に無実の罪で弾劾された不運な家老
島津久慶　しまづ　ひさよし
慶長14年(1609)～慶安4年(1651)

　日置家第3代当主、薩摩藩家老。島津常久の嫡子。通称は又五郎。薩摩藩初代藩主・島津家久(薩摩守)の時代に家老や宗門方、異国方掛を務め、藩政の確立に貢献した。文学や和歌に長けた文人でもあったが、医学にも造詣が

深かったという。慶安4年(1651)に病没。43歳。病没後、浄土真宗（一向宗）信者との疑いがかかって弾劾され、家老や日置家当主、文人としての業績の一切を抹殺された。さらに、まぎれもなく当主であるにもかかわらず、系図の上から久慶が削除されたという。

島津久徴（しまづ ひさなが）

久光の挙兵上洛に反対し失脚した筆頭家老

文政2年(1819)〜明治3年(1870)

日置家第12代当主、薩摩藩筆頭家老。先代・島津久風の嫡子で、赤山靱負、田尻勉、桂久武の兄。生母は久美（種子島久道の三女）。通称は左衛門、下総、号は獨遊斎。なお、加治木家第6代当主の島津久徴（天錫）とは同姓同名だが、諱（実名）の読み方が異なる別人である。父の久風は、江戸時代後期に薩摩藩の城代家老などを務めた。久徴は薩摩藩第11代藩主・島津斉彬に登用され、家老に抜擢される。一時、筆頭家老・島津久宝（豊州家の第15代当主）と衝突して家老の職を退くが、幸いにも大久保利通ら精忠組の支援を受けて安政6年(1859)に筆頭家老となった。しかし、文久2年(1862)に、公武合体運動や国父・島津久光による藩兵を率いての上洛などに反対したため、筆頭家老の職を失っている。以後、筆頭家老には喜入久高が抜擢され、利通ら精忠組の発言権が増大した。久徴は明治3年(1870)4月5日に病没。なお、嘉永5年(1852)の『島津久徴東行日記』が伝えられている。

島津久明（しまづ ひさあき）

藩兵の指揮などで手腕を発揮した久徴の嫡子

天保13年(1842)〜大正3年(1914)

日置家第13代当主。先代・島津久徴の嫡子。幼名、通称は又六郎、左衛門、文久2年(1862)、筆頭家老であった父・久徴が失脚、隠居に追い込まれたのに伴い、家督を相続して当主となる。元治元年(1864)の第1次長州征伐では、先陣総督として出陣した。明治元年(慶応4年／1868)からの戊辰戦争でも、薩摩藩兵を率いて奥羽各地を転戦する。維新後は第11代藩主・島津斉彬を祀る照国神社の宮司を務め、明治33年(1900)に男爵の爵位を授けられた。大正3年(1914)4月21日に病没。

③ 宮之城家

　島津尚久(日新斎忠良の三男で、図書頭忠良の父)に始まる島津家の分家。一所持。この系統は、慶長5年(1600)以降、薩摩宮之城郷(鹿児島県さつま町)の領主であったことから、宮之城家と呼ばれた。なお、以上のように尚久のときに分家したが、忠良(図書頭／尚久の子)を初代とする見方もある。ちなみに、尚久の父・忠良(日新斎)と、尚久の三男・忠良(図書頭)とは別人で、読み方も父は「ただよし」、子は「ただなが」と読む。歴代当主のうち、第7代当主・島津久方(島津綱貴の五男)、第9代当主・島津久亮(島津吉貴の五男)、第15代当主・島津久治(島津久光の次男)らは、薩摩藩の藩主や国父の子である。石高は当初は1万5763石であったが、安政2年(1855)の『門葉家名人員』(『斉彬公史料』〔第2巻〕所収)には、宮之城家の石高が1万5755石余と記されている。また、歴代当主のなかには家老となった者が多く、江戸時代初期の第4代当主・島津久通(島津久元の嫡子)と幕末維新期の久治は幾多の功績を残している。維新後の第16当主である島津長丸と妻・ハル(治子／島津珍彦の次女)は女子教育の発展に尽力した。明治30年(1897)、長丸が男爵の爵位を授けられている。なお、ハルは昭和初年に短期間、香淳皇后(良子女王／長丸・ハル夫妻とはいとこ半の間柄)の皇后宮女官長を務めた。

宮之城家の系図

　島津忠良(日新斎) ── 尚久 ── 忠良(図書頭) ── 久元 ── 久通 ── 久竹 ─┐

┌───┘
├─ 久洪 ＝ 久方 ── 久倫 ═ 久亮 ＝ 久濃 ＝ 久郷 ── 久儔 ┬ 久中 ＝ 久宝 ─┐
│　　　　　　　　　　　　 久濃┄┄┘　　　　　　　　　　　　 └ 久宝 ┄┘
│
└─ 久治 ── 長丸 ── 忠丸 ── 忠之 ── 忠洋

江戸幕府との交渉で活躍した日新斎忠良の孫

島津忠良 (図書頭)

しまづ　ただなが
(ずしょのかみ)

天文20年(1551)〜
慶長15年(1610)

　宮之城家第2代当主。島津尚久の子で、島津日新斎忠良の外孫。幼名は鎌菊丸、通称、官職は又五郎、右馬頭(左馬頭)、図書頭、号は紹璞、紹節、紹益、麟台、法名は既成宗功庵主で、諱(実名)の忠良は忠長とも表記するが、

忠長は「ただたけ」とも読むという。父・尚久は天文23年(1554)の薩摩岩剣城(鹿児島県姶良市)の攻防戦などで奮戦した武将だが、坊津港(鹿児島県南さつま市)を拠点として明国(中国)との貿易にも手を染めた。ただし、尚久と倭寇との関係を指摘する向きもある。一方、忠良は大隅の肝付氏、日向の伊東氏、豊後(大分県)の大友氏の討伐作戦で軍功をあげ、家老に抜擢されている。島津家の分家の当主でこの時期に家老を務めたのは、忠良だけであった。この間、大隅串良郷(鹿児島県鹿屋市)の領主などを経て、薩摩宮之城郷(鹿児島県さつま町)の領主に据えられた。慶長7年(1602)、島津家の使者として徳川家康に拝謁し、島津義弘が慶長5年(1600)の関ヶ原の戦いの際にやむを得ず豊臣方に加担した点を強調する。忠良の弁明が効果的であったのだろう。家康は島津家の領地を安堵している。慶長15年(1610)11月9日に病没。60歳。墓碑はさつま町の宗功寺跡にある。

島津久通 しまづ ひさみち

積極果敢な政策を展開し続けた多才な家老

慶長9年(1604)〜
延宝2年(1674)

宮之城家第4代当主、薩摩藩家老。先代・島津久元の嫡子。生母は新納忠増の娘。幼名は鎌安丸、通称は又七郎、図書(図書頭)、法名は湛水院徳源道智大居士で、諱(実名)は久慶とも。家督相続前から初代藩主・島津家久(薩摩守)の側近を務め、寛永20年(1643)、父の病没に伴い、家督を相続して当主となる。正保2年(1645)に家老に抜擢され、第2代藩主・島津光久(家久の嫡子)を補佐した。家老在職中は永野金山(鹿児島県さつま町、霧島市)などの採掘、領内への植林、特産物の奨励、河川改修、新田開発などの積極果敢な政策を展開する。このうち、植林で得られた楮を用いて紙漉きを行うべく、紙漉き職人を招聘したこともあった。私生活の面では、漢学を文之玄昌、儒学を林羅山に学び、荒木流馬術は皆伝を許されている。この関係で複数の犬追物関係の著作を残しているが、『島津世録記』や『征韓録』などの編纂事業にも心を砕き、藩内の人々から尊敬された。寛文10年(1670)に家老を退職し、家督を島津久竹(久通の嫡子)に譲って隠居している。延宝2年(1674)11月29日に病没。71歳。墓碑はさつま町の宗功寺跡にある。後年、久竹は同地に島津久通祖先世功碑(林春斎撰文)や、歴代当主の墓碑を建立している。

筆頭家老ながら自殺を遂げたという久光の次男

島津久治 しまづ ひさはる

天保12年(1841)〜
明治5年(1872)

　宮之城家第15代当主、薩摩藩家老。国父(藩主の父)・島津久光の次男で、宮之城家の先代・島津久宝の養子。生母は正室・島津忠公の娘。幼名、通称は篤次郎、右近、図書で、諱(実名)は久中とも。第11代藩主・島津斉彬の命で、海岸防禦総頭取などを務めた。のちに、薩摩宮之城郷(鹿児島県さつま町)に学問所の盈進館と巖翼館を創設し、教育の発展に寄与した。次いで、第12代藩主・島津忠義(久光の嫡子で、斉彬の娘婿、久治の兄)の名代として、文久3年(1863)の薩英戦争や元治元年(1864)の禁門の変などに従軍した。慶応2年(1866)に筆頭家老に進んだが、武力による討伐には反対する。明治元年(慶応4年／1868)に始まる戊辰戦争でも兵を率いて奥羽を転戦するが、明治2年(1869)に辞職した。明治5年(1872)1月4日(一説に3日)に没。死因は川村純義らの追及を受けたことに憤慨した末の、ピストル自殺であるという。

島津久治(『幕末・明治・大正回顧八十年史』より)

皇后宮女官長を短期間だけ務めた久光の孫

島津ハル しまづ はる

明治11年(1878)〜
昭和45年(1970)

　島津珍彦の次女で、宮之城家第16代当主・島津長丸の妻。皇后宮女官長、教育者。名は治子とも。生母は正室・島津典子(島津斉彬の四女)であるので、ハルは薩摩藩第11代藩主の斉彬と国父の島津久光(斉彬の弟で、珍彦の父)の孫にあたる。また、長丸とハルは従兄妹、香淳皇后(良子女王)とはいとこ半の間柄になる。ハルは華族女学校を卒業後、長丸と結婚して二男四女の子宝に恵まれた。明治29年(1896)に鹿児島市に鶴嶺女学校が創設されると、ハルは明治40年(1907)に校長に就任する。昭和元年(1926)の昭和天皇の即位後、香淳皇后の女官長に抜擢された。しかし、昭和2年(1927)2月1日に長丸が病没すると、女官長を辞任した。以後は鹿児島市へ戻って校長に復帰し、女子教育の発展に尽くしている。昭和45年(1970)2月14日に病没。

④ 都城家（みやこのじょうけ）

　島津忠長（北郷久定の養子で、島津忠智の養父）のときに島津姓を名乗ることを許された家。一所持。この系統は、戦国時代から日向都城郷（宮崎県都城市）の領主で、かつては北郷姓を名乗っていた。このため都城家と呼ばれるが、稀に北郷家、北郷島津家などという場合もある。南北朝期、島津資忠（島津忠宗の六男）は分家し、正平7年（1352）、北郷義久（資忠の子）のときに日向北郷（都城市）を領有して北郷氏を称した。その後、ほぼ継続して日向都城郷（都城市）を本拠とし、戦国時代には島津家に従う。江戸時代に入ると薩摩藩内で随一の3万9617石余を領有し、都城など庄内七ケ郷に独自の支配体制を敷く。その実態は都城藩といってもいいものであった。歴代当主のうち、江戸時代初期の北郷久直（薩摩守家久の三男）、久定（島津光久の次男）、忠長（光久の三男）、忠智（光久の八男）らは藩主の子である。以上のような理由もあって、忠長は寛文3年（1663）に島津姓を称することを許され、島津姓に復姓した。明治24年（1891）、島津久寛の勲功により、島津久家（北郷久政の長男、久寛の従弟で養子）に男爵の爵位が授けられた。

　→第二部 第四章 第一節「島津家の支族　26.北郷氏」（P.252）参照。

都城家の系図

```
島津忠宗 ─ 北郷資忠 ─ 義久 ┬ 久秀 ═ 知久 ─ 持久 ┬ 敏久 ─ 数久 ─
                          └ 知久 ┄┄┘           └ 常久
                                                  〔佐志北郷氏祖〕

└ 忠相 ─ 忠親 ─ 時久 ─ 忠虎 ─ 忠能 ┬ 翁久 ═ 忠亮 ═ 久直 ═ 久定 ═
                                  └ 忠亮 ┄┄┘

└ 島津忠長 ═ 忠智（久理）─ 久龍 ─ 久茂 ┬ 久般 ═ 久倫 ─ 久統 ─
                                      └ 久倫 ┄┄┘

└ 久本 ┬ 久静 ─ 久寛 ══ 久家 ─ 久厚 ─ 久友
      └ 北郷久政 ─ 久家 ┄┄┘
```

学問所や武芸稽古所を創設した江戸後期の当主

島津久倫 しまづ ひさとも

宝暦9年(1759)～文政4年(1821)

都城家第22代当主。先々代・島津久茂の子、先代・島津久般の弟で養子。幼名は鉄熊、通称は伊勢、号は洞雲、法名は泰光院殿功山義融大居士。宝暦12年(1762)、久般の病没に伴い、4歳で家督を相続して当主となる。安永7年(1778)に学問所・稽古館(のちの明道館)、安永9年(1780)に武芸道場・講武館を創設して文武を奨励するとともに、優秀な藩士を各地へ遊学させている。また、大淀川の水運整備、観音瀬(宮崎県都城市)の開削、新田開発なども実現させた。文政2年(1819)に隠居し、家督を島津久統(久倫の子)に譲っている。結局、半世紀以上の長きにわたり、当主の座にあったわけである。文政4年(1821)に病没。63歳。墓碑は都城市の龍峯寺跡にある。

海岸防禦の強化などに取り組んだ幕末期の当主

島津久本 しまづ ひさもと

享和3年(1803)～明治元年(慶応4年／1868)

都城家第24代当主。先代・島津久統の嫡子。通称は播磨、豊前、法名は豊徳院殿薫山海景大居士で、諱(実名)は久広とも。天保5年(1834)に父の病没に伴い、家督を相続して当主となる。都城家の財政改革を行うとともに、家来の知行売買を厳禁とした。また、百姓寄合田制度の創設、学問所・明道館の運営、陶器製造所の構築、朝鮮人参や甘藷(サツマイモ)、砂糖の栽培をはじめとする殖産興業に心を砕いている。加えて、蘭方医と漢方医を薩摩や京都へ遊学させ、最新の治療方法などを習得させた。さらに、薩摩藩第11代藩主・島津斉彬が海防(海岸防禦)強化の方針を打ち出すと、自ら総頭取に就任して日向の海岸防禦を強化している。安政3年(1856)に隠居し、家督を島津久静(久本の嫡子)に譲ったが、その久静は国父・島津久光に先駆けて上洛中、文久2年(1862)5月26日に病没する。そこで、島津久寛(久静の嫡子で、久本の内孫)を新たな当主とし、内祖父の久本が後見を行った。明治元年(慶応4年／1868)9月13日に病没。墓碑は都城市の龍峯寺跡にある。

祖父・久本の後見で難局を乗り切った少年当主
島津久寛 しまづ ひさひろ
安政6年(1859)～明治17年(1884)

　都城家第26代当主。先代・島津久静の嫡子。生母は正室・於治(島津久光の次女)。幼名は元丸、神号は恭徳久寛主命。父・久静は国父・久光に先駆けて上洛中、文久2年(1862)5月26日に病没する。4歳で当主となった久寛は、先々代藩主・島津久本(久静の父)の後見を受けた。幕末維新期には外祖父にあたる薩摩藩国父・久光らの意向に沿って行動し、筑前大宰府(福岡県太宰府市)にいた尊皇攘夷派の五卿の護衛や、京都御所(京都市上京区)の警備を担当する。また、明治元年(慶応4年／1868)に始まる戊辰戦争では、都城一番隊を鳥羽・伏見の戦いなどへ送り出す。明治2年(1869)、版籍奉還の際に領地を島津家に返上して鹿児島城(鶴丸城)下へ移住したが、明治10年(1877)の西南戦争のあとに都城へ復帰した。晩年は戦災を受けた都城の復興に腐心している。妻は明子(島津珍彦の長女で、久寛の従妹)。明治17年(1884)2月23日に没。墓碑は都城市の龍峯寺跡にある。なお、明治24年(1891)に島津久家(北郷久政の子、久寛の従弟で養子)が男爵に叙爵され、明治40年(1907)には久寛が従四位を追贈されている。

⑤ 新城家

　島津久章(島津久信の子)に始まる垂水家の分家。一所持。この系統は、寛永13年(1636)以降は大隅新城(鹿児島県垂水市)の領主であったため、新城家と呼ばれた。成人後、久章は分家し、新城など3700石余を与えられた。この3700石は、父で垂水家第3代当主の久信の領地だった場所であるという。久章の正室は初代藩主・島津家久(薩摩守)の娘だが、主命により久章は成敗され、新城家は断絶する。その後、島津忠清(久章の子)が垂水家5代当主・島津忠紀(家久の七男)の養弟となって新城家を再興した。歴代当主のなかでは、第3代当主・島津久侶(島津光久の六男)、第4代当主・島津久茂(光久の十七男)が、第2代藩主・光久(家久の嫡子)の子である。安政2年(1855)の『門葉家名人員』(『斉彬公史料』〔第2巻〕所収)には、新城家の石高が1654石余と記されている。

新城家の系図

島津忠将 ― 以久 ― 彰久 ― 久信 ― 久章 ― 忠清 ＝ 久侶 ＝ 久茂 ― 久隆 ―

― 久粗 ― 久照 ― 久備 ― 久輔 ― 久徴 ― 久寛 ― 久紀 ― 久治

6　永吉家

　前期佐土原家の名跡を継いだ島津家の分家。一所持。この系統は、慶長17年（1612）以降は薩摩永吉郷（鹿児島県日置市）の領主であったことから、永吉家と呼ばれた。前期佐土原家は島津家久（中務大輔／島津貴久の四男）に始まるが、第2代当主・島津豊久（家久の嫡子）が慶長5年（1600）の関ヶ原の戦いで討ち死にしたため、改易（お取り潰し）となる。のちに喜入忠栄が前期佐土原家の名跡を継ぎ、慶長17年（1612）からは永吉郷を領有した。安政2年（1855）の『門葉家名人員』（『斉彬公史料』〔第2巻〕所収）には、永吉家の石高が3506石余と記されている。幕末維新期の当主・島津久籌は、戊辰戦争などで活躍している。

→第二部　第二章　第一節「前期佐土原家」（P.168）参照。

永吉家の系図

島津貴久 ― 家久（中務大輔） ― 豊久 ＝ 忠栄 ― 久雄 ― 久輝 ― 久貫 ―

― 久馮 ― 久芳 ― 久謙 ― 久輔 ― 久明 ― 久陽 ― 久□ ＝ 久籌

薩摩藩の大番頭や若年寄を務めた永吉家の当主

島津久籌　しまづ　ひさとし

文政8年（1825）～
明治44年（1911）

　幕末維新期の永吉家当主。薩摩藩家老の島津久包（登）の子で、永吉家の家督を継ぐ。通称は権五郎、又七。国父・島津久光の側役から薩摩藩の大番頭寺社奉行、若年寄を歴任する。慶応3年（1867）には京都市中の警備を担当したのち、明治元年（慶応4年／1868）からの戊辰戦争では軍事面の要職を、維新後は霧島神宮（鹿児島県霧島市）の宮司を務めた。明治44年（1911）9月26日に病没。

7 佐志家

　島津忠清(島津義弘の五男)に始まる島津家の分家。一所持。この系統は、薩摩佐志郷(鹿児島県さつま町)の領主であったことから、佐志家と呼ばれた。なお、佐志家は佐司家とも表記する。分家して以降、世子(次期当主)をもうけないまま当主が病没することが多く、5代当主までは養子が続く。石高は当初は3000石であったが、安政2年(1855)の『門葉家名人員』(『斉彬公史料』〔第2巻〕所収)には、佐志家の石高が2819石余と記されている。歴代当主のうち、第3代当主・島津久岑(島津光久の四男)、第4代当主・島津久当(光久の十一男)は、いずれも薩摩藩第2代藩主・光久の子であった。久当、それに第6代当主・島津久金、第7代当主・島津久泰は国老に抜擢されている。また、第11代当主・島津久容は戊辰戦争で活躍した。なお、佐志家の分家は、多くが谷川姓を称している。

佐志家の系図

島津義弘 ― 忠清 ＝ 久近 ＝ 久岑 ＝ 久当 ＝ 久幸 ― 久金 ― 久泰 ― 久品 ┐
┌───┘
├ 久富 ＝ 久厚 ― 久容 ― 庄次郎
└ 久厚 ----↑

要地の警備や戊辰戦争で奮戦する佐志家の当主

島津久容　しまづ ひさなり

天保13年(1842)～明治23年(1890)

　佐志家第11代当主。先代・島津久厚の子。通称は小兵太。慶応3年(1867)、第12代藩主・島津忠義に従って上京し、京都御所(京都市上京区)の警備を担当した。明治元年(慶応4年／1868)の鳥羽・伏見の戦いに参加したのち、摂津大坂(大阪市)の警備を受け持つ。同年の越後長岡城(新潟県長岡市)の攻防戦では薩摩藩兵を率いて新政府軍に属し、河井継之助麾下の長岡藩兵を相手に頑強に戦った。その後、奥羽へも転戦し、軍功をあげている。明治23年(1890)5月3日に没。

⑧ 花岡家(はなおか)

島津久儔(島津綱貴の子)に始まる島津家の分家。一所持。この系統は、大隅花岡郷(鹿児島県鹿屋市)の領主であったことから、花岡家と呼ばれた。第3代藩主・綱貴の子である久儔は分家し、享保9年(1724)に花岡郷の領主となった。花岡家の菩提寺は法界寺(鹿屋市)である。歴代の人物のうち、第2代当主・島津久尚の正室である岩子は、花岡用水を計画した賢夫人であった。また、第6代当主・島津久誠の正室・時子は、薩摩では禁制とされていた浄土真宗(一向宗)の信者であったという。維新後の第9代当主・島津久基は東京帝国大学教授、その弟の島津稜威雄は海軍主計少将となる。

花岡家の系図

島津綱貴 ― 久儔 ― 久尚 ― 久敦 ― 久弼 ― 久寛 ― 久誠 ― 久敬 ― 久実 ―
　　└ 久基 = 久直
　　└ 稜威雄

『源氏物語』研究で業績を残した昭和の国文学者
島津久基　しまづ ひさもと
明治24年(1891)〜昭和24年(1949)

花岡家第9代当主、国文学者、東京帝国大学教授。先代当主・島津久実の嫡子で、島津稜威雄の兄。東京帝国大学文学部国文学科を卒業し、文学博士の学位を得た。日本大学講師を経て、東京帝国大学助教授となる。その後、病気により辞職したが、のちに復職して東京帝国大学教授に昇進する。この間、東洋大学教授を務めた。古典文学、わけても『源氏物語』の研究で不朽の業績を残す。『対訳源氏物語講話』や『源氏物語新考』など、多数の著作を上梓した。昭和24年(1949)4月8日に病没。

海軍主計少将に進むも事故で急逝した久基の弟
島津稜威雄　しまづ いづお
明治26年(1893)〜昭和45年(1970)

海軍主計少将。花岡家第8代当主・島津久実の次男で、第9代当主・島津久基の弟。なお、稜威雄を「いつお(いつを)」と読む説もある。海軍経理学校

(第5期)を卒業し、太平洋戦争では南西方面艦隊主計長兼第十三航空艦隊主計長、第百二軍需部長兼スラバヤ運輸部長などを歴任した。昭和20年(1945)5月1日、海軍主計少将に昇進し、終戦後に予備役となる。なお、稜威雄の出征中、病気療養中の兄・久基が神奈川県鎌倉市にあった稜威雄の留守宅に住んだという。戦後は大阪市で観光会社やタクシー会社の経営にかかわるが、交通事故により昭和45年(1970)4月22日に没。

⑨ 知覧家

　島津久達(久逵／島津光久の五男)のときに島津姓を名乗ることを許された家。一所持。この系統は、もとは佐多氏を称したが、江戸時代には大隅知覧郷(鹿児島県南九州市)の領主であったことから、知覧家、もしくは佐多家と呼ばれた。もともと、知覧家は島津忠光(島津忠宗の子)に始まる島津家の分家で、忠光は南北朝期に分家して大隅佐多(鹿児島県南大隅町)に住んだ。子孫は佐多や薩摩上之木場城(知覧城／南九州市)を本拠としたが、慶長15年(1610)に第12代当主・佐多忠充が知覧郷の地頭となる。薩摩藩第2代藩主・光久の子である第16代当主・久達は、40年以上も城代を務めた。さらに、久達の代に知覧郷を知行地とする。正徳元年(1711)、当主は島津姓を許され、子孫もこれを踏襲した。なお、第18代当主・島津久峯(島津継豊の三男)も藩主の子である。

石垣と生け垣が残る知覧の武家屋敷群(鹿児島県南九州市)

知覧家の系図

島津忠宗 ― 佐多忠光 ― 忠直 ― 氏義 ― 親久 ― 忠遊 ― 忠山 ― 忠和 ―
└ 忠成 ― 忠将 ― 忠常 ― 久慶 ― 忠充 ― 忠治 ― 久孝 ＝ 久利 ―
└ 島津久達 ― 久豪 ＝ 久峯 ― 久邦 ― 久典 ― 久福

⑩ 市成家（いちなり）

　島津久頼(しまづひさより)(敷根頼喜(しきねよりよし)／敷根立頼(しきねたつより)の次男)のときに島津姓を名乗ることを許された家。一所持(いっしょもち)。この系統は、大隅市成郷(おおすみいちなり)(鹿児島県鹿屋市(かのや))の領主であったことから、市成家と呼ばれた。『薩陽武鑑(さつようぶかん)』などには、敷根家という項目が立てられている。薩摩藩士(さつ)の立頼は慶長(けいちょう)19年(1614)に市成郷の領主となり、子の頼喜は薩摩藩初代藩主・島津家久(しまづいえひさ)(薩摩守)の娘を正室に迎える。なお、敷根氏は戦国時代、大隅敷根(鹿児島県霧島市)などの領主であった。寛永(かんえい)20年(1643)、上洛する第2代藩主・島津光久(しまづみつひさ)(家久の嫡子)に扈従した頼喜は、島津姓と「久」の一字を拝領し、姓名を敷根頼喜から島津久頼へと改めた。正保(しょうほう)3年(1646)、子々孫々まで島津姓を名乗ることを許され、慶安2年(1649)には家老に進んでいる。以後、歴代当主は「久」の一字を諱(いみな)(実名)に織り込んでいる。なお、島津姓を許されて以後の第4代当主・島津久福(しまづひさとみ)は、第3代藩主・島津綱貴(しまづつなたか)の九男である。安政(あんせい)2年(1855)の『門葉家名人員(もんよう)』(『斉彬公史料(なりあきらこう)』〔第2巻〕所収)には、市成家の石高が3044石余と記されている。

市成家の系図

敷根立頼 ― 島津久頼(敷根頼喜) ― 久達 ― 久輔 ＝ 久福 ― 久有 ― 久芳 ―
└ 久浮 ― 久誠

第三節　明治維新後の分家

　明治維新後に島津家嫡流(旧薩摩藩主)から分家した家には、島津忠備(島津忠義の五男)に始まる島津忠備家と、島津忠弘(忠義の六男)に始まる島津忠弘家がある。忠備と忠弘は明治時代半ばに分家し、ともに男爵の爵位を授けられた。また、国父・島津久光(忠義の父)は明治4年(1871)に島津家を出て別家となり、明治17年(1884)に公爵の爵位を授けられた。この久光に始まる別家は、玉里家、もしくは島津久光家と呼ばれている。玉里家から明治時代半ばに分家した島津忠欽家は、男爵の爵位を授けられた。なお、華族ではないが、玉里家の島津久大(久光の内孫)は外交官、迎賓館長として活躍している。

1　島津忠備家

　島津忠備(島津忠義の五男)に始まる島津家の分家。忠備は明治26年(1893)に分家する際に、忠義の勲功により男爵の爵位を授けられた。家督を継いだ島津備愛(忠備の子)は光学の研究者で、理学博士、東邦大学非常勤講師などを務めた。

島津忠備家の系図

　島津忠義 ─ 忠備 ─ 備愛 ─ 光明 ─ 明道

2　島津忠弘家

　島津忠弘(島津忠義の六男)に始まる島津家の分家。忠弘は明治28年(1895)に分家する際に、忠義の勲功により男爵の爵位を授けられた。

島津忠弘家の系図

　島津忠義 ─ 忠弘 ─ 斉視 ─ 忠視

③ 玉里家(島津久光家)

　島津久光(島津斉興の五男)に始まる島津家の分家。久光は幕末期に国父(藩主の父)として藩政の実権を掌握し、朝廷の朝議参預、新政府の内閣顧問などの要職を務めた。この間、明治4年(1871)に島津家を出て別家となったが、この別家は玉里(鹿児島市)に邸があったことから、玉里家と呼ばれている。明治17年(1884)、久光は勲功により公爵の爵位を授けられた。玉里家の人物のうち、島津久大(島津忠済の三男)は外交官として活躍した。

玉里家の系図

島津斉興 ― 久光 ― 忠済 ┬ 忠承 ― 忠広 ― 忠美 ― 忠由
　　　　　　　　　　　└ 久大

外交官となり初代迎賓館長に抜擢された久光の孫

島津久大　しまづ　ひさなが

明治39年(1906)〜
平成2年(1990)

　外交官。玉里家第2代当主・島津忠済の三男。東京帝国大学法学部を卒業後に外務省へ入省し、太平洋戦争中は大東亜省練成課長、外務省のビルマ大

島津久大が初代館長を務めた迎賓館(東京都港区)

使館(駐ラングーン)一等書記官兼総領事を務めた。インパール作戦失敗後の昭和20年(1945)春、ビルマ大使館は閉鎖され、大使館員はタイのバンコクまで陸路移動している。この移動は言語に絶する難行であったと、久大と行動をともにした大使館員・田村正太郎(たむらしょうたろう)が著書『ビルマ脱出記』に記している。戦後も引き続き外務省に勤務し、政務局長を経て、ニュージーランド、パキスタン、スペイン、タイ、中華民国の各大使を歴任した。昭和49年(1974)に迎賓館(東京都港区)が開設されると、初代館長に登用されている。以上の功績により、勲一等瑞宝章(くんいっとうずいほうしょう)を授けられた。一方で、明治時代に来日したエセル・ハワード(島津家の家庭教師)の手記『明治日本見聞録』を掘り起こし、自らの手で翻訳している。妻は経子(のりこ)(島津忠重(しまづただしげ)の長女)で、久大とはいとこ半の間柄となる。平成2年(1990)12月9日没。

4 島津忠欽家(しまづただかたけ)

　島津忠欽(島津久光の四男)(しまづひさみつ)に始まる玉里家(たまさと)(島津久光家)の分家。忠欽は今和泉家(いずみ)の島津忠敬(しまづただゆき)(島津忠剛(しまづただたけ)の四男で、天璋院(てんしょういん)の兄)の養子となり、一時、同家を相続した。しかし、明治29年(1896)に玉里家へ戻って分家し、久光の勲功により男爵の爵位を授けられた。

島津忠欽家の系図
　島津久光 ― 忠欽 ― 雄五郎 ― 忠夫 ― 忠正 ― 忠昭 ― 忠寛

第四章
島津家の支族と全国の島津家

　島津家に限らず、明治維新以前の前近代には、男子が分家すると本家にはばかって他の家号(姓)を称することが多い。分家してから数代後に他の家号を称したケースもあるが、そういった場合、新たな家号は本拠地の地名などにちなむことが多かった。たとえば碇山氏の家号は、総州家の居城で薩摩の守護所(県庁)でもあった薩摩碇山城(鹿児島県薩摩川内市)に、伊集院氏の家号は居城の薩摩伊集院一宇治城(鹿児島県日置市)にちなむという。ただし、島津久安に始まる支族が姶良氏や吾平氏を称したように、表記などが一定しない支族もあった。また、日置家の分家である赤山氏のように、家号の由来に諸説がある家もある。なお、北郷氏などのように薩摩藩主の命で島津姓へ復姓し、子孫も島津姓を名乗った支族がある一方で、島津将曹こと碇山久徳や島津伊勢こと諏訪甚六のように、その身一代限り、もしくは在職中のみ島津姓を許された人物もいた。さらに、九州地方の薩摩、大隅(以上、鹿児島県)、日向(宮崎県)、中部地方の越前、若狭(以上、福井県)、信濃(長野県)以外の国々、各県からも、島津姓の偉人や著名人が出ている。そのなかには、島津家の家号が九州の島津荘以外にちなむという家もあり、極めて興味深い。

第一節　島津家の支族

　島津家嫡流や分家には、島津姓以外の姓を名乗って分家した家が大変多い。そこで本節では、島津家嫡流から直接分家した家を中心に、31家の支族を取り上げた。ところで意外にも、その支族が分家して以降、いつの時点で島津姓から当該の家号、姓へ改姓したかという点が、判然としない場合が多い。あまり知られていないが、永禄初年に島津家嫡流第15代当主・島津貴久が、地名を家号とするよう島津姓の分家に求めている。系図や家譜には分家

した直後に当該の姓へ改姓したように記されている場合も、実際にはこの永禄初年の時点で正式に改姓した武将も多いものと考えられる。この点については、あらかじめ御了承をいただきたいと思う。なお、支族のうち、伊作家については第二部 第一章 第二節「中世の島津家の分家②——九州三国の分家 1.伊作家」(P.154)を、島津姓に復姓した各家については第二部 第三章 第二節「一所持・一所持格の各家」(P.200)を、それぞれ参照いただきたいと思う。ところで、人物は幕末維新期までに活躍した人を取り上げた。維新後に新政府の高官、陸海軍の将軍、提督などとなった人物については、人名をあげるにとどめている。また、北郷氏については同じく第二部 第三章 第二節「一所持・一所持格の各家 4.都城家」(P.207)で、都城家(北郷氏)の系譜と復姓以後の当主について触れた。分家してから復姓するまでの間の歴代当主や、復姓しなかった分家の人物については、本節「26.北郷氏」(P.252)を参照いただきたいと思う。

1 姶良(吾平)氏

島津久安(島津師久の次男)に始まる総州家の支族。室町時代初期、総州家の初代当主・師久の子である久安は分家し、子孫は数代にわたって姶良(吾平)氏を称した。

→本節「4.碇山氏」(P.220)参照。

姶良(吾平)氏の系図

島津師久 ― 久安 ― 姶良(吾平)忠安 ― 光忠(光久) ― 治久 ― 碇山祐久 ―

└ 久広 ― 久次 ― 忠親 ― (中略) ― 久徳

2 赤山氏

赤山靫負(久普/島津久風の次男)に始まる日置家の支族。靫負は日置家第11代当主・久風の子であったが、赤山姓を称して薩摩藩の物頭を務めている。

赤山氏の系図

島津久風 ― 赤山靫負

> お由羅騒動に連座し自刃した島津久風の次男

赤山靱負　あかやま　ゆきえ

文政6年(1823)～
嘉永3年(1850)

薩摩藩物頭。日置家第11代当主・島津久風の次男で、島津久徴の弟、田尻勉と桂久武の兄。諱(実名)は久普。早くから島津斉彬(島津斉興の嫡子で、島津久光の兄)の藩主就任のために奔走したが、嘉永2年(1849)に久光(斉興の五男)の藩主就任を目論む一派の巻き返しにより、お由羅騒動(嘉永朋党事件、高崎崩れ)が勃発する。靱負は連座により、嘉永3年(1850)3月4日に自刃。28歳。墓碑は鹿児島県日置市の桂山墓地にある。なお、靱負の血染めの肩衣は遺言に従い、親しかった西郷隆盛に譲られた。これを受け取った隆盛は靱負の死を悼むと同時に、国事に奔走することを決意したという。

3　阿蘇谷氏

島津久時(島津忠時の六男)に始まる島津家の支族。鎌倉時代、島津家嫡流の第2代当主・忠時の子である久時は分家し、子孫は阿蘇谷氏を称した。なお、久時は第3代当主・島津久経(忠時の嫡子で、久時の兄)の守護代(副知事)を務めていたが、市来氏と系図のことでトラブルを起こしている。当時、久経の権力基盤が必ずしも強固ではなかったのであろう。久時は守護代からの退任を余儀なくされている。

阿蘇谷氏の系図

島津忠時 ― 阿蘇谷久時 ― 四郎 ― 西 ― 宗為 ― 忠経 ― 経久 ― 忠利 ―
└ 久盈 ― 久孝 ― 忠康 ― 久堅 ― 忠盈 ― 時昉 ― 時意

4　碇山氏

島津久安(島津師久の次男)に始まる総州家の支族。室町時代初期、総州家の初代当主・師久の子である久安は分家し、子孫は数代にわたって姶良(吾平)氏を称した。たとえば、忠安は吾平六郎左衛門尉と称している。しかし、姶良

祐久(久安の玄孫)以降、子孫は碇山氏を称した。家号は大隅姶良荘(鹿児島県鹿屋市)や、総州家の居城で薩摩の守護所(県庁)でもあった薩摩碇山城(鹿児島県薩摩川内市)にちなむという。江戸時代の薩摩藩の藩士や種子島家の家来にも、碇山氏の武士がいる。このうち、藩士の系統からは、江戸時代後期に平士から家老に抜擢され、島津姓を許された碇山久徳(島津将曹)が出た。

碇山氏の系図

島津師久 ― 久安 ― 姶良(吾平)忠安 ― 光忠(光久) ― 治久 ― 碇山祐久 ―

└ 久広 ― 久次 ― 忠親 ― (中略) ― 久徳

島津姓を許されるも命をつけ狙われた家老

碇山久徳(島津将曹)

いかりやま ひさのり
(しまづ しょうそう)

生没年不詳

　通称は八郎右衛門、藤馬、将曹で、諱(実名)は久珍とも。島津姓も許された。江戸時代後期の薩摩藩家老。調所広郷(笑左衛門)に見出されて平士から立身出世し、広郷の自殺後に家老へ昇進する。この間、家格は天保10年(1839)に寄合、嘉永3年(1850)に一所持となっている。引き続き、広郷の方針を踏襲して緊縮財政を主導し、世子(次期藩主)・島津斉彬(島津斉興の嫡子で、島津久光の兄)の第11代藩主への就任を妨害し続けた。やがて、斉彬の藩主就任を熱望する町奉行・近藤隆左衛門や船奉行・高崎五郎右衛門らは、久徳の殺害計画を検討したという。この動きを察知した久徳らは、第10代藩主・斉興(斉彬と久光の父)を動かし、嘉永3年(1850)に隆左衛門らを切腹などに追い込む。ちなみに、隆左衛門らは久徳が久光(斉興の五男で、斉彬の弟)を藩主の座に就けようとしていると思い込んでいたが、久徳は必ずしも久光を推していたわけではない。この御家騒動をお由羅騒動(嘉永朋党事件、高崎崩れ)というが、嘉永4年(1851)に江戸幕府の干渉で斉興が隠居し、斉彬の藩主就任が実現した。これに伴い、久徳は失脚している。

5 伊作氏

→第二部 第一章 第二節「中世の島津家の分家②――九州三国の分家 1.伊作家」(P.154)参照。

⑥ 石坂氏

　大野久泰(島津忠宗の七男で、島津忠久の玄孫)に始まる大野家の支族と、島津氏忠(島津貞久の六男)に始まる島津家の支族の、ふたつの系統がある。前者、後者はともに室町時代に分家したものと推測される。氏忠は島津家嫡流第5代当主である貞久の子だが、後者の家号の由来は、氏忠が樺山資久(忠宗の五男で、氏忠の叔父)を頼って日向樺山(宮崎県三股町)へ赴き、同地の石坂に住んだことに由来するという。この氏忠の系統は日向都城(宮崎県都城市)の北郷氏(都城家)の家来となったが、それぞれの系譜は次の通りである。

　→本節「12.大野氏」(P.229)参照。

石坂氏の系図

〔大野久泰系石坂氏〕

　　島津忠義 ─ 大野久経 ─ 忠宗 ─ 石坂久泰

〔島津氏忠系石坂氏〕

　　島津貞久 ─ 石坂氏忠 ─ 豊忠 ─ 久秀 ─ 忠秀 ─ 久清 ─ 久武 ─ 久明 ─

　　　　久隆 ─ 忠堯 ＝ 久通 ─ 氏苗 ─ 氏章

⑦ 石谷氏

　町田高久(石谷忠良の次男)に始まる町田家の支族。高久の父・忠良は町田忠光(島津忠時の孫)を祖とする町田家の第8代当主で、分家して薩摩伊集院石谷村(鹿児島県日置市)に住んで石谷氏を称した。しかし、子孫の石谷忠栄は町田姓へ復姓する。なお、石谷領主の子に生まれた文部官僚・町田久成は、石谷という地名にちなんだ号を用いた。

石谷氏の系図

　　島津忠時 ─ 忠経 ─ 町田(石谷)忠光 ─ (中略) ─ 石谷忠良 ─ 高久 ─

　　　　頼本 ─ 梅吉 ─ 梅久 ─ 町田忠栄

8 伊集院氏

　島津久兼(島津俊忠の子)に始まる島津家の支族。なお、伊集院の家号は薩摩伊集院(鹿児島県日置市)にちなむが、伊集院氏には紀一族の伊集院氏と、島津家の支族の伊集院氏とがある。両者を区別するべく、前者を前期伊集院氏、後者を後期伊集院氏などと呼び分けてきた。このうち、島津家の支族・伊集院氏は、島津家嫡流の第2代当主・島津忠時の曾孫にあたる久兼が、伊集院一宇治城(日置市)を居城として伊集院氏を称した。応永18年(1411)に島津家嫡流の第7代当主・島津元久が病没した際、伊集院氏嫡流の伊集院頼久は、我が子・初犬千代丸を第8代当主の座に据えようと画策する。この野望は島津久豊(島津氏久の次男で、元久の弟)の出現によって打ち砕かれたが、当時の頼久の権勢がうかがえる出来事といえよう。その伊集院氏嫡流も戦国時代までには勢力を失い、江戸時代初期には島津松千代丸(薩摩守家久の九男)や、島津久朝(薩摩守家久の十二男)を当主に迎えた。このうち、久朝は薩摩藩内の地頭を歴任している。伊集院氏嫡流の墓碑は、鹿児島市の興国寺跡に現存する。ところで、伊集院氏嫡流には伊集院姓やほかの姓を名乗った家など、多くの分家が生まれた。なかでも、伊集院倍久(頼久の四男)に始まる分家の伊集院忠朗(倍久の孫)、伊集院忠倉(忠朗の嫡子)、伊集院忠棟(幸侃/忠倉の嫡子)らは、島津家嫡流の島津貴久や島津義久(貴久の嫡子)らに仕える。けれども、忠棟は専横の振る舞いがあったことなどから、家久(薩摩守/義久の甥で娘婿)の命で成敗された。このため、伊集院忠真(忠棟の嫡子)は庄内の乱を起こして義久や家久らを苦しめたが、やはり家久の命で成敗されている。これにより、倍久に始まる分家そのものは断絶したが、ほかの伊集院氏の分家には薩摩藩士となった家が多く、御一門の垂水家、一所持の喜入家の重臣となった家もある。安政2年(1855)の『門葉家名人員』(『斉彬公史料』〔第2巻〕所収)の一所持の箇所には、「大隅桑原郡踊郷

伊集院五郎(国立国会図書館蔵)

中津川村（鹿児島県霧島市）　伊集院伊膳久文」の記載がある。さらに、明治時代には薩摩藩出身の伊集院五郎が海軍大将、元帥、男爵に、伊集院兼寛が海軍少将、伯爵に、伊集院彦吉が外務大臣、男爵になっている。

伊集院氏の系図

```
島津忠時 ― 忠経 ― 俊忠 ― 伊集院久兼 ― 久親 ― 忠親 ― 忠国
    ├ 久氏 ― 頼久 ┬ 熙久 ― 経久 ― 久雄 ― 忠増 ― 忠能 ＝ 久族
    │              └ 倍久 ― 忠公 ― 忠朗 ― 忠倉 ― 忠棟 ― 忠真
    │         ├ 松千代丸 ＝ 久朝 ― 久弘 ― 久矩 ― 久武
    ├ 今給黎久俊 ― 伊集院久昌 ― 久通 ― 久治 ＝ 久元 ＝ 忠栄 ― 久国
         └ 久孟 ― 久盈 ― 久富
```

島津家の家督をうかがった氏久・元久父子の娘婿

伊集院頼久　いじゅういん　よりひさ　生没年不詳

室町時代中期の伊集院氏嫡流当主。伊集院氏久の子。通称は彦三郎、三郎左衛門尉、弾正少弼、号は大用、法名は道応。島津家嫡流の第6代当主・島津氏久と、第7代当主・島津元久の信任を得て、正室に島津氏久の娘を、継室（後妻）に元久の娘を迎える。最盛期には薩摩伊集院（鹿児島県日置市）のみでなく、近隣をも版図に収めた。また、明国（中国）や李氏朝鮮との貿易でも、実績を残していたという。加えて、島津氏久の正室で元久の生母は、伊集院忠国の娘で頼久の叔母であった。このため、応永18年（1411）に元久が病没すると、頼久は伊集院初犬千代丸（頼久の嫡子）を島津家嫡流の当主の座に据えようとする。しかし、島津久豊（島津氏久の次男で、元久の弟、生母は継室・佐多忠光の娘）がこれに異を唱え、頼久の陰謀は実現しなかった。やがて、久豊が島津家嫡流の第8代当主に就任すると、頼久は総州家第3代当主・島津守久らと手を組み、久豊との対決姿勢を鮮明にする。そして、応永24年（1417）の川辺の戦いで優勢に立つものの、谷山の戦いで敗退して勢力を失う。これ以後、頼久は久豊らに従ったと伝えられている。

貴久らを補佐し続けた伊集院氏支族の勇将
伊集院忠朗 いじゅういん ただあき　生没年不詳

　戦国時代中期、後期の伊集院氏分家の当主。伊集院忠公の子。通称は源四郎、大和守、号は笑岳、法名は道観。この家は伊集院倍久（伊集院頼久の四男）に始まる分家で、忠朗は伊作家の第10代当主・島津忠良や、島津家嫡流の第15代当主・島津貴久（忠良の嫡子）らに仕えた。天文8年（1539）に平田宗秀、天文10年（1541）に本田薫親らを破るなど、薩摩や大隅の戦いで戦功をあげる。さらに、天文18年（1549）に大隅の肝付兼演、天文23年（1554）に蒲生氏を攻めるなど、貴久らによる平定作戦に多大な貢献をする。この間の天文8年（1539）に島津家嫡流の老中となり、弘治2年（1556）まで務めている。以後、忠朗の子孫は数代にわたり、老中筆頭の地位を事実上世襲するようになる。なお、永禄4年（1561）に兼演と宴をともにした際、忠朗が兼演の重臣・薬丸氏に鶴の羹を勧めたことがあった。肝付氏の家紋が鶴であったために兼演は激怒し、各地で島津方を攻撃する。けれども、島津方は兼演を日向志布志（鹿児島県志布志市）の海岸へ追い詰め、自刃に追い込んでいる。

和戦の両方に長けていた戦国時代後期の当主
伊集院忠倉 いじゅういん ただあお　生没年不詳

　戦国時代後期の伊集院氏分家の当主。伊集院忠朗の子。通称は掃部助、右衛門大夫、大和守、号は孝庵、法名は玄忠。島津家嫡流の第15代当主・島津貴久らに仕え、父とともに薩摩や大隅を転戦し、ときには敵方との和平工作なども手がけている。天文18年（1549）に肝付兼演が入来院重朝や東郷重治らを誘って薩摩吉田城（鹿児島市）を攻めた際、父・忠朗とともに立ち向かった。黒川崎の戦いと呼ばれるこの合戦で、忠倉は暴風を衝いて兼演を急襲し、降伏を決意させている。永禄元年（1558）からは老中を務めた。

豊臣秀吉に接近し過ぎて成敗された権勢の人
伊集院忠棟（幸侃） いじゅういん ただむね（こうかん）　生年不詳～慶長4年（1599）

　織豊時代の伊集院氏分家の当主。伊集院忠倉の子。通称、官職は源太、掃

部助、右衛門大夫、号は幸侃、法名は諸宗で、諱(実名)は忠金とも。島津義久らに仕え、永禄9年(1566)に義久が島津家嫡流の第16代当主になると同時に老中に就任した。天正10年(1582)からは肥後(熊本県)や筑後(福岡県南部)などの平定作戦に参加し、天正11年(1583)から天正12年(1584)には肥後の阿蘇氏の討伐に軍功をあげる。私的な面では、文人大名・細川幽斎(藤孝)に和歌、茶人・千利休に茶の湯を学んだ風雅の人でもあり、幽斎や利休の縁で天下統一途上の豊臣秀吉の動向を知った。やがて、天正15年(1587)の日向根白坂(宮崎県木城町)の戦いで豊臣秀長(秀吉の弟)に敗れると、義久の許しを得ないまま早々と秀長に降り、上方へ人質として赴いた。以上の行動により秀吉に目をかけられ、日向庄内(都城/宮崎県都城市)に8万石の領地を与えられる。なお、秀吉から直接領地の朱印状を与えられた者のことを御朱印衆というが、島津義弘の家臣で御朱印衆は、忠棟と島津以久(義久らの従弟)、それに北郷忠虎の3人だけであった。しかし、こういった忠棟の行為を、義久や世子(次期当主)・島津家久(薩摩守/義久の甥で娘婿)らは不快に感じていたらしい。慶長4年(1599)3月、忠棟は山城伏見城(京都市伏見区)下の島津邸で、家久の命によって成敗された。ちなみに、忠棟が独立した大名になろうと秘かに画策していた、忠棟が家久の暗殺を企てた、などとする説もある。さらには、忠棟ら伊集院氏と浄土真宗(一向宗)の関係なども取り沙汰されているが、以上の点は定かではない。

庄内の乱を起こすも結局は斬られた忠棟の子
伊集院忠真 いじゅういん ただざね
生年不詳〜慶長7年(1602)

織豊時代の伊集院氏分家の当主。伊集院忠棟の子。通称は源次郎、号は増喜。慶長4年(1599)、父・忠棟が島津家嫡流の世子(次期当主)・島津家久(薩摩守)の命で成敗されると、日向庄内(都城/宮崎県都城市)で庄内の乱を起こす。やがて、徳川家康の家臣・山口重友の勧告で矛を収め、薩摩頴娃(鹿児島県南九州市)などへ転封(国替え)となる。慶長7年(1602)8月17日、肥後熊本藩(熊本市)主・加藤清正と結託したという理由で、家久の命で日向野尻(宮崎県小林市)において成敗された。墓碑は鹿児島県姶良市にある。

忠棟らと袂を分かち、義久らを支えた器量人
伊集院久治 いじゅういん ひさはる
天文3年(1534)〜慶長12年(1607)

　戦国時代、織豊時代の伊集院氏分家の当主。伊集院久通の子。通称は三郎兵衛、右衛門兵衛尉、下野守、号は抱節。この家は今給黎久俊(伊集院忠国の九男)に始まる分家で、久治は第4代当主にあたる。歴代当主は戦国時代中期に島津家嫡流に属したが、久治も第16代当主・島津義久らに仕え、日向福島(宮崎県串間市)や薩摩出水(鹿児島県出水市ほか)など各地の地頭を務め、天正8年(1580)には肥後(熊本県)、天正14年(1586)には豊後(大分県)の諸城を攻略した。その後、天正19年(1591)以降に義久の老中を務めたというが、定かではない。一時期、義久と衝突し、不遇をかこったこともあるという。慶長12年(1607)に病没。74歳。

鳥羽・伏見の戦いで戦死した斉彬の元側近
伊集院与一 いじゅういん よいち
天保3年(1832)〜明治元年(慶応4年／1868)

　幕末維新期の薩摩藩士。相良左衛喜の三男で、伊集院氏の養子。有馬新七らと交遊があり、薩摩藩第11代藩主・島津斉彬のもとで西洋式の軍事教練を担当した。慶応2年(1866)に軍賦役、小銃十二番隊長に就任し、慶応3年(1867)には第12代藩主・島津忠義の上洛に従った。上洛後は摂津大坂(大阪市)、山城伏見(京都市伏見区)、さらに京都御所(京都市上京区)などの警備などに従事する。明治元年(慶応4年／1868)の鳥羽・伏見の戦いに出陣し、1月5日に戦死。墓碑は上京区の相国寺にある。

9　和泉氏

　島津忠氏(実忠／島津忠宗の次男)に始まる島津家の支族。なお、和泉氏の家号は薩摩出水郡(和泉郡／鹿児島県出水市ほか)にちなむが、和泉氏には肝付氏の支族の和泉氏と、島津家の支族の和泉氏がある。島津家の支族・和泉氏は島津家嫡流の第4代当主・忠宗の子である忠氏が、和泉郡などを領有して和泉氏を称した。南北朝期、和泉氏は島津家嫡流に属して活躍したが、足

利尊氏と足利直義(佐殿／尊氏の弟)が争った観応の擾乱では佐殿方などに属した。当時、島津家嫡流は幕府方であったため、和泉氏は軍勢を差し向けられるなどしている。その後、和泉直久(忠氏の玄孫)は島津家嫡流(奥州家)に属すが、応永24年(1417)に討ち死にしたため、和泉氏の嫡流は絶えた。また、島津義久(忠氏の子)、島津忠勝(義久の次男)、島津忠豊(義久の子)らは分家している。江戸時代中期の延享元年(1744)、薩摩藩第5代藩主・島津継豊が和泉氏(家)の断絶を惜しみ、島津忠卿(島津吉貴の七男で、継豊の弟)に名跡を継がせ、今和泉家(和泉家)を興させた。今和泉家は薩摩今和泉郷(鹿児島県指宿市)の領主、薩摩藩の御一門四家のひとつとして存続する。

→第二部 第三章 第一節「御一門の各家　4.今和泉家(和泉家)」(P.196)参照。

和泉氏の系図

島津忠宗 ― 和泉忠氏 ― 忠直 ― 氏儀 ― 久親 ― 直久

10 今給黎氏

伊集院久俊(伊集院忠国の九男)に始まる伊集院氏の支族で、伊集院給黎などと呼ばれた。島津家の支族・伊集院氏は、島津家嫡流の第2代当主・島津忠時の曾孫にあたる島津久兼が、分家して伊集院氏(後期伊集院氏)を興した。ちなみに、久俊は久兼の玄孫にあたる。室町時代中期、久俊は薩摩知覧城(鹿児島県南九州市)を居城とし、伊集院氏嫡流の当主・伊集院頼久に属す。そして、頼久とともに島津家嫡流の第8代当主・島津久豊と戦うが、応永27年(1420)に久豊に降った。なお、今給黎氏嫡流から分家した家がある一方で、伊集院久昌(久俊の子)のように伊集院姓に複姓した家もある。戦国時代、織豊時代に島津家嫡流の老中を務めたという伊集院久治(久昌の孫)は、復姓した家の系統であった。ほかに、江戸時代に喜入氏の家臣となった家や、分家して末野氏を称した家などもある。

→本節「8.伊集院氏」(P.223)参照。

11 大島氏

島津有久(島津久豊の四男)に始まる島津家の支族。室町時代後期、島津家

嫡流の第8代当主・久豊の子である有久が分家し、大島氏を興した。有久の生母は伊集院頼久の娘であったが、有久は長禄3年（1459）に日向で討ち死にする。子孫は数代にわたって出羽守を通称としたが、織豊時代、江戸時代初期の当主・島津忠泰は薩摩大島村（鹿児島県伊佐市）を知行し、出羽守から大島久左衛門（休左衛門）へと改名している。忠泰は慶長2年（1597）の第2次朝鮮出兵（慶長の役）へ参加し、『大島久左衛門忠泰高麗道記』を著したという。忠泰は薩摩藩成立後に藩士となり、子孫は大島休左衛門の名を世襲して、薩摩や日向の各地の地頭を務めた。さらに、大島清大夫（盛大夫）を名乗った子孫もいる。ちなみに、安政6年（1859）に奄美大島（鹿児島県奄美市ほか）へ配流となった西郷隆盛が、島にいたあいだは大島三右衛門という変名を用いている。

大島氏の系図

島津久豊 ― 有久 ― 忠福 ― 忠明 ― 明久 ＝ 大島忠泰 ＝ 忠盈

12　大野氏

島津資久（島津国久の三男）に始まる薩州家の支族。戦国時代中期に分家したものと推測されるが、大野忠宗（大野忠基の子）は天正19年（1591）に誅殺されたため、嫡流はいったん断絶する。のちに、妙春（忠宗の娘）が三原重饒の子を養子として、家を再興したという。安政2年（1855）の『門葉家名人員』（『斉彬公史料』〔第2巻〕所収）の一所持の箇所には、「大野多宮久甫」と記されている。

→本節「6.石坂氏」（P.222）参照。

大野氏の系図

島津師久 ― 国久 ― 大野資久 ― 忠悟 ― 忠友 ― 忠基 ― 忠宗 ＝ 男子

13　桂氏

島津勝久（島津忠国の四男）に始まる島津家の支族。戦国時代初期に勝久は分家したが、曾孫の島津忠俊（久利）は永禄元年（1558）に桂氏を称した。なお、桂家の祖である勝久と、島津家嫡流第14代当主の島津勝久は別人であ

る。当時、忠俊は日向志布志月野(鹿児島県曽於市)の領主だったが、月野の「月」は桂にゆかりがあることから、忠俊は島津家嫡流の第16当主・島津義久の命で桂に改姓したという。織豊時代の当主・桂忠詮(忠昉)は天正15年(1587)に薩摩平佐城(鹿児島県薩摩川内市)へ攻め寄せた豊臣方の大軍を300人で防ぎ、開城後に豊臣秀吉に称賛されている。これ以後、桂氏嫡流の歴代当主は太郎兵衛を通称とした者が多く、江戸時代を通じて月野村を領有した。分家と思われる桂姓の薩摩藩士には「忠」の字を通字とした者が少なくない。嫡流、さらには分家と思われる桂姓の藩士は、薩摩や大隅各地の地頭を務めた。安政2年(1855)の『門葉家名人員』(『斉彬公史料』〔第2巻〕所収)には、一所持の箇所に「桂小吉郎久武」の名が記されている。桂氏嫡流の第20代当主・桂久武(島津久風の五男)は幕末期に家老を務め、西郷隆盛らの薩長同盟締結、武力による討幕に理解を示した。しかし、久武と桂久嵩(久武の嫡子)は図らずも明治10年(1877)の西南戦争に参加し、隆盛らとともに命を落としている。

桂氏の系図

島津忠国 ― 勝久 ― 忠次 ― 忠利 ― 桂忠俊(久利) ― 忠詮(忠昉) ― 忠詮 ―

忠秀 ― 忠能 ― 忠知 ― 忠康 ― 久澄 ― 久祐 ― 久音 ― 久中 ―

(中略) ― 久徴 = 久武 ― 久嵩

西南戦争で小荷駄隊を率いた島津久風の五男

桂久武 かつら ひさたけ

天保元年(1830)〜
明治10年(1877)

　桂家第20代当主、薩摩藩家老。日置家第11代当主・島津久風の五男で、島津久徴、赤山靱負、田尻勉の弟、先代・桂久徴の養子。生母は末川氏。幼名、通称は小吉郎、右衛門、四郎で、諱(実名)は歳貞、歳光とも。桂家は島津勝久(島津忠国の四男)に始まる島津家の支族で、永禄元年(1558)から桂姓を名乗った。久武は四番小姓与番頭兼奏者番、造士館掛兼演武館掛を務めたが、兄・久徴の失脚に伴い、一時、奄美大島(鹿児島県奄美市ほか)へ左遷される。元治元年(1864)に帰還して、大目付や家老などの要職に抜擢された。西郷隆盛、小松帯刀、大久保利通らによる薩長同盟締結に賛同し、武力による討幕にも理解を示したという。わけても、慶応3年(1867)に隆盛や利通が藩兵の

出兵を促した際、久武はこれに賛同して出兵を実現させている。さらに、薩摩藩の藩政改革に取り組み、維新後には鹿児島県の大参事、都城県参事を務めた。なお、大参事、参事、権令(後述)は現代の副知事や県庁の局長に相当するが、久武は在職中、一貫して宮崎県の設置を嘆願している。次いで、明治6年(1873)に豊岡県権令に任命されたものの、病気を理由に赴任していない。この間、家来に薩摩霧島田口(鹿児島県霧島市)の開墾を促し、同年以降は久武自身も開墾に従事する。明治10年(1877)の隆盛らの挙兵、いわゆる西南戦争には批判的であったというが、出撃する隆盛の見送りにいった際、請われて小荷駄隊長に就任した。さらに、藩の家老、県の大参事としての手腕を見込まれ、軍資金や兵糧、武器の調達、兵士の募集などの分野を担当している。しかし、隆盛らとともに各地を転戦した末に、城山(鹿児島市)で同年9月24日に戦死。墓碑は鹿児島市の南洲墓地にある。なお、桂久嵩(久武の嫡子)も、西南戦争で戦死している。

14 樺山氏

島津資久(島津忠宗の五男)に始まる島津家の支族。樺山は桃山とも表記する。鎌倉時代末期ごろ、島津家嫡流の第4代当主・忠宗の子である資久は分家し、樺山氏を称した。樺山姓は資久の領地であった日向樺山(宮崎県三股町)にちなむという。樺山氏嫡流は戦国時代には島津家嫡流と対立したこともあるが、江戸時代初期の第11代当主・樺山久高(樺山忠助の子で、樺山規久の弟)は薩摩藩士となった。久高は慶長14年(1609)の琉球出兵の大将を務め、慶長19年(1614)に薩摩繭牟田郷(鹿児島県薩摩川内市)の領主となる。歴代当主のなかには、第21代当主の樺山主税(久美)など、国老などを務めた者が多い。わけても、主税は第9代藩主・島津斉宣の国老として重きをなしたが、文化5年

樺山資紀(国立国会図書館蔵)

(1808)の近思録崩れ(文化朋党事件、秩父崩れ)の際に切腹を遂げている。さらに、第14代当主・樺山久尚(薩摩守家久の十五男)は、島津家嫡流の出身であった。なお、安政2年(1855)の『門葉家名人員』(『斉彬公史料』〔第2巻〕所収)の一所持の箇所には、「薩摩国□□郡蘭牟田郷　樺山相馬久要」の記述があり、石高は1589石余となっている。□□郡の部分は欠字だが、薩摩国伊佐郡蘭牟田郷とするのが正しい。樺山家の嫡流には樺山姓、あるいは音堅姓を名乗って分家した家が大変多い。ちなみに、樺山音平(樺山孝久の次男)、樺山興久(樺山音久の三男)、樺山久清(興久の玄孫)に始まる3つの分家は、領主御三家として活躍した。なお、樺山姓の分家には「資」や「久」を通字とした家が多い。明治時代には薩摩藩出身の樺山資紀が海軍大将、海軍軍令部長、海軍大臣、内務大臣などを歴任し、伯爵に叙爵されている。また、樺山愛輔(資紀の長男)は実業界などで活躍し、樺山可成は海軍少将、連合艦隊参謀長、鹿児島市長などを務めた。

樺山氏の系図

島津忠宗 ― 樺山資久 ＝ 音久 ― 教宗 ― 孝久 ― 満久 ― 長久 ― 信久 ―

└ 善久 ― 忠副 ＝ 忠助 ― 規久 ＝ 久高 ― 久守 ― 久振 ＝ 久尚 ＝ 久広

└ 久清 ― 久福 ― 忠郷 ― 久初 ― 久智 ― 久美(主税) ― 久道 ＝ 久相

└ 久要 ― 久徴 ― 磐彦 ― 不揺麿 ― 久孝

公家に蹴鞠を学ぶも討ち死にを遂げた貴久の兄弟分

樺山善久　かばやま　よしひさ

永正9年(1512)〜
文禄4年(1595)?

樺山氏嫡流第9代当主。樺山信久の子。幼名は千代鍋、通称は助太郎、安芸守、号(法名)は玄佐で、諱(実名)は幸久とも。大永7年(1527)以降、伊作家の第10代当主・島津忠良と島津貴久(忠良の嫡子)に仕え、忠良・貴久父子からは貴久の兄弟分という厚遇を受けた。享禄2年(1529)に忠良の娘(貴久の姉)を正室に迎え、嫡子・樺山忠助、次男・樺山忠助(紹剣)という二子をもうけている。天文8年(1539)以降、薩摩と大隅の各地を転戦して軍功を収め、貴久や島津家嫡流の第16代当主・島津義久(貴久の嫡子)らの信任を得た。私的な面では公家・近衛前久に和歌を、同じく公家・飛鳥井家に蹴鞠を学び、

『玄佐日記(樺山玄佐日記)』を残す。なお、嫡子の忠副は父・善久に先立って、弘治3年(1557)の蒲生氏との戦いで討ち死にした。このため、家督は次男の忠助が継ぐが、忠助も『紹剣自記』という著作を残した。

朝鮮出兵や琉球出兵で軍功を残した智将
樺山久高　かばやま　ひさたか
永禄4年(1561)?～寛永11年(1634)

　樺山氏嫡流第11代当主、薩摩藩士。樺山忠助の次男で、樺山規久の弟、大野忠宗の養子。通称は又七郎、権左衛門尉、美濃守、号(法名)は玄屑。天正4年(1576)ごろから島津家嫡流の第16代当主・島津義久に仕え、文禄3年(1594)ごろからは島津義弘(義久の弟)、薩摩藩初代藩主・島津家久(薩摩守／義弘の三男、義久の甥で娘婿)の家老を務める。このころは大野姓を名乗っていたが、島津久保(義弘の次男、義久の甥で娘婿)の命で樺山姓に復姓する。さらに、伯父の樺山忠副や父の忠助らが相次いで没したため、慶長4年(1599)に樺山家嫡流の家督を継ぐ。義弘に従って慶長2年(1597)の第2次朝鮮出兵(慶長の役)に参加し、同年の蔚山の戦いや海戦で味方の勝利に貢献した。慶長14年(1609)の琉球出兵では、大将のひとりとして作戦を成功に導く。のちに、薩摩蘭牟田郷(鹿児島県薩摩川内市)の領主となった。晩年、薩摩伊作郷(鹿児島県日置市)の地頭となり、伊作郷で寛永11年(1634)に病没。74歳か。

近思録崩れで自刃を強いられた斉宣の懐刀
樺山主税　かばやま　ちから
安永7年(1778)～文化5年(1808)

　樺山氏嫡流第21代当主、薩摩藩国老。先代・樺山久智の子。一説に、久智の娘と結婚していた父が実家へ戻ったため、主税は内祖父の久智の実子として藩に届け出られたという。通称は大助、権左衛門、左京、主税で、諱(実名)は久言、久美。8歳で樺山氏嫡流の当主となり、第9代藩主・島津斉宣に認められる。勝手方用人を経て、文化4年(1807)に大目付、さらに家老へと進んだ。やがて、儒者・木藤武清に『近思録』を学んだ秩父太郎ら近思録派を登用し、危機的な状況にあった藩財政の立て直しを企てる。しかし、それが隠居(第8代藩主)・島津重豪(斉宣の父)の施策や私生活を否定するものであったため、近思録崩れ(嘉永朋党事件、秩父崩れ)に発展した。主税や太郎

ら13人が切腹、25人が配流を命ぜられたが、このうち主税は文化5年(1808)9月26日に薩摩繭牟田郷(鹿児島県薩摩川内市)で切腹。31歳。

お由羅騒動の前後に活躍する樺山資満の三男
村山松根　むらやま　まつね
文政5年(1822)〜
明治15年(1882)

　幕末維新期の薩摩藩士。樺山資満の三男で、樺山喜兵衛の弟。生母はかや(中村氏)。幼名、通称は三之助、仲之丞、斉助、下総、松根、変名は北条右門で、諱(実名)は時澄。天保10年(1839)に木村家の家督を継ぎ、木村仲之丞と名乗る。嘉永2年(1849)のお由羅騒動(嘉永朋党事件、高崎崩れ)に連座し、実家へ監禁された。しかし、生母・かやと兄・喜兵衛の助けを得て脱藩し、筑前福岡藩(福岡市)主・黒田長溥(島津重豪の子で、島津斉興の叔父)にお由羅騒動の実態を報じた。やがて、長溥らの奔走により薩摩藩第10代藩主・斉興が隠居に追い込まれ、世子(次期藩主)・島津斉彬(斉興の嫡子)の藩主就任が実現する。ただし、松根が脱藩したため喜兵衛は切腹し、かやは一時配流となった。その後、松根は北条右門の変名で国事に奔走し、赦免後は村山斉助の名で薩摩藩の京都留守居副役を命じられる。次いで、薩摩藩の命で皇族の朝彦親王、公家の近衛家の側近を務め、松原神社(鹿児島市)祀官、霧島神宮(鹿児島県霧島市)少宮司などを歴任する。明治8年(1875)からは宮内省へ出仕し、梨本宮家、山階宮家の家令となった。私的な面では山田清安や八田知紀らに文学や和歌を学んだ風流人で、『絵島の渡』や『わすれ貝』などの著作も残している。晩年は華族に詩歌などを教授したという。明治15年(1882)1月4日に病没。墓碑は京都市北区の聚光院にある。

薩英戦争直前の交渉に参加した佐土原藩家老
樺山久舒　かばやま　ひさのぶ
天保2年(1831)〜
大正元年(1912)

　幕末維新期の日向佐土原藩(宮崎市)の家老。樺山雅楽の子。通称は舎人、岩記で、久舒は久歆とも表記する。嘉永6年(1853)に出仕したのち、藩政改革での手腕を認められ、安政元年(1854)に家老に抜擢される。文久3年(1863)の薩英戦争では、薩摩藩の使者とともにイギリス艦隊と交渉した。明治元年(慶応4年/1868)からの戊辰戦争では佐土原藩兵を率いて東海道を進撃し、明治2年(1869)に佐土原藩権大参事に就任する。維新後は新政府の司

法・警察部門に勤務し、検事や警部を務めた。大正元年(1912)3月14日に病没。墓碑は東京都渋谷区の東北寺にある。

長州藩らとの連絡係を務めた精忠組の幹部
樺山資之　かばやま　すけゆき　　生没年不詳

　幕末維新期の樺山氏分家の当主、薩摩藩士。通称は三円、瀬吉郎。薩摩藩の茶道方となり、嘉永5年(1852)から江戸藩邸に勤務して、第11代藩主・島津斉彬と第12代藩主・島津忠義(斉彬の甥で娘婿)に仕える。次いで、西郷隆盛や税所篤らと交遊し、常陸水戸藩(茨城県水戸市)の藩儒・藤田東湖や戸田蓬軒を知って薫陶を受けた。さらに、大久保利通らの精忠組に参加し、万延元年(1860)の桜田門外の変以後は、危険を冒して長州藩の木戸孝允(桂小五郎)や久坂玄瑞らのもとへ連絡に走る。資之の以上のような奔走は後年、薩長同盟締結に結実することになった。墓碑は鹿児島市の福昌寺跡にある。

軍事面で活躍後に戊辰戦争で散った分家の当主
樺山十兵衛　かばやま　じゅうべえ　　弘化2年(1845)～明治元年(慶応4年／1868)

　幕末維新期の樺山氏分家の当主、薩摩藩士。樺山武左衛門の子。諱(実名)は資風。文久3年(1863)に薩摩藩国父・島津久光の上洛に従って京都御所(京都市上京区)の警備に従事し、元治元年(1864)の禁門の変、第1次長州征伐に出陣する。次いで、洋学者の赤松小三郎に西洋式軍事教練を学び、帰国後は薩摩藩兵の指揮、教練を担当した。明治元年(慶応4年／1868)から始まる戊辰戦争にも藩兵とともに新政府軍へ参加したが、磐城平城(福島県いわき市)の攻防戦で被弾した。横浜軍病院(神奈川県横浜市)へ転院後、同年8月24日に戦死。

15　川上氏　かわかみ

　島津頼久(島津貞久の子)に始まる島津家の支族。島津家嫡流第5代当主・貞久の子である頼久は、南北朝期に北陸遠征で活躍し、分家して川上氏を称した。本拠は薩摩川上(鹿児島市)とされているが、川上忠村(川上家久の子)

に始まる家など、川上氏には分家が多い。子孫は薩摩藩士として存続するが、次男らが分家した支族は小原氏、山口氏、安山氏を称している。安政2年(1855)の『門葉家名人員』(『斉彬公史料』〔第2巻〕所収)の一所持の箇所には、「川上筑後久封」と記されている。幕末維新期の川上龍衛(久齢)は薩英戦争で負傷し、のちに薩摩藩家老を務めた。また、薩摩藩出身の川上操六(親徳の子)は陸軍大将、参謀総長、子爵に、川上親晴は熊本県知事になった。

川上操六(国立国会図書館蔵)

川上氏の系図

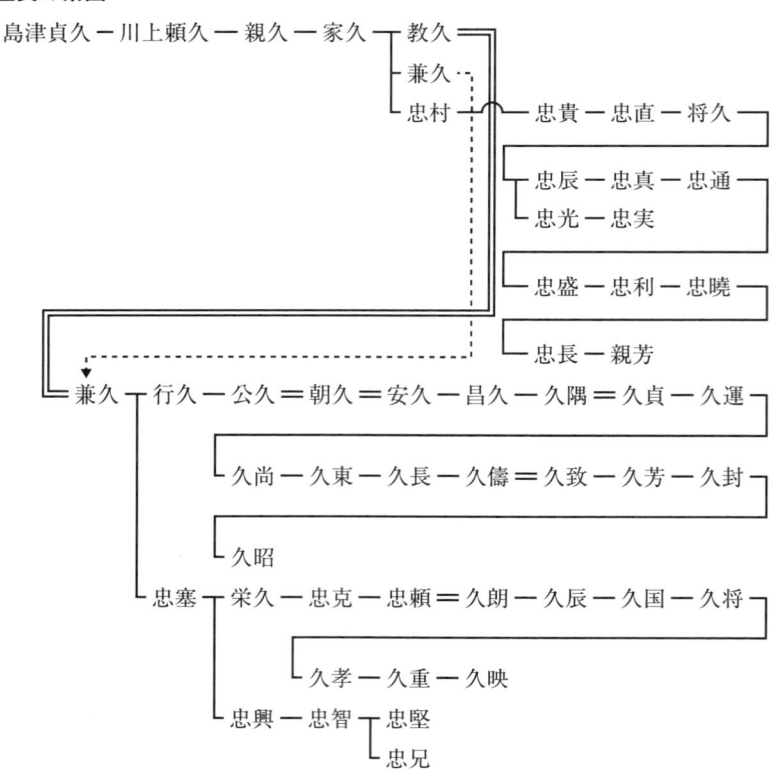

島津貞久―川上頼久―親久―家久―教久
　　　　　　　　　　　　　　　兼久
　　　　　　　　　　　　　　　忠村―忠貴―忠直―将久
　　　　　　　　　　　　　　　　　―忠辰―忠真―忠通
　　　　　　　　　　　　　　　　　└忠光―忠実
　　　　　　　　　　　　　　　　　―忠盛―忠利―忠曉
　　　　　　　　　　　　　　　　　―忠長―親芳

兼久―行久―公久＝朝久＝安久＝昌久―久隅＝久貞―久運
　　　―久尚―久東―久長―久儔＝久致―久芳―久封
　　　└久昭
　└忠塞―栄久―忠克―忠頼＝久朗―久辰―久国―久将
　　　　　　　　└久孝―久重―久映
　　　　└忠興―忠智―忠堅
　　　　　　　　　└忠兄

越前で新田義貞と戦った川上氏の初代当主

川上頼久　かわかみ　よりひさ　　生没年不詳

　川上氏嫡流の初代当主。島津貞久の子。通称は孫三郎、左衛門尉、上野介、大夫判官、法名は大円道覚。延元元年(1336)に北陸へ遠征し、越前金ヶ崎城(福井県敦賀市)に籠城する新田義貞を攻撃する。同年、大蔵姓河上氏の居城・薩摩川上城(鹿児島県いちき串木野市)を攻撃し、河上家久を討ち死にに追い込む。正平7年(1352)、薩摩加世田別府(鹿児島県南さつま市)半分の地頭職に補任された。

金ヶ崎古戦場跡の石碑(福井県敦賀市)

配流を経験後に貴久の家老となった不屈の人

川上忠克　かわかみ　ただかつ　　生没年不詳

　戦国時代の川上氏分家(忠塞流)の当主。川上栄久の子(一説に孫)。島津家嫡流の第15代当主・島津貴久らの家老。通称は又九郎、上野介、号は意釣、久瓢。薩摩串木野城(鹿児島県いちき串木野市)主で、当初は薩州家第5代当主・島津実久に属していた。天文8年(1539)に貴久に降伏し、以後3年間は薩摩甑島(いちき串木野市)での配流生活を経験する。赦免後、天文16年(1547)

に第16代当主となる島津義久(貴久の嫡子)の元服式に関与し、兵法書も執筆したという。弘治2年(1556)から天正5年(1577)まで、貴久と義久の家老(老中)を務めた。86歳で没したと伝えられるが、生没年は不明である。

義久の身替わりとなって討ち死にした忠克の子
川上久朗 かわかみ ひさあき
天文5年(1536)～永禄11年(1568)

　戦国時代、織豊時代の川上氏分家(忠塞流)の当主。川上忠克の子。通称は源三郎、左近将監。島津忠良(日新斎／島津義久の内祖父)が看経所に久朗の名を記し、子孫の将来を託したほどの名補佐役であった。久朗は弘治元年(1555)の蒲生氏討伐作戦や、永禄4年(1561)の廻城攻防戦などでは、刀剣を手にして軍功をあげた。天文22年(1553)から討ち死にするまでのあいだ、島津家嫡流第16代当主・義久の家老(老中)を務めたとも、18歳で守護代(副知事)に擬されたともいうが、永禄5年(1562)から永禄9年(1566)までの久朗の家老在職が確認されている。永禄11年(1568)の菱刈氏討伐作戦で義久が劣勢に陥った際、鎌槍を駆使して主君を守った。けれども、久朗自身はこのときに負った刀傷が原因で、鹿児島(鹿児島市)へ帰着後に絶命。33歳。義久は窮地を救ってくれた恩義に報いるべく、川上久辰(久朗の嫡子)に大隅国内で12町の地を与えた。

沖田畷でも手柄をあげた川上氏分家の当主
川上忠智 かわかみ ただとも
生没年不詳

　織豊時代の川上氏分家(忠興流)の当主。川上忠興の子。通称は左京亮、三河守、号は肱枕。島津義弘の家老を務め、天正8年(1580)の肥後矢崎城の攻防戦、天正12年(1584)の沖田畷の戦い、天正14年(1586)の肥後八代(熊本県八代市)出兵などに従軍した。このうち、矢崎城では敵方の勇将を討ち取り、沖田畷でも川上忠堅(忠智の子)とともに勝利に貢献する。なお、忠堅は天正14年(1586)に筑紫広門との合戦で討ち死にし、川上忠兄(忠智の次男)は慶長5年(1600)の関ヶ原の戦いで軍功をあげるなどした。

主君の没後に軍団を指揮した垂水家の家老

川上忠実　かわかみ　ただざね
生年不詳～
元和9年(1623)

　織豊時代、江戸時代初期の川上氏分家(忠光流)の当主、垂水家の家老。島津忠光(島津将久の次男)の子。垂水家の世子(次期当主)である島津彰久に従い、文禄元年(1592)から始まる第1次朝鮮出兵(文禄の役)に参加した。文禄4年(1595)に彰久が戦病死を遂げたあと、陣代(代理司令官)となって垂水家の家臣団の指揮を執っている。

示現流を修行し歴代当主の信任を得た武将

川上久国　かわかみ　ひさくに
天正9年(1581)～
寛文3年(1663)

　江戸時代初期の川上氏分家(忠寒流)の当主。川上久辰の嫡子。生母は頴娃兼堅の娘。幼名、通称は亀寿丸、源三郎、又左衛門、式部大輔、左近将監、号は掛冠商山、法名は天真院殿仁岳宗寿庵主で、諱(実名)は久首、久国、久好とも。示現流の剣豪・東郷重位に師事して惣伝を受け、慶長3年(1598)の第2次朝鮮出兵(慶長の役)で軍功をあげる。この間、薩摩、大隅の各地の地頭を務め、島津義弘から薩摩藩初代藩主の島津家久(薩摩守／義弘の三男で、島津義久の娘婿)、第2代藩主・島津光久(家久の嫡子)までの当主に仕えた。早世した島津綱久(光久の嫡子)の元服式にも参画するが、寛文3年(1663)4月17日に病没。83歳。墓碑は鹿児島市の松原山にある。

16　喜入氏

　島津忠弘(島津忠国の七男)に始まる島津家の支族。島津家嫡流第9代当主・忠国の子である忠弘は、薩摩給黎郷(鹿児島市)を領地として分家する。この系統は、15世紀末から約1世紀間は、薩摩喜入城(給黎城／鹿児島市)を居城とする。一説に、喜入氏を称したのは島津季久(忠弘の玄孫)のときというが、のちに薩摩鹿籠郷(鹿児島県枕崎市)を与えられた。江戸時代には薩摩藩の一所持となって存続したが、安政2年(1855)の『門葉家名人員』(『斉彬公史料』〔第2巻〕所収)には「薩摩川辺郡鹿籠郷　喜入摂津久通」と記されてお

第二部　第四章●島津家の支族と全国の島津家

り、石高は4203石余となっている。島津(喜入)忠道(島津忠俊の次男で、季久の弟)などが興した分家があり、江戸時代には喜入氏の人物が各地の地頭を務めた。歴代当主のなかでは喜入忠続、喜入久亮、喜入久高らが薩摩藩の家老を務めている。

使者などを如才なく務めた義久の家老
喜入季久　きいれ すえひさ
天文元年(1532)～天正16年(1588)

　戦国時代、織豊時代の喜入氏嫡流の当主、島津義久の家老。島津忠俊の嫡子。幼名、通称は三郎四郎、式部大夫、摂津介、摂津守、法名は休宅、昌円季久庵主で、諱(実名)は忠賢とも。当初は島津家嫡流の第14代当主(奥州家)・島津勝久に近かったというが、のちに伊作家第10代当主・島津忠良(島津貴久の父で、義久の内祖父)に従った。永禄元年(1558)以降、領地である薩摩給黎郷(鹿児島市)にちなみ、喜入氏を称する。各地の合戦で戦功が多く、島津家嫡流の第16代当主・義久によって家老に抜擢された。以後も肥後(熊本県)、筑後、筑前(以上、福岡県)などの進撃作戦に参加し、薩摩鹿籠郷(鹿児島県枕崎市)を与えられた。これに伴い、季久自身は鹿籠郷の鹿籠山之城(鹿児島市)を居城とし、島津久道(季久の嫡子)を給黎(喜入)郷に置いたという。なお、近隣の大名や武将との和睦交渉や、第15代将軍・足利義昭の就任祝いの使者なども務めている。私的な面では連歌や立花に造詣の深い、九州を代表する文人武将でもあった。天正16年(1588)7月14日に病没。57歳。

父と同様に使者を務めた藩政初期の功臣
喜入忠続　きいれ ただつぐ
元亀2年(1571)～正保2年(1645)

　江戸時代初期の喜入氏嫡流の当主、薩摩藩家老。喜入季久の四男、喜入久道の弟で養子。生母は佐多忠将の娘。出家名は長阿弥、長重、法名は快覚忠慶庵主で、諱(実名)は忠政とも。出家して修行生活をしていたが、甥(兄・久道の嫡子)の早世に伴い、還俗して家督を継ぐ。文禄元年(1592)からの第1次朝鮮出兵(文禄の役)には島津義弘に従い、虎狩りを行ったという。慶長5年(1600)の関ヶ原の戦いでも義弘に従ったが、敵中突破の最中に義弘とはぐれた。このあと、宇喜多秀家が薩摩に逃れてくるが、忠続は使者となって江戸幕府に弁明をした。そのほかにも、初代藩主・島津家久(薩摩守／義弘の

三男、島津義久の甥で娘婿）の使者などとして、しばしば将軍に拝謁している。私的な面では公家・近衛信尋らに入門し、和歌や書道を学ぶなどした。忠続は薩摩藩政の確立に貢献した、初期の功臣のひとりであるといっても大過はないであろう。正保2年（1645）3月18日に病没。75歳。墓碑は鹿児島県枕崎市の長善寺跡にある。

新田・塩田の開発に取り組んだ光久の子
喜入久亮　きいれ　ひさあき　万治元年（1658）～享保7年（1722）

　江戸時代中期の喜入氏嫡流の当主、薩摩藩家老。第2代藩主・島津光久の子で、喜入忠長（光久の子で、久亮の兄）の養子。幼名、通称は求馬、右衛門、久兵衛、安房。江戸の薩摩藩邸で生まれ、寛文3年（1663）に喜入氏の家督を相続した。なお、当初は兄・忠長（喜入忠高の養子）が当主を務める予定であったが、忠長は北郷久定（光久の子で、忠長と久亮の兄、北郷久直の養子）の養子に転じてしまう。このため、久亮が喜入氏嫡流の当主となった。久亮は貞享3年（1686）に家老となり、この間に薩摩、大隅など各地の地頭を歴任した。後半生は新田や塩田の開発、漁業振興などに心を砕く。連歌や和歌も得意とした。享保7年（1722）に病没。65歳。

「精忠組内閣」を組閣した幕末期の筆頭家老
喜入久高　きいれ　ひさたか　文政2年（1819）～明治26年（1893）

　江戸時代後期、幕末維新期の喜入氏嫡流の当主、薩摩藩家老。幼名、通称は善之助、主水、摂津。詰衆、番頭、用人、大目付、それに各地の地頭を歴任した。文久元年（1861）に国父・島津久光と第12代藩主・島津忠義（久光の嫡子）が公武合体路線を推し進めようとした際、筆頭家老の島津久徴らが難色を示す。このとき、久光は久徴を遠ざけ、新たに久高を筆頭家老に据えた。以後、久高は精忠組の大久保利通らを登用したいわゆる「精忠組内閣」を組閣し、藩政運営にあたる。元治元年（1864）に開成所担当となり、明治2年（1869）の藩政改革にも参画した。明治26年（1893）に病没。

17 給黎氏

島津宗長(島津忠経の長子で、島津忠時の外孫)に始まる島津家の支族。宗長は島津家嫡流第2代当主・忠時(忠経の父)の孫だが、鎌倉時代に薩摩給黎郷(鹿児島市)を領地とし、分家して給黎氏を称した。ただし、給黎郷は早くに島津家嫡流や伊集院氏の領地となっており、その後の島津家の支族としての給黎氏の動向は、判然としない部分が多い。なお、給黎郷に興る給黎氏には、平姓伊作氏流の給黎氏もある。

18 後藤氏

島津忠正(島津長徳軒の五男)に始まる島津家の支族。本節で取り上げたのは薩摩、大隅、日向の三国ゆかりの支族が大部分だが、この後藤氏のみは例外的に関東にゆかりで、江戸幕府の旗本になったという異色の支族である。忠正の父・長徳軒は島津忠良(日新斎)の弟というが、薩摩の島津家の系図には長徳軒の記述はない。『寛政重修諸家譜』などによると、長徳軒は19歳のときに下野足利(栃木県足利市)の足利学校へ入学するべく、薩摩から関東をめざした。しかし、遠江(静岡県西部)で乗船が難破したため入学を諦め、遠江の今川氏親、次いで相模(神奈川県)の北条氏綱に仕えたという。ただし、長徳軒を忠良の弟とする点に関しては、『寛政重修諸家譜』も懐疑的な記述となっている。また、同じく『寛政重修諸家譜』は、還俗後の長徳軒が島津右衛門尉忠貞と名乗ったとしているが、忠貞は長徳軒の子である可能性が高い。忠貞と島津孫四郎(忠貞の次男)らは北条氏綱に仕えたというが、孫四郎は天正17年(1589)に自殺を遂げる。また、忠正は後藤忠光の養子となって後藤氏を称し、徳川家康に仕官して旗本となった。子孫は500石の旗本として存続し、歴代当主の多くが将軍の親衛隊である小姓組、書院番の番士を務めている。家号は旗本となって以降、第4代当主・島津久利から島津氏を称したが、第7代当主・島津久武が後藤姓へ戻している。なお、後藤益勝(縫殿允/忠正の次男)の系統は江戸幕府の呉服御用の職を世襲し、忠正の娘は江戸幕府の金座頭人・後藤光次(庄三郎)の妻となった。家紋は『寛政重修諸家譜』には「琴柱」「轡十文字」「三琴柱」と記されており、『寛永諸家系図伝』に

は「黒円のうち白十文字」と記されている。

後藤氏の系図

```
島津運久┬忠良
        ├長徳軒―(忠貞)┬孫四郎―忠直＝吉勝―久利―久周―久荏
        │              └忠正 ┬吉勝----↑
        │    後藤忠光＝忠正 ──┴益勝
        └久武―行朋
```

島津長徳軒　しまづ ちょうとくけん

日新斎忠良の弟という、後北条氏に仕えた医師

生年不詳～永禄2年(1559)

　今川氏親、のち北条氏綱の家臣。『寛政重修諸家譜』などは相州家第2代当主・島津運久の子で、伊作家第10代、相州家第3代の島津忠良(日新斎)の弟としているが、薩摩の島津家の系図には長徳軒の記述はない。運久の子、忠良の弟であるとすれば、生母は常盤であろうか。通称は右衛門尉、諱(実名)は忠貞、法名は長徳軒龍同泉公。さて、出家した長徳軒は享禄元年(1528)、19歳のときに下野足利(栃木県足利市)の足利学校へ入学するべく、薩摩から足利学校へ向かったという。ちなみに、当時の足利学校は、軍師や医師の養成も行っていた。ところが、遠江(静岡県西部)で船が難破したため、長徳軒は医師として駿河(静岡県東部)の今川氏親に仕えた。のちに、相模(神奈川県)の北条氏綱に仕え、相模桑原郷(神奈川県小田原市)に知行を与えられたものと見られる。天文8年(1539)には浅草寺(東京都台東区)の再建に関与したが、永禄2年(1559)8月10日に没。享禄元年(1528)に19歳とする『寛政重修諸家譜』の記述を信じれば、50歳ということになる。位牌と墓碑は江戸の清徳寺(東京都品川区)に置かれた。

島津(後藤)忠正　しまづ(ごとう) ただまさ

徳川家康に仕えて後藤氏を継ぐ長徳軒の子

弘治3年(1557)～慶長19年(1614)

　江戸幕府の旗本。島津長徳軒、もしくは島津忠貞(長徳軒の子か)の五男。生母は三浦備中守の娘。通称は源三郎、源左衛門、法名は長賢。永禄4年(1561)に徳川家康の命で後藤忠光の養子となり、家康の旗本となる。慶長5

年(1600)の関ヶ原の戦いに参加し、軍功により刀を拝領した。妻は武田家の家臣・館某の娘。慶長19年(1614)秋、大坂冬の陣に出陣する直前、京都で10月26日に病没。58歳。

旗本を辞めて呉服御用に生きた忠正の次男
後藤益勝　ごとう　ますかつ
天正13年(1585)〜没年不詳

　江戸幕府の旗本、呉服司。後藤忠正の次男。通称は生蔵、官職は縫殿允で、諱(実名)は忠勝とも。慶長元年(1596)から徳川家康に仕え、やがて第3代将軍となる徳川家光の側近を務めた。慶長19年(1614)の大坂冬の陣には家康に属し、家康の命で豊臣方との和睦交渉に従事する。元和元年(1615)の大坂夏の陣では家光の使者を務め、褒美として甲冑を拝領したという。しかし、益勝は旗本として昇進することを望んでいなかったため、寛永4年(1627)に江戸幕府に願い出て致仕し、同年に縫殿允に補任された。子孫は江戸幕府の呉服御用の職を世襲している。

19 佐多氏

　島津忠光(島津忠宗の三男)に始まる島津家の支族。南北朝期、島津家嫡流の第4代当主・忠宗の子である忠光は大隅佐多(鹿児島県南大隅町)に住み、佐多氏を称した。居城は佐多高木城(南大隅町)だが、南北朝期に禰寝氏に同城を奪われたこともある。子孫は薩摩知覧郷(鹿児島県南九州市)の領主となり、正徳元年(1711)に第16代当主・佐多久達(島津光久の五男)が島津姓を名乗ることを許され、一所持となった。以上により、この系統を知覧家、もしくは佐多家という。したがってここでは島津姓に復姓する以前の、佐多姓の人物を紹介することとする。佐多氏の歴代当主のうち、第4代当主・佐多親久は応永27年(1420)に知覧郷に20町を拝領し、第8代当主・佐多忠成は島津忠良(日新斎)の三国統一作戦で多くの軍功をあげ、第12代当主・佐多忠充は知覧郷に2300石の知行を与えられて地頭となった。なお、佐多氏嫡流が島津姓に復姓したあとも、分家は引き続き佐多氏を称した。ちなみに、佐多氏には禰寝氏流建部姓、桓武平氏資盛流などの系統もある。

　→第二部 第三章 第二節「一所持・一所持格の各家　9.知覧家」(P.213)参照。

20 志和池氏

島津忠光(島津忠常の子)に始まる島津家の支族。島津家嫡流第8代当主・島津久豊の玄孫にあたる忠光は日向志和池(宮崎県都城市)に住み、分家して志和池氏を称した。志和池氏は志和地氏と表記する場合もある。忠光は島津氏嫡流第14代当主・島津勝久に従っていたというが、天文2年(1533)に勝久が国外へ亡命する前後に日向庄内(都城市)へ逃れ、領主の北郷忠相に仕えた。志和池忠縄(忠光の子)も北郷氏に仕え、天正15年(1587)に豊後(大分県)の合戦で討ち死にを遂げたと伝えられている。

志和池氏の系図

島津久豊 ― 豊久 ― 忠堯 ― 忠常 ― 志和池忠光 ― 忠縄

21 末川氏

島津忠清(島津久章の子)に始まる新城家が称した別姓で、同家の支族に末川氏を称した家がある。新城家初代当主・久章(島津久信の子)は分家したのち、薩摩藩第2代藩主・島津光久の命に背いて成敗される。新城家はいったん断絶するが、のちに忠清が新城家の再興を許される。一時、忠清が末川氏を称したが、のちに新城家の支族が末川氏を称した。歴代当主のうち、江戸時代後期の末川久救(島津貴儔の子)は薩摩藩の若年寄、文人、幕末維新期の末川久平は薩摩藩の家老、軍役惣奉行などとして活躍している。

→第二部 第三章 第二節「一所持・一所持格の各家 5.新城家」(P.209)参照。

文武両道に長け複数の著作を残した吉貴の孫

末川久救 ● すえかわ ひさひら

元文4年(1739)～
文政10年(1827)

江戸時代後期の末川家の当主、薩摩藩若年寄、文人。垂水家第7代当主・島津貴儔(島津吉貴の三男)の子で、末川貴澄(吉貴の六男、一説に五男)の養子。生母は側室・山下秀明の娘。通称は金之丞、織衛、将監、大学、号は周山、法名は周山義施で、諱(実名)は久年、久中とも。薩摩藩第4代藩主である吉貴の外孫であったため、貴澄が垂水家第8代当主となったあとに、末川

家の名跡を継ぐ。家格は寄合格であるという。大目付などを経て天明元年(1781)に若年寄となったが、のちに垂水家の財政改革問題で失脚した。私的な面では吉田清純に文学を、向井友章に儒学を、公家の飛鳥井家に詩歌を学ぶ。ほかにも書画や生花、茶道などもよくしたが、示現流剣術、日置流弓術、神当流馬術、稲富流砲術などにも長じていた。晩年、藩士としては恵まれなかったが、『砲術伝来』や『波の下草』など多数の著作を残している。文政10年(1827)閏6月14日に病没。89歳。墓碑は鹿児島市の南林寺跡にある。

㉒ 相馬氏

島津忠成(島津忠朝の孫)に始まる総州家の分家。忠成の祖父・忠朝は総州家第2代当主・島津伊久の子で、第3代当主・島津守久の弟だが、相馬氏を称し、子孫は都城家の家臣になったという。ちなみに、島津家嫡流第3代当主・島津久経の正室で第4代当主・島津忠宗の生母である尼妙智は、桓武平氏将門流の相馬胤綱・相馬尼夫妻の三女で、弘安3年(1280)ごろに相馬尼から下総相馬御厨内の「くろさきのかう(＝黒崎郷／千葉県我孫子市ほか)を譲られた。尼妙智が譲られた領地は同年に嫡子・忠宗へ譲られ、忠宗が譲られた領地は弘安10年(1287)以降に島津貞久、島津忠氏、島津時久(以上、忠宗の子)へ譲られている。ただし、以上の点と忠成が相馬氏を称した点にかかわりがあるのか否かは、定かではない。

・尼妙智→第一部 第一章 第二節「鎌倉時代の島津家②──鎌倉時代の父母・妻妾」(P.23)参照。

㉓ 知覧氏

島津忠宗(島津忠景の子)に始まる越前家の支族。島津忠綱(島津忠久の次男)の孫にあたる忠宗は、分家して知覧氏を称した。なお、知覧氏を興した忠宗と、島津家嫡流第4代当主の島津忠宗は別人である。知覧の家号は薩摩知覧院(鹿児島県南九州市)にちなむが、戦国時代の知覧氏は樺山氏らに従ったという。やがて、知覧氏嫡流は江戸時代には薩摩藩士となるが、複数の分家がある。なお、島津忠光(忠宗の子)に始まる佐多氏は、江戸時代には知覧

郷の地頭となり、のちに島津姓へ改姓した。このため、忠光に始まるこの系統は、江戸時代には知覧家、もしくは佐多家と呼ばれるようになる。

→第二部 第三章 第二節「一所持・一所持格の各家　9.知覧家」(P.213)参照。

24 新納氏

島津時久(島津忠宗の四男)に始まる島津家の支族。島津家嫡流第4代当主・忠宗の子である時久は、建武2年(1335)に日向新納院(宮崎県木城町、高鍋町付近)の地頭となり、新納氏を称した。のちに、時久は薩摩高江(鹿児島県薩摩川内市)などへ本拠を移す。ところで、新納是久(新納忠治の三男)は分家したが、常盤(是久の娘)は伊作家第9代当主・島津善久に嫁して島津忠良を生む。そして、善久の没後、常盤は忠良を伴い、相州家第2代当主・島津運

新納氏の系図

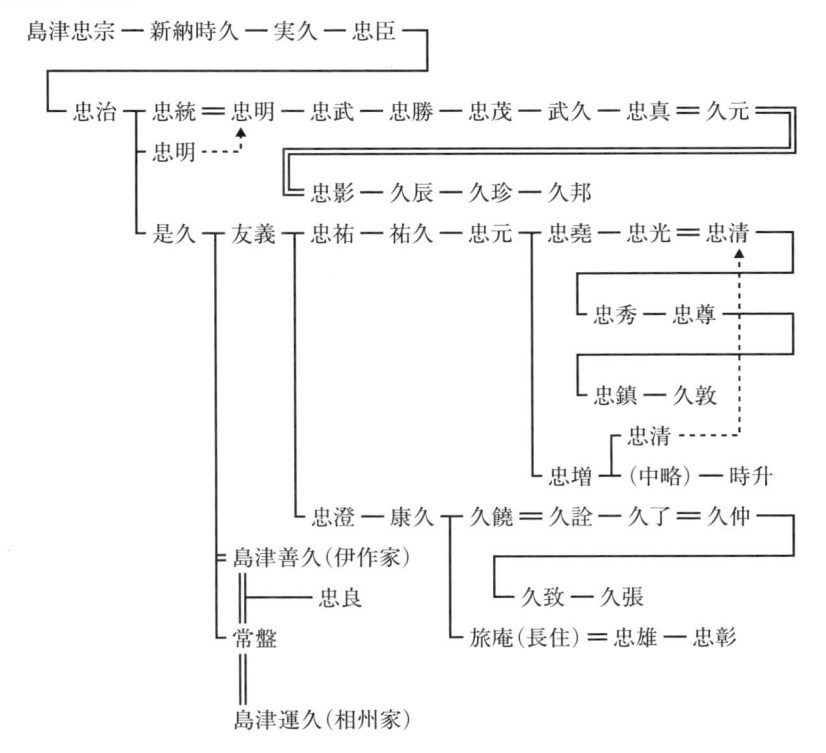

```
島津忠宗 ― 新納時久 ― 実久 ― 忠臣
 ┃
 ┗ 忠治 ┬ 忠統 ══ 忠明 ― 忠武 ― 忠勝 ― 忠茂 ― 武久 ― 忠真 ══ 久元
         ├ 忠明 ┄┄┘
         │         ┗ 忠影 ― 久辰 ― 久珍 ― 久邦
         │
         └ 是久 ― 友義 ┬ 忠祐 ― 祐久 ― 忠元 ┬ 忠堯 ― 忠光 ══ 忠清
                       │                    ├ 忠秀 ― 忠尊
                       │                    ├ 忠鎮 ― 久敦
                       │                    │     忠清 ┄┄┘
                       │                    └ 忠増 ―(中略)― 時升
                       │
                       ├ 忠澄 ― 康久 ┬ 久饒 ══ 久詮 ― 久了 ══ 久仲
                       │              ├ 久致 ― 久張
                       │              └ 旅庵(長住) ― 忠雄 ― 忠彰
                       │
                       ├ 島津善久(伊作家)
                       │  ‖
                       │  ‖ ― 忠良
                       │  ‖
                       └ 常盤
                          ‖
                          ‖
                          島津運久(相州家)
```

久と再婚した。以上のような理由で、室町時代、戦国時代の新納氏は、伊作家、次いで島津家第15代当主・島津貴久（忠良の嫡子）に従い、新納氏嫡流や分家の子孫は薩摩藩士となる。分家の人物のなかでは、新納氏分家（是久流）の第5代当主・新納忠元が、島津家嫡流第16代当主・島津義久や、島津義弘（義久の弟）らの重臣となった。また、分家（是久流）のそのまた分家（忠澄流）にあたる新納久饒（新納康久の子で、新納旅庵の兄）は義久や義弘らの軍師を務め、軍神の勧請、勝吐気（勝鬨）役を担当する。同じく分家（旅庵流）の旅庵（康久の子で、久饒の弟）は、義弘の家老を務めた。安政2年（1855）の『門葉家名人員』（『斉彬公史料』〔第2巻〕所収）の一所持の項には、「大隅国□□郡踊郷三躰堂村　新納波門久世（中略）薩摩国川辺郡神殿村　新納内匠久」などの記述がある。なお、□□の部分は欠字で、桑原郡とするのが正しい。以上のほかに加治木家の支族や家来、支藩・日向佐土原藩の藩士にも新納氏の家がある。

・**常盤**→第一部　第三章　第二節「戦国・織豊時代の島津家②──戦国・織豊時代の妻妾」（P.44）参照。

豪胆で名声を馳せた戦国時代屈指の名補佐役

新納忠元　にいろ　ただもと

生年不詳～
慶長15年（1610）

　新納氏分家（是久流）の第5代当主。島津義久や島津義弘（義久の弟）らの重臣。戦国時代末期から島津家嫡流の第16代当主・義久や義弘、それに薩摩藩初代藩主となる島津家久（薩摩守／義弘の三男、義久の甥で娘婿）を補佐し、島津家のエクスパンション（領土拡張主義）の実現に尽力した。合戦の場での軍功も多く、永禄5年（1562）の大隅横川城（鹿児島県霧島市）、永禄11年（1568／一説に永禄10年〈1567〉）の薩摩馬越城（鹿児島県伊佐市）、永禄12年（1569）の薩摩大口城（伊佐市）の各攻防戦で名声を馳せている。大口城攻防戦のあと、恩賞として同城に封じられ、以後は肥後（熊本県）の相良氏などに備えた。天正2年（1574）、肝付方の拠る大隅牛根城（鹿児島県垂水市）の攻防戦では、自ら人質役を買って出る豪胆さを見せた。文禄元年（1592）から始まる朝鮮出兵では薩摩にとどまり、『二才咄格式式目』を制定するなど、家臣の子弟教育に実績を残す。なお、忠元を主人公とした伝記に『新納忠元勲功并家筋大概』がある。慶長15年（1610）12月3日に病没。なお、没した当時の年齢を85歳とする説がある。

僧侶から還俗し義弘の家老となる分家の当主

新納旅庵　にいろ　りょあん

生年不詳～
慶長7年(1602)

　新納氏分家(旅庵流)の初代当主。島津義弘の家老。新納氏分家(忠澄流)の第2代当主・新納康久の次男(一説に三男)で、新納久饒の弟。諱(実名)は長住、号、法名は旅庵、休閑で、周囲から荘厳寺旅庵と呼ばれた時期もある。兄の久饒は軍師で、同じく軍師の川田義朗とほぼ同じ時代に軍神の勧請、勝吐気(勝鬨)役を担当していた。旅庵は若くして出家し、一遍宗(時宗)の遊行上人とともに各地で修行を重ねた末に、肥後(熊本県)の荘厳寺住職となる。天正15年(1587)に島津家嫡流第16代当主・島津義久(義弘の兄)の命で還俗し、義弘の家老に抜擢される。義弘に扈従して、文禄元年(1592)からの第1次朝鮮出兵(文禄の役)などに従軍した。慶長5年(1600)の関ヶ原の戦いでも敵中突破に参加し、一時、京都の鞍馬山(京都市左京区)へ身を隠す。やがて、義久らの指示で徳川家康との交渉に従事し、征伐の中止と、島津家の領地安堵などの実現に寄与した。以後、薩摩など各地の地頭を歴任し、慶長7年(1602)10月26日に病没。なお、没した当時の年齢を50歳とする説がある。

藩主に直訴などを企て配流も経験した硬骨漢

新納時升　にいろ　ときのり

安永7年(1778)～
慶応元年(1865)

　新納氏分家(忠増流)の当主。薩摩藩士。新納時意の子。生母は普知(村野実勝の娘)。通称は次郎九郎、弥太右衛門、矢田右衛門、字は伯剛、号は如泉、空翠、乾々道人で、諱(実名)の時升は「ときます」とも読む。江戸詰、大島(鹿児島県奄美市ほか)の代官、大坂詰などを歴任するが、藩の方針に逆らったり、隠居(第8代藩主)・島津重豪への直訴を企てたりなどして、2度も職を奪われた。さらに、復職後も世子(次期藩主)・島津斉彬(重豪の曾孫)の藩主就任を画策したため、嘉永3年(1850)のお由羅騒動(嘉永朋党事件、高崎崩れ)に連座して徳之島(鹿児島県徳之島町ほか)へ配流となる。安政元年(1854)に赦免されて以後、細工奉行格・造士館助教、町奉行格・兵具奉行などを務め、『東行録』や『国機密略』などの著作も残している。慶応元年(1865)1月22日に病没。88歳。墓碑は鹿児島市の桂樹院にある。

失脚後に子孫が活躍した幕末期の家老
新納久仰 にいろ ひさのり
文化4年(1807)～
明治6年(1873)

　新納氏嫡流の当主。薩摩藩家老。畠山義矩の次男で、新納久命の養子。生母は広(新納久儔の娘)。幼名、通称は亀之介、彦九郎、次郎四郎、内蔵、駿河、号は義愈、葦洲。久命の養子となり、各地の地頭や大番頭などを歴任し、島津斉彬が薩摩藩第11代藩主となった嘉永4年(1851)に家老に抜擢される。斉彬が安政5年(1858)に病没すると、城代家老・島津久宝とともに隠居(第10代藩主)の島津斉興(斉彬と島津久光の父)に重用され、集成館を閉鎖するなどの緊縮財政を展開している。ところが、やがて国父・久光(斉彬の弟)が藩政の実権を掌握したため、久仰は失脚してしまう。なお、安政6年(1859)に久仰が記した手記『新納久仰雑譜』は、当時の藩政運営を知るのに最適の史料である。文久3年(1863)に隠居し、家督を新納中三(久仰の嫡子)に譲った。明治6年(1873)6月3日に病没。墓碑は鹿児島市の興国寺跡にある。子女のうち、中三も家老となったが、新納忠之助は明治時代に大審院判事、鹿児島県大島郡金久支庁長を務め、大島郡の製糖業振興に尽力したことで名高い。

西洋式軍備の導入に功績を残した久仰の嫡子
新納中三 にいろ なかぞう
天保3年(1832)～
明治22年(1889)

　新納氏嫡流の当主。薩摩藩家老。字は久脩、通称は刑部、変名は石垣鋭之助。新納久仰の嫡子。文久3年(1863)、父・久仰の隠居に伴い、家督を継いで当主となる。軍役方総頭取や軍役奉行などを歴任し、西洋式兵制の導入に功績を残した。わけても、中三の導入した西洋式兵制は、文久3年(1863)の薩英戦争や、元治元年(1864)の禁門の変で役立ったという。慶応元年(1865)に大目付に就任し、留学生を引率してイギリスへ赴く。このとき、ドイツとフランスへも足を延ばして知識を広める。帰国後の慶応2年(1866)に家老に抜擢され、開成所、外国掛などを担当した。明治2年(1869)には藩政改革に従事し、その後は新政府の判事となる。明治22年(1889)12月10日に病没。

会津戦争で戦死を遂げた佐土原藩兵の指揮官

新納八郎二　にいろ　はちろうじ

天保12年(1841)〜明治元年(慶応4年/1868)

　日向佐土原藩(宮崎市)の藩士、北陸道進撃軍長官。曾小川久籌の三男。諱(実名)は久暢。文久3年(1863)に薩摩で郷田流兵法を、慶応初年に江戸で西洋式軍事教練を学ぶ。帰国してそれらを伝授し、明治元年(慶応4年/1868)からの戊辰戦争では佐土原藩の北陸道進撃軍長官を務めた。同年9月の会津鶴ケ城(福島県会津若松市)攻めの際、八郎二率いる佐土原藩兵は薩摩、長州両藩兵と会津藩兵を追撃した。このとき、抵抗が激しかったため、八郎二らは敵中に孤立してしまう。以上が原因で、八郎二は明治元年(慶応4年/1868)9月15日に戦死。麾下の多くの藩兵も戦死したという。

25　西氏

　島津忠持(島津親久の子)に始まる伊作家の支族。忠持は伊作家第3代当主・島津親忠の孫であったが、分家して薩摩加世田郷(鹿児島県南さつま市)を本拠として西氏を称した。親久が薩摩伊作城内西城(西之城/鹿児島県日置市)へ住み、西氏を称したという見方もある。戦国時代末期、西忠弘(忠持の子孫)は伊作家第10代当主・島津忠良に仕えて包丁職となり、西田氏に改姓した。明暦3年(1657)、西田忠敦(忠弘の曾孫)は薩摩藩に西氏への復姓を願い出て、翌年許可された。江戸時代には西氏の藩士が薩摩、大隅、日向の各地の地頭を務めているが、これらの諸家のなかには伊作家の支族以外の系統もあるという。薩摩藩出身の西徳二郎は明治時代に外務大臣、男爵に、西寛二郎は陸軍大将、陸軍教育総監、子爵になっている。なお、昭和7年(1932)のロサンゼルス五輪・馬術競技で金メダルを獲得した陸軍大佐・西竹一(通称・バロン西)は、徳二郎の三男である。

西徳二郎(『幕末・明治・大正回顧八十年史』より)

㉖ 北郷氏

島津資忠(島津忠宗の六男)に始まる島津家の分家、支族。中世以来、北郷氏の嫡流はおおむね日向都城(宮崎県都城市)の領主で、薩摩藩の一所持となる。さらに、寛文3年(1663)に島津姓に改姓したため、都城家と呼ばれた。ここでは改姓する以前の北郷氏の人物を中心に、おもな人物を取り上げることにする。なお、分家が10数家あるが、これらの家は嫡流が島津姓に復姓したあとも引き続き北郷姓を名乗った。以上のうち、北郷三久(三又／北郷時久の三男)に始まる分家は薩摩平佐(鹿児島県薩摩川内市)などを領有したことから、平佐北郷氏と呼ばれている。この平佐北郷氏からは第2代当主・北郷久加(三久の嫡子)、第13代当主・北郷久信などが城代家老、あるいは藩有軍艦の艦長などになった。また、都城家の家来に北郷姓の家があるが、幕末維新期には北郷資常や北郷資知らが出て活躍する。また、引き続き北郷姓を名乗った家の分家、支族は、龍岡氏を称した。

→第二部 第三章 第二節「一所持・一所持格の各家 4.都城家」(P.207)参照。

足利尊氏に嘉賞され北郷氏を興した忠宗の六男
北郷資忠　ほんごう　すけただ　　生没年不詳

北郷氏嫡流の初代当主。島津忠宗の六男で、樺山資久の弟。通称は七郎左衛門尉、尾張守、法名は山久院殿月窓道明居士。島津家嫡流第4代当主・忠宗の子である資忠は、正平6年(1351)に筑前金隈の戦いで軍功をあげ、翌年、足利尊氏から日向北郷(宮崎県都城市)300町を与えられ、北郷内安永に入部して北郷氏を称したという。正平11年(1356)、島津家嫡流第6代当主・島津氏久(忠宗の内孫)が幕府方を離脱したため、資忠の領地が相良氏に与えられた時期もある。正室は宮丸道時の娘。資忠が正平12年(1357)、もしくは正平15年(1360)に病没したとする説があるが、夫妻の墓碑は都城市の山久院跡に残る。なお、北郷義久(資忠の嫡子)は、日向庄内(都城／都城市)へ拠点を構築した。

城門を模した都城歴史資料館の門（宮崎県都城市）

領地替えで都城を去った北郷氏の第10代当主

北郷時久 ほんごう ときひさ

享禄3年（1530）〜
慶長元年（1596）

　日向庄内（都城／宮崎県都城市）、薩摩宮之城（鹿児島県さつま町）の領主、北郷氏嫡流第10代当主。北郷忠親の子。幼名、通称は二郎、右衛門尉、号は一雲、法名は月庭梁新庵主で、諱（実名）は忠豊とも。軍功を認められて永禄5年（1562）に大隅末吉（鹿児島県曽於市）の領主となり、天正元年（1573）には末吉で北郷忠虎（時久の子）とともに、肝付氏の来襲をしのぐ。天正15年（1587）の九州征伐のあと、豊臣秀吉に庄内の領地を安堵される。しかし、文禄4年（1595）に宮之城へ転封（国替え）となり、長く本拠としてきた庄内の地を離れた。慶長元年（1596）2月3日に病没。67歳。遺骸はさつま町の龍峯寺（廃寺）へ埋葬されたが、現在、墓碑は都城市の龍峯寺跡にある。

不運にも巨済島で戦病死を遂げた時久の次男

北郷忠虎 ほんごう ただとら

弘治2年（1556）〜
文禄3年（1594）

　日向庄内（都城／宮崎県都城市）の領主、北郷氏嫡流第11代当主。北郷時久の次男。通称は弾正忠、讃岐守、法名は天室常清居士。天正元年（1573）、

父・時久とともに、大隅末吉(鹿児島県曽於市)で肝付氏の来襲をしのぐ。天正13年(1585)の肥後(熊本県)、天正14年(1586)の筑前、筑後(以上、福岡県)への進撃作戦で軍功をあげる。天正15年(1587)の九州征伐のあと、島津以久(島津義久らの従弟)、伊集院忠棟(幸侃)とともに豊臣秀吉から直接領地を安堵する朱印状を与えられ、いわゆる御朱印衆のひとりとなった。文禄元年(1592)からの第1次朝鮮出兵(文禄の役)に参加したが、朝鮮半島沖の唐島(巨済島)で文禄3年(1594)12月14日に戦病死。39歳。墓碑は都城市の龍峯寺跡にある。

激動の時代を生き都城へ復帰した忠虎の嫡子
北郷忠能　ほんごう　ただよし
天正18年(1590)〜
寛永8年(1631)

薩摩宮之城(鹿児島県さつま町)、日向庄内(都城／宮崎県都城市)の領主、北郷氏嫡流第12代当主。北郷忠虎の嫡子。幼名、通称は長千代丸、二郎、讃岐守、法名は剛岳常金居士。文禄3年(1594)に父・忠虎が朝鮮半島沖の唐島(巨済島)で戦病死したため、5歳で家督を継いで当主となる。一族の北郷三久(北郷時久の三男で、忠虎の弟)、重臣の小杉重頼らに支えられ、織豊時代から江戸時代初期にかけての激動の時代を乗り切った。慶長4年(1599)、庄内領主・伊集院忠真が庄内の乱を起こすと、討伐作戦に軍勢を送っている。これらの行動が認められ、慶長5年(1600)に悲願であった庄内への復帰が実現する。寛永8年(1631)に病没。42歳。

人質生活を経験後に早世した薩摩守家久の三男
北郷久直　ほんごう　ひさなお
元和3年(1617)〜
寛永18年(1641)

日向庄内(都城／宮崎県都城市)の領主、北郷氏嫡流第15代当主。薩摩藩初代藩主・島津家久(薩摩守)の三男で、先代・北郷忠亮(北郷忠能の子で、北郷翁久の養子)の養子。生母は側室・恵灯院(島津忠清の娘)。幼名、通称は岩松丸、又十郎、法名は廓安了聖庵主で、諱(実名)は忠直とも。寛永11年(1634)に忠亮が没したため、養子に迎えられて家督を継ぐ。寛永12年(1635)と寛永18年(1641)の2度、江戸へ赴いて人質生活を送った。この間、江戸にいた寛永13年(1636)には第3代将軍・徳川家光に拝謁し、薩摩にいた寛永15年(1638)には第2代藩主・島津光久(薩摩守家久の嫡子で、久直の兄)の指示

で国元諸事差図の職務を務めた。2度目の人質生活を終えて寛永18年(1641)に帰国したが、鹿児島城(鶴丸城)下で同年11月6日に病没。25歳。墓碑は鹿児島市の興国寺跡にある。

談合役や家老を務めた北郷氏分家の当主

北郷久加 ● ほんごう ひさます

慶長9年(1604)～
延宝8年(1680)

　　北郷氏分家(平佐北郷氏)第2代当主、薩摩藩城代家老。北郷三久(三又)の嫡子。生母は正室・上井覚兼の娘。幼名、通称は千代鶴丸、又次郎、佐渡守、法名は法勝院殿正覚存貞庵主。寛永14年(1637)に島原の乱が勃発すると、寛永15年(1638)に談合役(軍師)のひとりとして従軍した。正保元年(1644)、薩摩藩第2代藩主・島津光久が琉球王国(沖縄県)の使節とともに江戸へ赴いた際、久加が扈従して間もなく家老に抜擢される。次いで、慶安2年(1649)に異国方兼宗門方を経て、寛文6年(1666)に城代家老に昇進した。さらに、寛文7年(1667)には世子(次期藩主)・島津綱久(光久の嫡子)の後見役に擬せられたが、病を口実としてこれを辞退したという。延宝8年(1680)8月30日に没。77歳。墓碑は鹿児島県薩摩川内市の梁月寺跡にある。

藩有軍艦の艦長に就任した水雷術の専門家

北郷久信 ● ほんごう ひさのぶ

天保2年(1831)～
明治20年(1887)

　　北郷氏分家(平佐北郷氏)第13代当主、軍艦「乾行丸」艦長。通称は作左衛門、主水。朱子学や武芸をよくし、文久元年(1861)に肥前長崎(長崎市)で水雷術などを学んだ。元治元年(1864)の禁門の変に従軍し、慶応元年(1865)の開成所創設に関与する。明治元年(慶応4年／1868)からの戊辰戦争では、「乾行丸」艦長となって北陸などを転戦した。明治20年(1887)8月10日に病没。

維新後に主家の家令を務めた佐土原藩重臣

北郷資知 ● ほんごう すけとも

天保6年(1835)～
明治42年(1909)

　　都城家の重臣。幼名、通称は十郎、清兵衛、号は寿骨山人で、諱(実名)は資潔とも。江戸幕府の昌平坂学問所(東京都文京区)の安井息軒らに師事し、江戸の動向を都城家第24代当主・島津久本に報告する。都城へ帰郷したのち、

都城家の番頭、用人、家老などを歴任した。文久2年(1862)、第25代当主・島津久静(久本の嫡子)が家来を率いて上洛した際これに従い、5月26日に久静が病没して以降は資知が家来を指揮して京都御所(京都市上京区)の警備などにあたった。文久3年(1863)、都城家の家中で誠忠派崩れという政変があり、資知は同役の北郷資常らとともに一時失脚する。幸いにも、事態収拾に乗り出した薩摩藩によって、元治元年(1864)に資常とともに復職した。以後は都城家の財政改革などに邁進し、維新後も都城家の家令を務めている。明治42年(1909)5月2日に病没。墓碑は青山霊園(東京都港区)にある。

27 町田氏

島津(石谷)忠光(島津忠経の三男)に始まる島津家の支族。忠光は島津家嫡流第2代当主・島津忠時の孫だが、当初は石谷氏を称していた。のちに、島津忠継(忠経の子で、忠光の兄)の領地であった薩摩伊集院町田(鹿児島県日置市)を領有して町田氏を称した。戦国時代の町田氏嫡流の当主・町田忠栄と町田久倍(町田久徳の嫡子)は、島津義弘らの家老を務めたという。安政2年(1855)の『門葉家名人員』(『斉彬公史料』〔第2巻〕所収)の一所持の箇所には、「薩摩日置郡伊集院郷石谷村(日置市)　町田助太郎久長」と記されてい

町田久成が創設に尽力した東京国立博物館(東京都台東区)

る。また、町田氏には分家が大変多いが、御一門四家の家老を務めた者もいた。さらに、分家、支族のなかには、石谷、阿多、梅本の各氏を称した家もある。鹿児島市石谷には、町田久東ら歴代当主夫妻の見事な墓碑群が現存する。なお、薩摩藩出身の町田経宇は陸軍大将、第十五師団長を務めた。ちなみに、石谷領主の子に生まれた町田久成は東京国立博物館創設に尽力したが、郷里にちなんだ石谷という号を用いている。

町田氏の系図

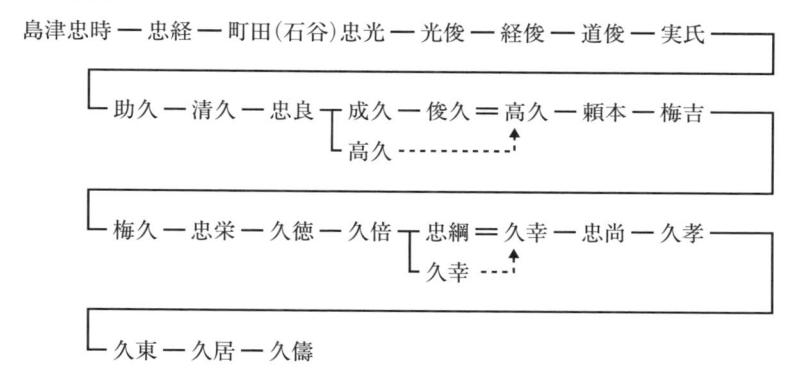

```
島津忠時 ── 忠経 ── 町田(石谷)忠光 ── 光俊 ── 経俊 ── 道俊 ── 実氏 ──┐
┌──────────────────────────────────────────────────────────────────┘
├─ 助久 ── 清久 ── 忠良 ┬ 成久 ── 俊久 ═ 高久 ── 頼本 ── 梅吉
│                      └ 高久 ----------↑
│
├─ 梅久 ── 忠栄 ── 久徳 ── 久倍 ┬ 忠綱 ═ 久幸 ── 忠尚 ── 久孝
│                                └ 久幸 ----↑
│
└─ 久東 ── 久居 ── 久儔
```

義久・義弘兄弟の家老となった戦国時代の当主

町田久倍　まちだ ひさます　　生没年不詳

　戦国時代末期、織豊時代の町田氏嫡流の当主。町田久徳の子。なお、父の諱(実名)を久梅、梅久、梅忠などとする説もあるという。島津義久の奏者(側近)、島津義弘(義久の弟)の家老(老中)。通称は助太郎、伊賀守、出羽守、号、法名は一玄、存松。島津忠良(島津貴久の父で、義久と義弘の内祖父)に属して、永禄11年(1568)の菱刈氏討伐作戦で奮戦する。天正11年(1583)と天正12年(1584)には肥後(熊本県)へ、天正14年(1586)には筑前(福岡県中央部)への進撃作戦に参加した。義久の奏者、義弘の家老を務め、義久が出家した際には久倍も出家したと伝えられている。

28 村橋氏

加治木家の支族。幕末新維期の村橋直衛はイギリスへ留学し、維新後に北海道で国産ビールの醸造に取り組んでいる。

札幌麦酒の醸造に成功するも客死した不遇の人
村橋直衛　むらはし　なおえ
天保11年(1840)〜明治25年(1892)

幕末維新期の村橋氏の当主、実業家。村橋久柄の嫡子。諱(実名)は久成で、変名は橋直輔。嘉永元年(1848)に父の事故死に伴って家督を相続し、薩摩藩の寄合並、小姓与番頭となる。慶応元年(1865)、薩摩藩の留学生に選抜され、慶応2年(1866)までイギリスのロンドン大学へ留学した。明治元年(慶応4年/1868)から始まる戊辰戦争では黒田清隆麾下の新政府軍に加わり、明治2年(1869)の箱館戦争(五稜郭の戦い)などへ出征する。五稜郭の陥落後、引き続いて蝦夷地(北海道)の開拓に従事し、開拓使(北海道庁の前身)で西洋式の

JR鹿児島中央駅前に建つ、村橋直衛の銅像を含む「若き薩摩の群像」のモニュメント(鹿児島市)

農業や産業などの指導にあたった。しかし、開拓使長官となっていた清隆と衝突したあげく、明治14年(1881)に辞職する。なお、この間に我が国最初の国産ビール・札幌麦酒の醸造にも成功し、我が国におけるビール醸造業の草分けとなった。晩年、雲水となって各地を放浪したともいわれるが、滞在先の兵庫県葺合村(神戸市中央区)で明治25年(1892)9月28日に病没。墓碑は青山霊園(東京都港区)にある。

29 山田氏

　島津宗久(島津忠実の次男で、島津忠継の孫)に始まる島津家の支族。宗久は薩摩谿山郡(鹿児島市)の地頭職を務めた忠継(島津忠時の庶長子)に始まる家の子孫だが、建治2年(1276)に谿山郡山田、北別府(以上、鹿児島市)の地頭職を譲られて山田氏を称した。この家には次男、あるいは三男らが興した分家が多い。なお、島津家嫡流の家臣となった山田氏には、支族の山田氏のほかに桓武平氏の山田氏などの系統もある。第16代当主・島津義久、薩摩藩初代藩主・島津家久(薩摩守/島津義弘の三男、義久の甥で娘婿)の家老を務めた山田有信や山田有栄(昌巌/有信の嫡子)らは島津家の支族ではなく、桓武平氏である。

山田氏の系図

島津忠時 ― 忠継 ― 忠実 ― 山田宗久 ― 忠経 ― 久興 ― 忠尚 ― 忠広 ―
　　　　　　　　　　　　　　　　　　忠豊 ― 久親 ― 忠時 ― 久武 ― 久通 ― 久貞 ― 久陳 ― 久福

山田氏を興して相論に苦しめられた忠時の曾孫
山田宗久　やまだ　むねひさ　　生没年不詳

　山田氏嫡流の初代当主。島津忠実の子。通称は式部、孫五郎、法名は道慶。建治2年(1276)に薩摩谿山郡山田、北別府(以上、鹿児島市)の地頭職を譲られて山田氏を称した。弘安10年(1287)以降、谿山郡司・谷山資忠と相論におよんだが、正安2年(1300)の鎮西下知状には両者の争点が列挙されている。正中2年(1325)に資忠との和議が成ったことから、同年に山田と北別府の地頭職などを、子の諸三郎丸と亀三郎に譲った。乾元元年(1302)ごろに出家をしてからは、道慶を名乗ったという。

30 義岡氏

　島津久延(喜入季久の次男で、島津忠俊の養子)に始まる島津家の支族。島津忠堯(島津豊久の嫡子で、島津久豊の孫)と島津忠常(忠堯の子)が第15代当

主・島津貴久の命に従わなかったため、忠尭の家督は島津忠衡(豊久の次男で、久豊の孫)、さらに島津忠実(忠衡の子)、忠俊(忠実の子)が継ぐ。そして、久延は天正8年(1580)に島津家第16代当主・島津義久から「義」の一字を拝領し、義岡氏を称した。主君から拝領した一字を諱(実名)に織り込んだ事例は多いが、家号に織り込んだ事例は島津家の分家、支族では珍しい。義岡氏は薩摩藩士として存続し、子孫は薩摩、大隅、日向などの地頭を歴任している。

義岡氏の系図

島津久豊 ― 豊久 ┬ 忠尭 ― 忠常
　　　　　　　　└ 忠衡 ― 忠実 ― 忠俊 ＝ 義岡久延 ― 久達 ― 久良

31 吉利氏

　島津忠澄(島津久定の嫡子)に始まる薩州家の支族。この系統は薩州家第2代当主・島津国久の子・島津秀久を祖とする。秀久に始まる分家の第3代当主・久定の子である忠澄は、永禄9年(1566)に薩摩吉利(鹿児島県日置市)を領地として吉利氏を称した。吉利姓への改姓は、島津家嫡流の第15代当主・島津貴久の命に従ったものという。忠澄と吉利忠張(忠澄の子)は各地の戦いで戦功をあげた。わけても、忠澄は長く肥後(熊本県)へ駐屯し、天正14年(1586)の豊後(大分県)への進撃作戦では、日向口の副将を務めた。なお、以上とは別に、島津家の支族である伊集院忠治(伊集院忠国の子)に始まる吉俊氏がある。

COLUMN 5

戦国・織豊時代の名補佐役たち

　戦国時代から織豊時代にかけての島津家は、島津貴久、子の島津義久、義弘、歳久、家久(中務大輔)の四兄弟、島津忠将(貴久の弟)、島津以久(忠将の子)、島津豊久(中務大輔の子)などといった名将が相次いで登場した。一方、この時代には重臣のなかからも、名補佐役、名軍師が相次いで登場している。

● **新納忠元**→第二部 第四章 第一節「島津家の支族　24.新納氏」(P.248)参照。

● **上井覚兼**
　天文14年(1545)～天正17年(1589)。覚兼は「さとたか」とも読む。義久の側近を務め、奏者、老中に進んだ。天正8年(1580)からは日向宮崎城(宮崎市)主として、日向の領地経営を担う。九州の中部と北部を転戦したが、義弘らの遠征計画の立案にも深く関与したらしい。また、文芸に造詣が深く、『上井覚兼日記』(国重要文化財)や『伊勢守心得書』などの著作も残している。天正15年(1587)の九州征伐のあと、第一線を退いた。

● **川田義朗**
　生年不詳～文禄4年(1595)。義久と義弘の軍配者(軍師)。天正4年(1576)ごろから軍配者を務め、出陣の際に吉凶を占うなどした。天正6年(1578)の耳川の戦いでは攻撃時期に関して献策し、天正12年(1584)の沖田畷の戦いでは戦勝後に討ち死に者の霊を慰める頸捨という儀式を行っている。特に義弘から全幅の信頼を寄せられていた、九州を代表する軍配者であった。

● **長寿院盛淳**
　生年不詳～慶長5年(1600)。畿内(近畿地方)の畠山氏の出身という。根来寺(和歌山県岩出市)、安養院(鹿児島市)の僧侶を経て還俗し、義久の家老に進む。天正15年(1587)の九州征伐の前後から豊臣政権と交渉を重ね、所領安堵を実現させる。その後は義久の指示で、家臣の領地替えなど、内政面、外交面の難問を如才なく処理した。慶長5年(1600)の関ヶ原の戦いでは義弘の戦場離脱を助け、身代わりとなって壮烈な討ち死にを遂げた。

　なお、本田親貞(生年不詳～1596)や頴娃久虎(1558～1587)、山田有信(1544～1609)・有栄(1578～1668)父子らも、以上の面々に劣らぬ名補佐役、名軍師である。

第二節 島津姓を許された重臣

　幕末期に家老などに登用され、その身一代限り、もしくは在職中のみ、薩摩藩主から島津姓を許された人物がいる。これらのうち、代表的な人物としては島津伊勢こと諏訪甚六と、島津将曹こと碇山久徳が有名である。本節では甚六を取り上げるが、久徳については本章 第一節「島津家の支族　4.碇山氏」(P.221)を参照いただきたいと思う。

島津姓を許され忠義に挙兵上洛を進言した家老

諏訪甚六（島津伊勢）
すわ　じんろく（しまづ　いせ）
文政12年(1829)～明治31年(1898)

　薩摩藩家老。通称は甚之助、数馬、甚六、伊勢、諱(実名)は広兼で、薩摩藩第12代藩主・島津忠義から島津姓を許された。石高は759石余で、当番頭兼奏者番、藩校・造士館や武道稽古所・演武館の監督などの職務を務める。文久2年(1862)に一度失脚したというが、文久3年(1863)の薩英戦争に従軍して復活した。慶応元年(1865)に家老に抜擢され、これ以後は姓名を島津伊勢と名乗る。慶応3年(1867)10月14日、薩摩藩へ討幕の密勅が下げ渡されたあと、西郷隆盛、小松帯刀、大久保利通らは国元・薩摩へ戻り、藩主・忠義に兵を率いて上洛するように迫った。このとき、甚六は忠義に上洛を進言したと伝えられている。やがて、11月になって忠義が上洛を決意すると、甚六は藩兵の出陣を手配するなどした。明治元年(慶応4年／1868)に始まる戊辰戦争では薩摩藩の総督となり、忠義に代わって藩兵を率いて北陸や奥羽などを転戦している。明治2年(1869)には軍務総裁となって藩政改革に取り組むが、明治3年(1870)2月に軍務総裁を辞任した。これ以後、甚六は諏訪姓に復姓する。明治31年(1898)8月19日に病没。

第三節 全国の島津家

　これまでの各節で、九州地方の薩摩、大隅(以上、鹿児島県)、日向(宮崎県)、中部地方の越前、若狭(以上、福井県)、信濃(長野県)などの島津家に触れた。以上の国々、各県以外でも、全国各地に島津家があり、偉人や著名人を世に送り出している。具体的には、東北地方からは牧師・島津岬、陸軍軍医少将・島津忠預らが、関東地方からは室町時代の武士・島津政忠、実業家・島津孝之介、医学者・島津フミヨ、婦人労働問題研究家・島津千利世、海軍主計少将・島津惣次、映画監督・島津保次郎らが、中部地方からは駿河沼津(静岡県沼津市)の医師・島津退翁、島津恂堂、島津元圭、越後五十公野村(新潟県新発田市)の医師・島津圭斎、島津琢斎らが出た。また、近畿地方からは京都の実業家・島津源蔵(初代)、島津源蔵(2代目)らが、中国・四国地方からは尼僧・島津籌峰、文人・島津華山らが、九州地方(鹿児島、宮崎両県を除く)からは豊前中津藩(大分県中津市)重臣・島津復生、衆議院議員の島津良知らが出た。以上のうち、政忠は薩摩の島津家の分家で、華山は若狭家の子孫と推測される。これに対して、退翁をはじめとする沼津の医師・島津家の家号は、摂津島津(比定地不詳)にちなむという。島津家の家号が九州の島津荘以外にちなむというのは、全国的に見ても沼津の医師・島津家のほかにはあまり例がない。

1 東北地方

　島津忠綱(島津忠久の次男)、もしくはその子孫に始まるという信濃家の系統が、織豊時代、江戸時代初期に上杉景勝の転封(国替え)に従い、出羽米沢(山形県米沢市)へ移住した。この点については、第二部 第一章 第一節「中世の島津家の分家①――本州各地の分家　3.信濃家」(P.148)で詳しく触れた。こういった関係で、信濃家の系統である島津忠直(月下斎)らが米沢藩士となったが、明治維新後も米沢市をはじめとする山形県からは、警察署長で米沢市助役の島津悌蔵、牧師の島津岬、陸軍軍医少将の島津忠預らが出た。陸奥仙台藩(宮城県仙台市)の藩士には奥女中(上﨟)の島野(島津帯刀の娘)、島津

正右衛門(島津下総の三男)などを祖とする家があり、藩士・白川氏の家来には島津一隆を祖とする家がある。以上とは別に、下総や、島津半右衛門(下総の子で、正右衛門の弟)などを祖とする家もあるが、先に触れた帯刀は米沢の浪人であるという。時代的には前後するが、仙台城(青葉城/仙台市青葉区)が築城される以前、同城の前身という千代城などに島津陸奥守が住んだとされている(『奥羽観蹟聞老志』)。さらに、文永元年(1264)に陸奥守が榴岡天満宮(仙台市宮城野区)を修造したとする伝承もある(『宮城県の地名』)。ただし、帯刀以外の島津姓の人物と、薩摩の島津家との関わりは明らかにはなっていない。

海外でのキリスト教布教に取り組んだ牧師
島津岬　しまづ　みさき　明治10年(1877)～昭和50年(1975)

牧師。山形県米沢市出身。宣教師のダンロップの勧めでキリスト教へ入信、受洗し、東洋英和学校を卒業した。日本メソヂスト教会甲府教会に勤務したのち、明治37年(1904)に渡米し、シカゴ大学神学部を経てユニオン神学校を卒業する。その後はシカゴ日本人青年会(YMCA)主事となり、昭和9年(1934)に中国の上海YMCA主事に転じた。終戦後の昭和23年(1948)に帰国して鹿児島県指宿市を拠点に伝道を開始し、日本基督教団指宿教会の設立に貢献する。昭和50年(1975)1月12日に病没。

医学博士の学位を取得していた陸軍軍医少将
島津忠預　しまづ　ただよ　明治27年(1894)～

陸軍軍医少将。山形県出身。日本陸軍の軍医となり、第十二師団軍医部長を経て、昭和17年(1942)1月19日に台湾軍軍医部長、昭和19年(1944)10月31日に南方第三病院病院長(ジョホールバル)に就任する。この間に医学博士の学位を取得し、昭和15年(1940)8月1日に陸軍軍医大佐、昭和20年(1945)3月1日に陸軍軍医少将となった。

② 関東地方

　下野(栃木県)では、室町時代の下野戸矢子保(栃木市)の武士に島津家がある。この島津家は、薩摩の島津家の分家であるという。もともと、戸矢子保は加賀局(足利氏流戸矢子有綱の娘)が相続するが、加賀局が島津忠佐と再婚して子をもうけて以降、夫妻の子孫である島津家が戸矢子保を領有した。『島津氏系図』『小曽戸氏系図』(以上、『栃木市史』〔通史編〕所収)などによると、夫妻から数えて6代目の島津忠親までは島津姓を称したが、以後は梅津姓や小曽戸(小曾戸)姓を称したという。なお、室町時代中期の一族・島津政忠は、鎌倉公方・足利氏満に属して活躍している。

下野の島津家の系図

```
戸矢子有綱 ── 加賀局
           ╠── 盛忠 ── 忠氏 ── 忠政 ── 宗忠 ── 忠親 ── 梅津正親
島津忠佐
```

　同じく栃木県では、旧喜連川町(さくら市)から医学者の島津フミヨが出た。茨城県では、常陸太田市出身の島津孝之介が志満津百貨店(水戸京成百貨店の前身)を創業し、初代社長に就任している。島津いく(孝之介の妻で、島津恒雄の生母)と恒雄(孝之介・いく夫妻の長男)も同百貨店社長に就任した。また、昭和時代の婦人労働問題研究家の島津千利世も茨城県出身である。千葉県からは海軍主計少将の島津惣次が、東京都からは映画監督の島津保次郎が、それぞれ出た。相模(神奈川県)では戦国時代末期、薩摩の島津忠良(日新斎)の弟という島津長徳軒が、今川氏親を経て相模の北条氏綱に仕えた。この点については第二部 第四章 第一節「島津家の支族 18.後藤氏」(P.243)で詳しく触れている。

鎌倉公方に属して行動したという下野の武将

島津政忠　しまづ まさただ　　生没年不詳

　下野戸矢子保(栃木市)の武士。弘和2年(1382)3月、下野祇園城(栃木県小山市)主・小山義政が鎌倉公方・足利氏満に叛旗を翻し、下野糟尾城(栃木県鹿沼市)に立て籠もる。これより先の天授6年(1380)に、義政は氏満の命を無

265

視して宇都宮基綱(うつのみやもとつな)を攻撃したため、同年と弘和元年(1381)の2度、公方方の攻撃を受けていた。弘和2年(1382)の戦いでは、上杉朝宗(うえすぎともむね)や木戸法季(きどのりすえ)らが公方方の大将を務めたが、戸矢子保が糟尾城に近かったことから、政忠も糟尾城攻防戦に参加したものと推測される。やがて、義政は櫃沢城に逃れたものの猛攻を防ぎ切れず、4月13日に自刃(ひつさわ)した。この一連の戦いで、政忠は公方方に属して軍功をあげたという。

志満津百貨店を創設した茨城県の実業家
島津孝之介 しまづ こうのすけ
明治19年(1886)～昭和29年(1954)

　茨城県の実業家、志満津(しまづ)百貨店(水戸京成百貨店の前身)の創業者。島津歳松の次男。茨城県常陸太田市(ひたち)で生まれ、小学校卒業後に同地の小間物問屋で丁稚奉公(でっちぼうこう)をする。なお、この問屋には後年、第19代立行司(たてぎょうじ)となる式守伊之助(しきもりいのすけ)(本名・高橋金太郎)が出入りしていた。孝之介は「ヒゲの名行司」として名声を馳せる伊之助と大変仲がよかったという。やがて、孝之介は苦労を重ねた末、明治41年(1908)に同地へ島津商店を創業し、昭和21年(1946)に水戸店を開店した。次いで、昭和24年(1949)に島津商店を志満津百貨店に改組し、自ら初代社長(代表取締役)に就任する。志満津百貨店は水戸で最初の百貨店といわれ、昭和時代には年末の商戦などが水戸の風物詩のひとつといわれるにいたった。この間、孝之介は昭和6年(1931)には茨城県会の茨城県久慈郡(くじ)から出馬し、県会議員に当選している。昭和29年(1954)2月9日に病没。以後、島津(しまづ)いく(孝之介の妻で、島津恒雄(しまづつねお)の生母)と恒雄(孝之介・いく夫妻の長男)も志満津百貨店社長に就任した。なお、志満津百貨店は昭和46年(1971)に京成電鉄と資本提携し、昭和50年(1975)に社名を水戸京成百貨店へ変更している。

血管心臓造影法の先駆的研究をした医学者
島津フミヨ しまづ ふみよ
明治35年(1902)～昭和42年(1967)

　昭和時代の医学者。栃木県さくら市(旧喜連川町(きつれがわ))出身。熊谷弥五郎の三女で、島津愛之の妻。東京女子医学専門学校(東京女子医科大学の前身)を卒業し、昭和7年(1932)に東京女子医学専門学校助教授、昭和17年(1942)に教授となり、昭和27年(1952)に東京女子医科大学教授となる。血管心臓造影法(ぞうえいほう)の

分野で先駆的な研究を行い、『血管心臓造影法』などの著作を残した。昭和42年(1967)12月31日に病没。

学術研究で足跡を残した婦人労働問題研究家
島津千利世　しまづ　ちとせ　　大正3年(1914)～

　昭和時代の婦人労働問題研究家。茨城県出身。日本大学法文学部を卒業後、昭和52年(1977)から昭和55年(1980)のあいだ、群馬大学教育学部教授を務めた。科学的社会主義の手法で、婦人労働運動の歩みや現代の婦人問題の分析を行っている。また、婦人労働問題研究会の代表を務めるなど、学術研究や婦人運動の指導者としても定評がある。『女子労働者』や『婦人労働の理論』などの著書も執筆している。

戦後は丹後瓦斯社長に転身した海軍主計少将
島津惣次　しまづ　そうじ　　明治28年(1895)～昭和52年(1977)

　海軍主計少将。千葉県出身。大正6年(1917)に海軍経理学校(第6期)を卒業後、昭和4年(1929)から昭和6年(1931)までアメリカのペンシルベニア大学に留学し、MBA(経営学修士)を取得した。帰国後は支那方面艦隊主計長、舞鶴工廠会計部長、海軍経理学校教頭兼監事長、研究部長を歴任する。昭和20年(1945)5月1日に海軍主計少将となったが、終戦後の同年10月15日に予備役となった。戦後は丹後瓦斯社長として実業界で活躍する。『米国留学の思出』などの著作も残した。

「島津おやじ」と慕われた戦前屈指の名監督
島津保次郎　しまづ　やすじろう　　明治30年(1897)～昭和20年(1945)

　昭和時代の映画監督。東京都出身。松竹キネマに入社して劇作家・小山内薫に師事し、大正11年(1922)に監督となった。昭和9年(1934)の映画『隣の八重ちゃん』のような日常生活を描写した快活な作品から、昭和10年(1935)の映画『お琴と佐助』(原作は谷崎潤一郎の『春琴抄』)のような重厚な文芸作品までを手堅く作り上げる。この当時、保次郎の作品は「蒲田調」といわれ、周囲からは「島津おやじ」と慕われたが、昭和15年(1940)に東宝へ移籍

後は、手腕を発揮する機会に恵まれなかった。保次郎のもとで助監督などを務めたり、保次郎が面倒を見たりした映画人に、五所平之助、豊田四郎、吉村公三郎、木下恵介らがいる。終戦の翌月にあたる昭和20年（1945）9月18日に病没。

3 中部地方

甲斐（山梨県）では建保元年（1213）ごろ、島津家嫡流の初代当主・島津忠久が甲斐波加利新荘（山梨県大月市）を恩賞として与えられた。戦国時代には信濃（長野県）の島津泰忠らが武田信玄や武田勝頼（信玄の四男）に仕えている。『峡中家歴鑑』によると、甲斐都川村（山梨県早川町）の島津家の祖先は、慶長13年（1608）に金採掘の目的で薩摩から移住してきた島津光孝（三郎右衛門）であるという。昭和時代の山梨県韮崎市の医師に島津寿隆がおり、妻の島津久子（旧姓・宇佐美／1897～1978）は山梨県連合婦人会の初代会長などを務めた。戦国時代末期には、薩摩の島津忠良（日新斎）の弟という島津長徳軒が、駿河（静岡県東部）の戦国大名・今川氏親に仕えた。同じく駿河では、江戸時代の沼津城（静岡県沼津市）下の医師に、島津道悦に始まる島津家がある。道悦の祖先は摂津（大阪府北部、兵庫県南東部）の出身で、島津姓は摂津島津

近江彦根藩の居城・彦根城（滋賀県彦根市）

(比定地不詳)にちなむという。江戸時代初期には近江彦根藩(滋賀県彦根市)に仕官したが、第6代当主の道悦が沼津へ移住する。子孫は沼津藩や駿河田中藩(静岡県藤枝市)の藩医を務めた。歴代当主は次の通りだが、わけても第8代当主・島津退翁や第10代当主・島津恂堂らは名医として知られた。沼津市の妙覚寺には、歴代当主の墓碑や儒者・佐藤一斎撰文の退翁先生碑などが残る。

駿河沼津の島津家の系図

　　島津道悦 ━ 臨水 ━ 退翁 ＝ 東陽 ━ 恂堂 ＝ 元圭

　越後(新潟県)では江戸時代後期、明治時代の越後五十公野村(新潟県新発田市)の医師に、島津圭斎や島津琢斎(圭斎の嫡子)らがいた。

晩年に駿河沼津で私塾を開く沼津藩の藩医

島津退翁　しまづ　たいおう

生年不詳～
文政元年(1818)

　駿河沼津城(静岡県沼津市)下の医師、駿河田中藩(静岡県藤枝市)の藩医。号は退翁、諱(実名)は維敬。島津家は祖父・島津道悦以来、沼津城下で医師を開業していた。退翁は江戸幕府医官の多紀元徳や、儒者の松崎観海、川合隣山に師事する。田中藩医として活躍後、晩年は沼津城下で私塾を開く。文政元年(1818)に病没。沼津市の妙覚寺には、退翁らの墓碑と儒者・佐藤一斎撰文の退翁先生碑が残る。

ときには無報酬の診療を厭わなかった退翁の孫

島津恂堂　しまづ　じゅんどう

文化元年(1804)～
明治5年(1872)

　駿河沼津藩(静岡県沼津市)の藩医。島津東陽の長男。字は洪夫、号は恂堂、得山、如雲、諱(実名)は維範。江戸の医学館に入学し、江戸幕府医官の多紀元堅や、儒者の海保漁村、佐藤一斎に師事する。帰藩後、沼津城下の人々も診察したが、ときには薬礼(診察料)を受け取らず、他人の借金を肩代わりすることもあった。さらに、薄着で寒がっている初対面の高齢者に、自分の羽織を与えたという話も残る。幕末期には藩校・矜式館、維新後は伊豆修善寺(静岡県伊豆市)の郷校(庶民の教育機関)・芝山学舎で教鞭を執るなど、教育の発展にも寄与した。明治5年(1872)に病没。ちなみに、陸軍大将とな

る井口省吾は、恂堂や島津元圭(恂堂の養子)の教え子である。

老中となった主君の側近を務めた恂堂の養子
島津元圭　しまづ げんけい
天保元年(1830)?～
大正元年(1912)

　駿河沼津藩(静岡県沼津市)の藩医。駿河田中藩(静岡県藤枝市)の藩医・綾部東郭の子で、島津恂堂の養子。字は士成、諱(実名)は維章、号は元圭、対嶽、雪湖。養父・恂堂と同じく江戸の医学館に入学し、江戸幕府医官の多紀元堅や儒者の海保漁村に師事する。のちに、沼津藩第7代藩主・水野忠誠の勧めで改めて医師の三宅艮斎に師事し、西洋医学を学んだ。帰藩後に藩医兼儒者となり、藩校・明親館で教鞭を執ったが、寺社奉行、老中となる忠誠のブレーン的な職務も務めている。幕末期には元圭が藩論を尊皇に導く一方で、沼津へ逃れてきた彰義隊残党の説得などにもあたった。維新後には沼津で医院を開業している。大正元年(1912)に病没。

ヒポクラテス像を描いた越後の市井の医師
島津圭斎　しまづ けいさい
生年不詳～
安政元年(1854)

　越後五十公野村(新潟県新発田市)の医師。諱(実名)は篤、字は子恭、号は盤泉、芸隠老人、尚友堂。医師の宇田川榛斎に師事したが、絵画もよくした。弘化元年(1844)にヒポクラテスの画像を描き、儒者の丹羽思亭の賛を得ているが、思亭や桑田立斎らに多大な影響を与えたと伝えられている。安政元年(1854)4月1日に病没。新発田市の浄念寺に埋葬された。子には島津琢斎(圭斎の嫡子)と島津玖斎(圭斎の次男)がおり、琢斎が医師となった。なお、玖斎は江戸で医師の坪井信道に師事したが、安政5年(1858)7月25日に病没したという。

西洋式産科学を修め名声を得た圭斎の嫡子
島津琢斎　しまづ たくさい
文化12年(1815)～
明治24年(1891)

　越後五十公野村(新潟県新発田市)の医師。島津圭斎の嫡子。諱(実名)は震、号は琢斎、精研堂だが、父と同じ圭斎という号も用いた。天保6年(1835)に肥前長崎(長崎市)へ遊学し、ニーマンに西洋医学を学ぶ。蘭方の外科、産

科を得意とし、幕末維新期から明治時代初期にかけて、名医として近隣にその存在を知られた。明治24年(1891)1月2日に病没。新発田市の浄念寺に埋葬された。順天堂の佐藤尚中に師事した島津復三(琢斎の子)が、父の跡を継いで医師となる。

4 近畿地方

　島津忠綱(島津忠久の次男)に始まる越前家が、播磨下揖保荘(兵庫県たつの市)の地頭職を得て同地に移住した点については、第二部 第一章 第一節「中世の島津家の分家①——本州各地の分家　2.越前家」(P.145)で詳しく触れた。そこで、ここでは兵庫県以外の、近畿各地の島津家について触れる。京都府に、島津姓の家や島津を屋号に織り込んだ企業がある。このうち、「人形の島津」として知られる京都島津は社章が「丸に十文字」だが、伊勢屋三左衛門に仕えた嘉助が天保4年(1833)に京都で創業した。嘉助は禁裏御用達の司を務めたが、現代では特に優美な顔立ちの雛人形に定評がある。京都市出身の近現代の実業家に、島津源蔵(初代)と、島津源蔵(2代目／初代の長男)がいる。初代源蔵は京都の仏具職人・島津清兵衛の次男であるという。

島津吉兵衛が勤務していた紀伊和歌山城(和歌山市)

その初代源蔵が創業した島津製作所は京都を代表する企業に発展しているが、2代目の源蔵や島津源吉(初代の次男)、島津常三郎(初代の三男)らも同製作所の経営にかかわった。社章は「丸に十文字」で、平成14年(2002)にノーベル化学賞を受賞した社員・田中耕一が記者会見を行った際も、会見場所の背後にこの社章をあしらった旗が掲げられていた。紀伊(和歌山県)では紀伊藩(和歌山市)の江戸時代初期の能楽師に、シテ方渋谷流の島津吉兵衛がいた。吉兵衛は渋谷九右衛門に師事し、30石7人扶持で召し抱えられた。しかし、第2代藩主・徳川光貞のとき、財政窮乏を理由に召し放ちとなっている。明治時代には島津半(1864〜1920)が旧和歌山県保田村(和歌山県有田市)の村長、和歌山県会議員などを務めている。半は有田市出身で、農業用水の整備などに功績を残した。摂津(大阪府北部、兵庫県南東部)では、丹後局が島津家嫡流の初代当主・忠久を生んだのが、住吉神社(大阪市住吉区)の境内とされている。また、駿河沼津藩(静岡県沼津市)の藩医兼儒者を世襲した島津家は、摂津島津(比定地不詳)にちなんで家号を島津としたという。明治時代初期の模範囚・島津お政(生没年不詳)は摂津大坂(大阪市)の生まれで、島津は継母の旧姓であるという。お政は置引きや強盗などの犯罪を重ねて入獄し、終身刑を宣告される。しかし、悔い改めて模範囚となり、出獄後は敬虔な尼僧となった。

理化学機器製造に乗り出す島津製作所の創業者

島津源蔵(初代)

しまづ げんぞう(しょだい)

天保10年(1839)〜
明治27年(1894)

実業家、島津製作所の創業者。島津清兵衛の次男。生家は京都の仏具職人であったが、明治8年(1875)に独立して島津製作所を創業する。京都舎密局のワーグナーらの指示で理化学機器の修理を担当し、教育用の理化学機器の製造、販売に乗り出す。苦心惨憺の末に事業が軌道に乗ると、科学への関心を高めるべく、明治19年(1886)に『理化学的工芸雑誌』を創刊した。また、京都府師範学校(京都教育大学の前身)の委嘱で、同校金工科の教師として教壇にも立った。明治27年(1894)12月8日に病没。

島津創業記念資料館に建つ島津源蔵(初代)の銅像(京都市中京区)

苦労の末に経営を軌道に乗せた初代源蔵の長男
島津源蔵(2代目) しまづ げんぞう(にだいめ) 明治2年(1869)〜昭和26年(1951)

　実業家、島津製作所社長。島津源蔵(初代)の長男。幼名は梅治郎。明治8年(1875)に父が島津製作所を興すが、当初は事業が軌道に乗らず、小学校の中退を強いられる。父の事業を手伝いつつ理化学を独習し、明治17年(1884)に早くも、ウィムズハースト式誘導起電機を完成させた。京都府師範学校(京都教育大学の前身)の金工科の教師として教壇にも立つが、明治27年(1894)に父が病没すると源蔵の名を襲名し、島津製作所の所主となった。明治29年(1896)には島津源吉(初代の次男)の協力を得てエックス線写真撮影を、明治30年(1897)には京都帝国大学(京都大学の前身)の指導のもとで蓄電池の製造を成功させた。ちなみに、明治38年(1905)の日本海海戦の際、日本海軍の「信濃丸」がバルチック艦隊の発見を打電したが、その際に「信濃丸」に積まれていたのが島津製作所の製造した蓄電池であったという。大正6年(1917)には島津製作所を株式会社に改組し、同年に社長、昭和14年(1939)に会長に就任する。以上のうち、エックス線写真撮影の技術は医療用のレントゲン装置に応用され、戦前は島津製作所の独壇場であった。ほかにも内外の特許や新案を500件以上も取得し、大日本塗料などの企業も設立している。昭和26年(1951)10月3日に病没。

海戦当初の連合艦隊の猛撃(東城鉦太郎 画『幕末・明治・大正回顧八十年史』より)

5 中国・四国地方

　鳥取県では明治時代の尼僧に島津籌峰がいる。岡山県では明治時代の神官、文人に島津正長(1839〜1901)がいる。正長は薩摩藩出身の高崎正風らに師事して和歌を学ぶ一方、安仁神社(岡山市東区)の神官を務めた。阿波(徳島県)では室町将軍家の末裔・平島公方に仕えた江戸時代中期の文人に、京

都出身の島津華山がいた。香川県では昭和時代に活躍した俳人に島津亮（1918〜2000）がいる。亮は本名を亮といい、俳人の西東三鬼に師事して句集『紅葉寺境内』を発表する。高知県では昭和時代の社会運動家に島津卯四郎（1906〜1979）がいる。卯四郎の父・島津義保は高知県旧平田村（高知県宿毛市）の村長であったが、卯四郎は事故で片手を失いながら、平田村議会議員、議長として活躍した。

全国各地で禅の重要性を説いた曹洞宗の尼僧
島津籌峰　しまづ　ちゅうほう
文政7年（1824）〜
明治44年（1911）

　曹洞宗の尼僧。因幡酒津村（鳥取市）の島津林兵の三女。7歳で釈迦庵（鳥取市）の祖倫尼に師事して出家し、養林庵（京都市上京区）の観光尼らにも参禅した。後年、釈迦庵に住み、道元の『正法眼蔵』の研究を行いつつ、全国各地で禅の重要さを説いたという。明治44年（1911）10月9日に病没。

室町将軍家の末裔に仕えて活躍した漢詩人
島津華山　しまづ　かざん
生年不詳〜
寛政6年（1794）

　江戸時代中期の文人（漢詩人）。島津義忠の子。通称は左馬介（助）、字は琴王、諱（実名）は義張。祖先は若狭（福井県南部）の人とされているので、若狭の守護（県知事）を務めた若狭（津々見）忠季（島津忠久の弟）の子孫であろうか。父・義忠の代に京都に出たが、父は兵法（軍学）や剣術、槍術をよくしたという。ところが、華山が3歳のときに生母が、4歳のときに父が病没したため、以後は父の親友であった医師・京極高安に養育された。25歳のとき、その高安も病没したため、周囲の勧めで宝暦12年（1762）ごろに室町将軍家の末裔である平島公方・足利義根に仕えた。以後、華山は約30年間、阿波平島（徳島県阿南市）に住み、阿波藩（徳島市）の儒者・那波魯堂、藩医・荒川堯民や、地元の文人、知識人と交遊して多大な影響を与える。詩文は頼杏坪の『与楽園叢書』などに収録されている。晩年、実子がいるのにもかかわらず、高安の孫を跡継ぎとして恩義に報いた。寛政6年（1794）7月23日に病没。墓碑は阿南市にあるが、京都市北区の等持院にも建てられたという。

⑥ 九州地方

薩摩、大隅(以上、鹿児島県)、日向(宮崎県)の島津家については、第一部や第二部のこれまでの章、節で触れた。そこで、ここでは鹿児島、宮崎両県を除く、九州各県の島津家について触れる。豊前(福岡県、大分県)では幕末維新期の豊前中津藩(大分県中津市)の重臣に、島津復生がいる。長崎県では、同県出身の島津良知が明治35年(1902)の第7回総選挙に長崎県郡部選挙区で当選し、合計3期5年間、衆議院議員を務めている。熊本県では旧飽託郡(飽田郡)小島村(熊本市)に島津姓の家がある。島津書房の創業者・村瀬博一はこの地の島津家に生まれたが、代議士を務めた後藤虎雄は同郷の従兄である。博一の父は士族で、江戸時代には郷士であった。家紋は薩摩の島津家にはばかり、「梅鉢」を用いた家が多いとされている。博一は昭和47年(1972)に出版社を創業した際、生家の姓にちなんで社名を島津書房とした。社章はあえて「梅鉢」や「丸に十文字」は用いず、「鳳凰」を用いている。福岡県では、同県出身の島津尚純(1945～2011)が平成8年(1996)の第41回総選挙の比例九州ブロックで当選し、1期4年間、衆議院議員を務めた。尚純は所属政党を新進党、新党友愛を経て民主党に変えたが、平成12年(2000)の第42回総選挙で落選した。

清廉潔白な性格で知られた福沢諭吉の友人
島津復生 しまづ またなり

文化6年(1809)～
明治11年(1878)

豊前中津藩(大分県中津市)の重臣。通称は祐太郎で、諱(実名)は定一とも。儒者・帆足万里に師事して儒学を修め、晩年になってからも中津藩出身の福沢諭吉と親交を重ねて、進取の知識、学問に触れた。中津藩主の奥平家や藩士から信頼され、目付、世子(次期藩主)の傅役、奏者番などを歴任し、慶応2年(1866)の長州征伐などにも従軍した。清廉潔白な性格であったため、在職中は賄賂などを一切拒絶し、藩当局が藩士に金穀を与えた際も復生のみは受けていない。また、私財を藩当局に献金したり、秩禄処分の際に与えられた1170円を道路建設用に寄付したりするなどの善行でも知られている。明治11年(1878)7月に病没。旧藩主の奥平家は、藩政の面で功績が多かった復生の病没を悼み、香奠として300円を贈ったと伝えられている。

茶の改良を手がけ地域振興に貢献した代議士
島津良知 しまづ よしとも

安政5年(1858)～
昭和11年(1936)

衆議院議員。島津彦兵衛の長男。肥前坂本郷(長崎県東彼杵町)出身。明治18年(1885)に長崎県会議員となり、明治22年(1889)から明治25年(1892)まで彼杵村(東彼杵町)の初代村長を務めた。明治31年(1898)に長崎商工銀行取締役(のち頭取)となり、明治35年(1902)の第7回総選挙に長崎県郡部選挙区で当選した。所属政党は立憲政友会で、合計3期5年間、衆議院議員を務めている。その後は茶の改良や輸出に取り組むなど、長崎県の発展に心を砕いた。昭和11年(1936)2月27日に病没。

COLUMN 6

前将軍と薩摩藩主の「蘇鉄問答」

　江戸時代、薩摩藩では国境の警備がことのほか厳重で、特に藩外の人々の出入りには神経を尖らせていた。このため、地理学者・古川古松軒などは、天明3年(1783)に修験者に身をやつして薩摩へ入国を果たしたほどである。逆に、寛政4年(1792)に正面突破を試みた勤皇家・高山彦九郎などは、国境で入国を拒まれた。

　なお、薩摩藩がこのように神経を尖らせていたのは、江戸幕府の隠密や御庭番の潜入を恐れてのことであるという。

　伝えられるところによると、江戸幕府は外様の大藩・薩摩藩の内情を探るべく、多数の隠密や御庭番を薩摩へ派遣したとされている。しかし、それらの者たちの大部分は薩摩藩当局によって素性を見破られ、命を断たれたという。

　事実、隠密や御庭番が薩摩への潜入を試みた、あるいは潜入に成功したなどという話が、いくつか伝えられている。明治維新後に元御庭番が語ったところによると、御庭番・村垣定行は駕籠舁きなどに身をやつし、薩摩との国境まで赴いたという。定行は蝦夷地(北海道)へも潜入したというから(『旧事諮問録』)、御庭番は命令ひとつでどこへでも潜入を試みたのであろう。

　また、間宮海峡を発見した旗本で探検家の間宮林蔵が晩年、経師屋(表具職人)に身をやつして薩摩へ潜入し、探索を行ったという話もある。

　ただし、林蔵は樺太探検の際に負った凍傷が原因で、筆を手にするのも一苦労であったという説がある。これが事実であるとすれば、経師屋に身をやつすことなどは到底無理であったろう。

　さらに、隠密や御庭番の薩摩への潜入に関しては、次のような話も取り沙汰されている。あるとき、薩摩藩の第10代藩主・島津斉興が、大御所(前将軍)の徳川家斉(第11代将軍)のもとへ御機嫌伺いに出向いたことがあった。

　その際、家斉は斉興に向かい、

　「島津家の庭の蘇鉄は、実に見事なものと聞くが……」

　などと切り出したという。これに対して斉興は、江戸のどの藩邸の蘇鉄のことなのかわからなかった。そこで、恐る恐る大御所・家斉に尋ねたところ、

　「薩摩の庭の蘇鉄のことだ。蘇鉄の根元に葵紋をあしらった笄(髪止め)が挿してある」

　と口にする。驚いた斉興が国元の重臣に問い合わせたところ、確かに笄が挿してあったという(小野清『徳川制度史料』)。

　この大御所と薩摩藩主のあいだの「蘇鉄問答」が事実であるとすれば、件の笄は潜入した隠密、御庭番が挿したものと見ていいであろう。

資料編

島津家関係略年表

和暦	西暦	事項
万寿3年	1026	このころ平季基が日向、大隅、薩摩を開拓し、関白・藤原頼通に寄進する。これが島津荘の始まりであるという
大治3年	1128	1月24日　惟宗基定が日向守に補任される
長承元年	1132	惟宗広言が出生。生年は一説に長承3年(1134)であるという
3年	1134	丹後局が出生
治承2年	1178	広言が加茂社歌合に参加する
3年	1179	島津忠久が出生。父は惟宗広言、生母は正室・丹後局(比企能員の姉妹)。一説に生年は嘉応元年(1169)、実父は源頼朝であるという
文治元年	1185	忠久が島津荘の下司職に補任される。忠久は島津姓を名乗り、島津家嫡流の初代当主となる
2年	1186	広言が筑後守、五位となる
3年	1187	広言が貴船社歌合に参加する
5年	1189	3月11日　広言(58歳？)没。没年は一説に承元2年(1208)、75歳であるという
建久3年	1192	頼朝が征夷大将軍に補任され、鎌倉幕府を開設する。なお、鎌倉幕府の開設時期を寿永2年(1183)、文治元年(1185)と見る説などもある
8年	1197	忠久が薩摩(鹿児島県西部)の守護(県知事)に補任される。以後、大隅(鹿児島県東部)と日向(宮崎県)の守護にも補任される
建仁3年	1203	北条時政・政子父娘が、将軍家の外戚である比企能員を謀殺する(比企氏の乱)。忠久は連座により三国の守護の座を剥奪される。のちに薩摩の守護職だけ回復する
元久2年	1205	忠久の岳父・畠山重忠が無実の罪で討たれる
承久3年	1221	承久の乱が勃発。忠久と島津忠時、若狭(津々見)忠季(忠久の弟)らが幕府方として奮戦／6月14日忠季が宇治川の戦いで討ち死に。忠時は忠季に代わり、若狭(福井県南部)の守護となる
安貞元年	1227	忠久が譲状を作成し、嫡子・忠時に薩摩の守護などの職を譲る／忠久(49歳？)没。忠時が島津家嫡流の第2代当主となる／丹後局(94歳？)没
2年	1228	忠時が若狭の守護を退任する
文永2年	1265	忠時が隠居し、嫡子・島津久経に薩摩の守護などを譲る。久経が島津家嫡流の第3代当主となる
9年	1272	4月10日　忠時(71歳)没
11年	1274	元(モンゴル)軍が九州北部に襲来(第1次蒙古襲来)／久経と島津忠宗(久経の嫡子)、伊作久長(久経の次男)らが、鎌倉幕府の命で九州北部で石築地役、異国警固役などに従事する。久経は、この前後に鎌倉幕府の命に従い島津荘へ下向したという
弘安3年	1280	忠宗が生母・尼妙胤(相馬胤綱の娘で久経の正室)から黒崎郷を相続
4年	1281	久経らが薩摩の御家人を率い、壱岐(長崎県壱岐地方)で元軍と戦う
7年	1284	閏4月21日　久経(60歳)没。忠宗が島津家嫡流の第4代当主となる
文保2年	1318	忠宗が隠居し、嫡子・島津貞久らの男子に日向の所領を譲り渡す。貞久が薩摩の守護、島津家嫡流の第5代当主となる
正中2年	1325	貞久が薩摩で狩りを行う／11月12日　忠宗(75歳)没
元弘3年	1333	第96代・後醍醐天皇と足利尊氏らが、鎌倉幕府の打倒をめざして挙兵する。貞久はこれに同調し、少弐・大友両氏と鎮西探題を攻め落とす／新田義氏らが鎌倉幕府を攻め滅ぼす／貞久が日向の守護に補任される
建武元年	1334	後醍醐天皇が建武の新政を開始する／貞久が大隅の守護に補任され、悲願であった三国守護の座を回復する
延元元年	1336	足利尊氏が室町幕府を開設する
正平18年	1363	貞久が隠居し、薩摩の守護を島津師久(貞久の三男)に、大隅の守護を島津氏久(貞久の四男)に譲り、所領や相伝の文書もふたりに譲る。これにより、島津家は師久(上総介)を祖とする総州家と、氏久(陸奥守)を祖とする奥州家とに分かれる。氏久が島津家嫡流の第6代当主となる／7月3日貞久(95歳？)没

和暦	西暦	事項
天授元年	1375	氏久が離反していた少弐冬資を説得し、幕府方へ帰順させる。九州探題・今川了俊(貞世)は帰順したばかりの冬資を謀殺する。氏久はこの暴挙に激怒し、幕府方を離反する
3年	1377	幕府方の今川満範が日向都城城(宮崎県都城市)を包囲する。氏久は兵を率いて同城へ遠征し、城主・北郷誼久を救援する
元中4年	1387	5月4日 氏久(60歳)没。島津元久(氏久の嫡子)が島津家嫡流の第7代当主となり、大隅の守護に補任される
明徳4年	1393	元久が薩摩の守護に補任される。これ以後、島津家嫡流の当主が三国守護に補任されるのが慣例となる
応永17年	1410	元久が一族・家臣を率いて上洛の途上、対立していた島津久豊(氏久の次男で元久の弟)と和解する。第4代将軍・足利義持に拝謁する
18年	1411	8月6日 元久(69歳?)没。一説に没した際の年齢は49歳であるという／伊集院頼久・初犬千代丸父子が当主の座と三国の守護職を奪おうとする。久豊は元久の葬儀の場へ駆けつけ、島津家嫡流の第8代当主に就任する。のちに三国の守護にも補任される
23年	1416	久豊が総州家の島津久世(守久の子)を攻め、自刃に追い込む
29年	1422	久豊が総州家の守久を攻め、国外亡命に追い込む。この間、島津忠国(久豊の嫡子)が総州家の島津忠朝らを屈伏させる
32年	1425	1月21日 久豊(51歳)没。家督は忠国が継いで、島津家嫡流の第9代当主となる。また、島津用久(薩州守、久豊の次男)と島津季久(豊州守、久豊の三男)が、それぞれ薩州家、豊州家を興す
永享2年	1430	忠国が総州家の島津久林を討ち死に追い込む
3年	1431	忠国が室町幕府から硫黄15万斤の調達を命じられる
4年	1432	薩摩・大隅の国人が国一揆を起こす。忠国は居城を日向へ移し、用久(久豊の次男で忠国の弟)に守護の職務を代行させる
嘉吉元年	1441	忠国が、第6代将軍・足利義教の命令に従って、日向にきた足利(大覚寺)義昭(義教の弟)を自刃に追い込む。忠国は、室町幕府から琉球(沖縄県)への出兵の許可を得たという。以後、忠国は琉球に強い関心を持つ
文安5年	1448	忠国が弟の用久と対立するが、この年に和解する
応仁元年	1467	京都で応仁の乱が勃発する。戦乱は10年間続き、諸国へ波及する
文明元年	1469	島津立久(忠国の次男)が、在国のまま東軍の細川勝元の側へ加担
2年	1470	1月20日 忠国(68歳)没。家督は立久が継ぎ、島津家嫡流の第10代当主となる。また、島津友久(相模守、忠国の長男)が相州家を興す
6年	1474	4月1日 立久(43歳)没。島津忠昌(立久の長男)が家督を相続し、島津家嫡流の第11代当主となる
8年	1476	9月12日 桜島が大噴火する。年内に再度噴火し、薩摩と大隅は甚大な被害を蒙る
16年	1484	忠昌が薩摩など各地で発生した騒乱に悩まされる
明応元年	1492	伊勢宗瑞(北条早雲)が堀越公方(室町将軍家の支族)・足利茶々丸を攻め滅ぼす。このころ、世の中は戦国時代に突入する／伊作家の島津忠良(善久の嫡子)が出生。のちに善久が没したため、生母・常磐は相州家当主・島津運久と再婚する。生母の再婚に伴い、のちに忠良は伊作家、相州家双方の世子(次期当主)の地位を得る
永正3年	1506	忠昌が大隅の肝付氏らに苦戦したため、守護の権威が失墜する
5年	1508	2月15日 忠昌(46歳)没。一説に死因は病死ではなく自刃であるという。家督は島津忠治(忠昌の嫡子)が継ぎ、島津家嫡流の第12代当主となる
9年	1512	忠良が伊作家(第10代)と相州家(第3代)の当主を兼ねる
11年	1514	島津貴久(忠良の嫡子)が出生。生母は正室・寛庭夫人(薩州家当主・島津重久の娘)
12年	1515	8月25日 忠治(27歳)没。家督は島津忠隆(忠昌の次男で忠治の次弟)が継ぎ、島津家嫡流の第13代当主となる
13年	1516	三宅国秀が琉球出兵を企てる。忠隆は薩摩で国秀を討つ

和暦	西暦	事項
永正16年	1519	4月14日　忠隆(23歳)没。家督は島津勝久(忠昌の三男で、忠治と忠隆の末弟)が継ぎ、島津家嫡流の第14代当主となる。のちに薩州家の島津実久の圧迫を受けたため、勝久は伊作家(相州家)の忠良に守護の職務を委ねる。また、勝久は貴久(忠良の嫡子)を養子とする
大永6年	1526	貴久が薩摩清水城(鹿児島市)へ入城し、勝久の世子の地位を得る
7年	1527	勝久が島津家嫡流の家督と三国守護の座を貴久に譲り、隠居する。これに伴い、貴久が島津家嫡流の第15代当主となる。以後は事実上、伊作家(相州家)が島津家嫡流となる
天文2年	1533	勝久が再起を画策するものの失敗し、九州各地を放浪する
8年	1539	3月13日　貴久が紫原の戦いで実久を破る。これに伴い、貴久が有力武将の北郷忠相らに守護として認められる
12年	1543	このころ、大隅種子島(鹿児島県南種子町ほか)へ鉄砲が伝来する
14年	1545	忠良が嫡子の貴久に軍事指揮権を譲り、天文19年(1550)に薩摩加世田(鹿児島県南さつま市)へ隠退する
18年	1549	イエズス会宣教師のフランシスコ・ザビエルが薩摩へくる。貴久は薩摩でザビエルと会見し、キリスト教に一定の理解を示す
19年	1550	貴久が内城(鹿児島市)を構築し、居城をここへ移す
23年	1554	9月12日〜10月2日　貴久が岩剣城攻防戦で初めて鉄砲を実戦使用する
弘治元年	1555	このころ、種子島領主・種子島時尭が貴久に従う
3年	1557	貴久は、この年から大隅の蒲生氏、薩摩の菱刈氏、入来院氏などを相次いで屈伏させる。以上により、貴久は戦国大名としての基礎を築く
永禄9年	1566	貴久が隠居し、家督は島津義久(貴久の嫡子)が継いで島津家嫡流の第16代当主となる
11年	1568	12月13日　忠良(77歳)没
元亀元年	1570	義久が薩摩をほぼ版図に収める
2年	1571	6月23日　貴久(58歳)没。以後、義久は弟の島津義弘(貴久の次男)、島津歳久(貴久の三男)、島津家久(中務大輔/貴久の四男)らの助力を得つつ日向などへの侵攻を本格化する
3年	1572	5月4日　島津方が木崎原の戦いで日向の伊東義祐を破る
天正元年	1573	10月15日　亡命先の豊後沖之浜(大分市)で勝久(71歳)没
2年	1574	義久が大隅の肝付氏を屈伏させる
3年	1575	家久(中務大輔)が上洛して連歌師・里村紹巴らと交流する。また、道中の出来事を日記(『中書家久公上洛日記』)に記録する
5年	1577	12月10日〜11日　義弘が都於郡城攻防戦で義祐を破る。義祐は失領し、豊後(大分県)の大友宗麟(義鎮)のもとへ亡命する
6年	1578	11月12日　義久らが耳川の戦いで大友宗麟を破る
12年	1584	3月24日　家久(中務大輔)や有馬晴信らが、沖田畷の戦い(島原合戦)で肥前佐嘉(佐賀県)の龍造寺隆信を討ち取る
14年	1586	義久が、豊後の大友宗麟や大友義統(宗麟の嫡子)らに圧迫を加えるなど、九州の大部分を版図に収める。宗麟は上方へ赴き、豊臣秀吉と豊臣秀長(秀吉の弟)に窮状を訴える。秀吉は嘆願を奇貨として九州征伐に着手する／12月12日〜13日　家久(中務大輔)が、戸次川の戦いで豊臣方の長宗我部元親らを撃破する。十河存保、長宗我部信親(元親の嫡子)らが討ち死にする
15年	1587	4月6日〜29日　島津方の山田有信が、高城の戦いで豊臣方の秀長に降伏する／5月8日　義久は抗戦を断念し、豊臣秀吉の陣に赴いて降伏をする。秀吉は薩摩・大隅と日向の一部を義久らに安堵し、ほかの領地を没収する。一説に義久は隠居し、家督を守護代(代理司令官、副知事)の義弘に譲るという／6月5日　日向佐土原城(宮崎市)主の家久(中務大輔/41歳)没。一説に、死因は毒殺であるという。家久の領地は没収となる／歳久が病を理由に秀吉のもとへ伺候せず、秀吉の怒りを招くという／義久が上洛し、秀吉から在京賄料として1万石を与えられる／島津豊久(中務大輔家久の嫡子)が改めて佐土原城主に封じられる

和暦	西暦	事項
文禄元年	1592	豊臣秀吉が第1次朝鮮出兵(文禄の役)を開始する。義久と歳久は病を理由に渡海せず、義弘、島津久保(義弘の次男、義久の甥で娘婿)、薩州家の島津忠辰(義虎の嫡子)らが渡海する／大隅の梅北国兼らが、肥後佐敷城(熊本県芦北町)で梅北の乱を起こす。乱は城兵によって鎮圧される／7月18日 歳久が乱の黒幕と見なされて自刃を強いられる
2年	1593	薩州家の忠辰が病を理由に釜山から進軍せず。豊臣秀吉は薩州家を取り潰しにする／8月27日 朝鮮半島沖の加徳島で忠辰(29歳)没／9月8日 朝鮮半島沖の唐島(巨済島)で久保(21歳)没。これに伴い、島津家久(薩摩守、義弘の次男で義久の甥)が亀寿(義久の三女)の新たな娘婿に迎えられ、義久の世子となる／忠辰や久保のほかにも、島津軍団の多数の将兵が戦病死を遂げる
3年	1594	秋 義久らが薩摩など三国の検地に着手する。検地は翌年に終了する
4年	1595	一説に、この年、義久が隠居し、家督を義弘、もしくは家久(薩摩守)に譲るという。ただし、義久・義弘・家久の三者が、領国経営や家臣団統制、豊臣政権との折衝などの職務を分担するという「三頭(トロイカ)体制」が成立したと見る向きもある。なお、家久と亀寿の結婚、家久の世子就任を義久と義弘との抗争の産物とする意見がある
慶長3年	1598	10月1日 義弘が朝鮮半島の泗川の戦いで明国・李氏朝鮮軍を破る
4年	1599	これより先、伊集院忠棟(幸侃)が日向庄内(宮崎県都城市)を豊臣秀吉から安堵され、重臣でありながら半ば独立した大名のような存在となる／3月 家久(薩摩守)が山城伏見(京都市伏見区)で忠棟を成敗する。嫡子の伊集院忠真はこれに反発し、庄内の乱を起こす。乱は翌年まで続く
5年	1600	9月15日 義弘と豊久が、図らずも豊臣方として関ヶ原の戦いに参加する。島津勢は決戦の最終盤、徳川方の大軍へ突入して戦場離脱を図る。豊久や重臣の長寿院盛淳ら1000人以上が討ち死にするが、義弘や重臣の山田有栄らは薩摩へ帰着する。帰国後、義弘は桜島(鹿児島市)で蟄居生活に入る。一方、豊久の討ち死にに伴って、前期佐土原家はお取り潰しとなる／10月3日 家久(薩摩守)が、伯父で岳父の義久、もしくは父の義弘から家督を譲られ、島津家嫡流の第17代当主に就任する。なお、義弘を第17代当主と見なす説や、家久が慶長7年(1602)4月11日に当主、薩摩藩初代藩主に就任したという説もある／徳川家康が島津家討伐を公言するものの、討伐は見送られる
6年	1601	家久が居城・鹿児島城(鶴丸城／鹿児島市)の構築に着手する
7年	1602	8月17日 家久が参勤交代に従っていた忠真を成敗させる
8年	1603	10月18日 島津以久(忠将の嫡子)が後期佐土原家を興し、佐土原藩(3万石)初代藩主となる
12年	1607	義弘が薩摩加治木(鹿児島県姶良市)へ隠退する
14年	1609	家久が琉球へ出兵し、琉球王国を影響下に入れる
16年	1611	1月21日 義久(79歳)没
19年	1614	秋 大坂冬の陣が勃発する。家久が徳川方に加わる
元和元年	1615	春 大坂夏の陣が勃発する。家久は藩兵を率いて大坂へ急ぐが、5月8日に大坂城が陥落し、夏の陣が終結する
3年	1617	家久が、このころに第2代将軍・徳川秀忠から松平の称号を許される。以後、薩摩藩の歴代藩主は松平姓を用いるとともに、将軍の諱(実名)の一字を拝領するのが慣例となる
5年	1619	7月21日 義弘(85歳)没
寛永7年	1630	10月5日 亀寿(60歳?)没
15年	1638	年初 江戸幕府が島原の乱の討伐を本格化させる。薩摩藩兵が討伐に参加する／2月23日 家久(63歳)没。島津光久(家久の嫡子)が島津家嫡流の第18代当主、薩摩藩の第2代藩主となる
正保2年	1645	光久が新城家の島津久章を成敗させる／佐土原藩第3代藩主・島津久雄(以久の孫)が重臣の松木一族を成敗させる
延宝元年	1673	2月19日 島津綱久(光久の嫡子／42歳)没
4年	1676	8月11日 佐土原藩第4代藩主・島津忠高(久雄の嫡子／26歳)没。第5代藩主・島津惟久(忠高の嫡子)が幼少(2歳)であったため、島津久寿(忠高の従弟)が番headed(藩主代行)に就任する。藩政の実権は島津久富(惟久の大叔父で、久寿の父)や重臣の松木高清らが掌握するが、混乱が続く
貞享3年	1686	7月26日 久寿が薩摩藩の命で高清ら松木一族を排除する(松木騒動)
4年	1687	7月27日 光久が隠居し、島津綱貴(綱久の嫡子)が島津家嫡流の第19代当主、薩摩藩の第3代藩主となる

和暦	西暦	事項
元禄3年	1690	5月29日　久寿が佐土原藩番代を退任し、分知を受けて江戸幕府の旗本(3000石)となる。これに伴い、佐土原藩の石高は2万7000石で確定する
7年	1694	11月29日　光久(79歳)没
9年	1696	鹿児島城下で大火が発生する／藩内の霧島が噴火する
12年	1699	4月15日　江戸幕府が佐土原藩主の家格を城主とする
16年	1703	佐土原藩第5代藩主・島津惟久が重臣の宇宿久明らを追放する／火災や元禄大地震で薩摩藩の江戸藩邸が甚大な被害を受ける
宝永元年	1704	9月19日　綱貴(55歳)没。島津吉貴(綱貴の嫡子)が島津家嫡流の第20代当主、薩摩藩の第4代藩主となる／鹿児島城の修復が終わる
享保元年	1716	9月26日　霧島山が大噴火し、降灰に伴って九州南部が甚大な被害を蒙る。翌年1月3日にも霧島山が大噴火する
6年	1721	6月9日　吉貴が隠居し、島津継豊(吉貴の嫡子)が島津家嫡流の第21代当主、薩摩藩の第5代藩主となる
14年	1729	浄岸院(徳川吉宗の養女)が継豊の継室(後妻)として輿入れする。浄岸院の輿入れは、第8代将軍・徳川吉宗のお声がかりであるという
延享3年	1746	11月21日　継豊が隠居し、島津宗信(継豊の嫡子)が島津家嫡流の第22代当主、薩摩藩の第6代藩主となる
4年	1747	10月10日　吉貴(73歳)没
寛延2年	1749	7月10日　宗信(22歳)没。島津重年(継豊の次男)が島津家嫡流の第23代当主、薩摩藩の第7代藩主となる
宝暦3年	1753	江戸幕府が木曽三川治水工事を薩摩藩に命じる。重年は家臣の平田靱負を総奉行に登用し、工事を指揮させる
5年	1755	6月16日　重年(27歳)没。島津重豪(重年の嫡子)が島津家嫡流の第24代当主、薩摩藩の第8代藩主となる。江戸幕府が、内祖父で隠居中の継豊に幼少(11歳)の重豪の後見を命じる／靱負らが治水工事を見事に完成させるものの、工事に関係していた藩士多数が病死や自刃を遂げる。靱負は責任を痛感し自刃する。治水工事に伴う巨額の支出が藩財政を圧迫する
10年	1760	9月20日　継豊(60歳)没
安永元年	1772	12月5日　浄岸院(68歳?)没
2年	1773	重豪が藩校・造士館(聖堂)と武芸稽古所・演武館を創設する
3年	1774	重豪が医療機関・医学館(医学院)を創設する
8年	1779	10月1日　桜島が噴火し、領民ら数百十人が死亡する。桜島は翌々年まで噴火を繰り返す／重豪が天文台・明時館(天文館)を創設する
天明元年	1781	一橋徳川家の世子・徳川家斉が第10代将軍・徳川家治の世子となる／佐土原藩の藩士らが一門・島津久武の失脚を画策する(天明騒動)
5年	1785	広大院(重豪の三女)が将軍の世子となった徳川家斉と正式に婚約する。のちに広大院は縁女(許嫁)として江戸城西ノ丸の大奥へ入る
7年	1787	1月29日　重豪は娘の広大院が将軍の世子と婚約したことをはばかって隠居し、島津斉宣(重豪の嫡子)が島津家嫡流の第25代当主、薩摩藩の第9代藩主となる。ただし、以後も重豪は後見と称して藩政の実権を掌握する
寛政元年	1789	広大院が第11代将軍・徳川家斉のもとへ輿入れし、御台所(正室)となる。将軍の岳父となった重豪は権勢を誇り、「高輪下馬将軍」の異名を得る
5年	1793	重豪が『成形図説』の編纂を命じる
享和2年	1802	山本正誼らが『島津国史』を脱稿する
文化2年	1805	斉宣が自ら『鶴亀問答』を著し、文武や忠孝、倹約の重要性を説く
4年	1807	重豪が藩主の後見をやめる。斉宣は家老に樺山主税と秩父太郎を登用し、藩政改革を開始する
5年	1808	重豪が藩政改革の方針に激怒し、主税・太郎ら13人が切腹、25人が配流となる近思録崩れ(文化朋党事件、秩父崩れ)に発展する

和暦	西暦	事項
文化6年	1809	6月17日　斉宣が隠居し、島津斉興(斉宣の嫡子)が島津家嫡流の第26代当主、薩摩藩の第10代藩主となる。斉宣の隠居は、重豪の圧迫によるものという／島津斉彬(斉興の嫡子)が出生。生母は正室・賢章院(池田治道の娘)
9年	1812	この年から7年間、佐土原藩が藩士の知行の半分を削減する
10年	1813	このころ、斉興が江戸藩邸の部屋子・お由羅(岡田氏)を側室とする
14年	1817	島津久光(斉興の五男)出生。生母は側室・お由羅
文政3年	1820	重豪が藩政の後見をやめる。このころ、薩摩藩の借財は金500万両(銀32万貫)に達していたという
7年	1824	2月20日　佐土原藩で文学派と武道派が対立する。薩摩藩が両派の関係修復に乗り出す(鴫之口騒動)／8月16日　賢章院(34歳)没
天保2年	1831	文化7年(1810)以降、斉興が調所広郷(笑左衛門)を登用し、抜本的な藩政改革を行わせる。広郷は債権者に借財の250年賦を認めさせる一方で、三島砂糖の総買入などを断行して藩財政を好転させる
4年	1833	1月15日　重豪(89歳)没
8年	1837	アメリカの「モリソン号」が鹿児島湾(錦江湾)口にきて、薩摩藩に漂流民の引き取りを求める。薩摩藩は「異国船打払令」に従ってモリソン号を打ち払う。この「モリソン号」事件を批判した洋学者・渡辺崋山や高野長英らは、天保10年(1839)の蛮社の獄で弾圧を受ける
11年	1840	広郷の藩政改革の結果、積立金200万両、余剰金50万両が生じる
12年	1841	閏1月30日　大御所(前将軍)・家斉(69歳)没。側室の専行院や旗本の中野碩翁(専行院の養父)らが、遺言状を捏造して前田犬千代(家斉と専行院の外孫)を将軍に据えようとする。広大院は捏造を見抜き、謀議を打ち砕く。専行院らは重い処罰を受ける／10月13日　斉宣(69歳)没
弘化元年	1844	11月10日　広大院(72歳)没
嘉永元年	1848	12月18日　広郷(73歳)没。密貿易の責めを負った末の自殺であるという
2年	1849	これより先、斉興の後継者の座をめぐり、斉彬を推す派と久光を推す派とが抗争を重ねる。斉彬派は久光派が斉彬の子女を呪詛したと訴えたが、逆に斉彬派の藩士多数が処罰される、お由羅騒動(嘉永朋党事件、高崎崩れ)に発展する
4年	1851	江戸幕府が騒擾を知って斉興に隠居を強いる／2月2日　斉興が隠居し、斉彬が島津家嫡流の第27代当主、薩摩藩の第11代藩主となる
6年	1853	6月3日　アメリカの太平洋艦隊司令長官・ペリーが艦隊を率いて浦賀に来航する／今和泉家の天璋院(篤姫／島津忠剛の長女)が鹿児島城内へ移り、斉彬の養女となる
安政3年	1856	1月16日　ペリーが再び艦隊を率いて来航する／7月7日　天璋院が上洛をして公家・近衛忠熙の養女となる／11月11日　天璋院が江戸へ赴き、江戸城大奥へ入る／12月18日　天璋院が第13代将軍・徳川家定のもとへ輿入れし、御台所(継室)となる
4年	1857	6月17日　老中・阿部正弘没。これに伴い、斉彬の幕政参画の道が閉ざされる／斉彬が、薩摩磯(鹿児島市)に建設していた西洋式の研究所・工場群を集成館と命名する。集成館内のガス灯に明かりが灯る
5年	1858	大老・井伊直弼が将軍世子に家茂を据える。一橋派は家茂の世子就任や日米修好通商条約の調印などに激しく反発するが、直弼によって逆に失脚などへ追い込まれる(安政の大獄)／7月6日　家定(35歳)没。天璋院は大奥へとどまる／7月16日　斉彬(50歳)没。斉彬の遺言により、甥で娘婿の島津忠義(久光の嫡子)が島津家嫡流の第28代当主、薩摩藩の第12代藩主となる。当初は斉興が忠義を後見するが、やがて久光が国父(藩主の父)として藩政の実権を掌握する／斉彬の側近・西郷隆盛と僧侶・月照が鹿児島湾へ入水する。月照は絶命し、蘇生した隆盛は久光の命で翌年、奄美大島(鹿児島県奄美市ほか)へ配流となる
6年	1859	9月12日　斉興(69歳)没
万延元年	1860	3月3日　水戸浪士と薩摩藩士・有村次左衛門が、江戸城桜田門外で直弼を暗殺する(桜田門外の変)
文久2年	1862	2月11日　和宮親子内親王(第121代・孝明天皇の妹宮)が第14代将軍・徳川家茂のもとへ輿入れし、御台所(正室)となる。しかし、和宮は御所風の生活を改めなかったため、天璋院の側近と和宮の側近とのあいだで軋轢が生じたという／春　久光が1000人余の藩兵を率いて上洛する／4月23日　久光が山城伏見の寺田屋へ側近を派遣し、尊皇攘夷派の藩士に自重を命じる。しかし、尊皇攘夷派の藩士が反発し、寺田屋事件に発展する／初夏　久光が勅使・大原重徳とともに江戸へ下向をする。重徳は江戸幕府に幕政改革の勅命を伝える／8月21日　久光の家臣が武蔵生麦村(神奈川県横浜市鶴見区)でイギリス人を殺傷する。この生麦事件は我が国とイギリスとのあいだの外交問題へと発展する

和暦	西暦	事項
文久3年	1863	随真院(島津斉興の四女で、忠徹の正室)が江戸から島津原へと帰国する。道中の見聞を日記(『江戸下り島津随真院道中日記』)に記録する／7月2日　イギリス艦隊(7隻)が生麦事件の報復として鹿児島湾へ侵入したため、薩摩藩とのあいだで砲撃戦に発展する。薩摩藩は苦闘の末にイギリス艦隊を撃退するが、鹿児島城下は一部が焼失する(薩英戦争)。この戦いでは集成館で製造した銃砲の優秀さが実証される／秋　薩摩藩とイギリスが和議を結ぶ。以後、両者はかえって親密になる／久光が再び上洛し、朝議参預を命ぜられる
元治元年	1864	春　久光が朝議参預を辞任する。西郷隆盛が赦免されて軍賦役となり、薩摩藩兵の指揮を執る／7月19日　薩摩藩兵と佐土原藩兵が禁門の変で奮戦する
慶応2年	1866	1月21日(異説あり)　薩摩藩と長州藩が薩長同盟を締結する／1月24日　坂本龍馬が伏見奉行所の襲撃を受けて負傷する／春　龍馬と妻・お龍が薩摩藩内で湯治をする
3年	1867	10月14日〜15日　第15代将軍・徳川慶喜が朝廷に大政奉還をする。朝廷は討幕の密勅を薩摩藩などへ下す／11月23日　忠義が藩兵を率いて上洛する／12月9日　王政復古の大号令が発せられる。忠義が新政府の議定(閣僚)となる／12月25日　旧幕府方が江戸・三田の薩摩藩邸(東京都港区)を襲撃する／久光が国父を退任する
明治元年	1868	1月3日　薩摩藩などを主力とする新政府方が、鳥羽・伏見の戦いで旧幕府方を破る／新政府方が江戸をめざして進軍を開始する。天璋院と和宮が、徳川家(旧将軍家)の存続などに関し、新政府方へ使者や嘆願書を送る。また、新政府方の西郷隆盛、旧幕府方の勝海舟、山岡鉄舟らとのあいだで協議が重ねられる／4月11日　江戸無血開城が実現する。天璋院らは江戸城大奥を出て一橋徳川家邸などへ移る。天璋院は薩摩藩からの迎えを断り、徳川家(旧将軍家)の存続と、第16代当主・徳川家達(田安亀之助)の養育に腐心する／薩摩藩兵と佐土原藩兵が引き続き新政府方として奥羽など各地を転戦する
2年	1869	1月20日　薩摩藩主の忠義らが諸藩に先駆けて版籍奉還を上奏する／6月下旬以降　版籍奉還が行われる。忠義は薩摩藩の藩知事(知藩事)、佐土原藩第10代藩主・島津忠寛は佐土原藩の藩知事となる
4年	1871	7月14日　忠義と忠寛が廃藩置県に伴って藩知事を退任し、華族となる。薩摩藩は鹿児島県に、佐土原藩は佐土原県になる／11月14日　佐土原県が周辺諸県と合併して美々津県となる。美々津県と都城県の合併、宮崎県の鹿児島県への統合を経て、明治16年(1883)5月9日に現在の鹿児島県、宮崎県の県域が確定する／久光が島津家を出て玉里家を興す
6年	1873	12月25日　久光が新政府の内閣顧問に就任する
7年	1874	4月27日　久光が新政府の左大臣に就任する／久光が鹿児島で西郷隆盛に上京を促すが、隆盛はこれに従わず
8年	1875	久光は新政府に建言を重ねたというが、その多くは用いられず／10月27日　久光が左大臣を辞任し、翌年鹿児島へ帰郷する。西日本各地の不平士族は久光に心を寄せるが、久光は同調せず
10年	1877	2月15日　西南戦争が勃発する／9月24日　城山が陥落。隆盛ら西郷軍の最高幹部が自刃、戦死し、西南戦争が終結する。小荷駄隊を指揮した桂久武(元薩摩藩家老)や、佐土原隊を組織して奮戦した島津啓次郎(忠義の三男)も戦死する。この間、久光・忠義父子は中立を貫く
16年	1883	11月12日　天璋院没
17年	1884	爵位制度が制定される。久光と忠義は公爵、忠寛は子爵(のち嫡子・島津忠亮は伯爵)の爵位を授けられる。重富家の島津珍彦(久光の三男)など一門11家の当主も、明治時代末期までに男爵の爵位を授けられる
20年	1887	12月6日　久光没。葬儀は国葬で挙行される
29年	1896	6月20日　忠寛没
30年	1897	12月26日　忠義没。葬儀は国葬で挙行される
大正13年	1924	久邇宮良子女王(香淳皇后)が皇太子・裕仁親王(第124代・昭和天皇)の妃となる。良子女王の生母は俔子妃(忠義の七女)
昭和10年	1935	島津忠重(忠義の嫡子)が海軍少将に昇進後、同年に予備役となる
35年	1960	島津久永(久範の次男)と貴子内親王(昭和天皇の第5皇女)が結婚する。貴子内親王の生母は香淳皇后
平成12年	2000	6月16日　香淳皇后崩御

島津家関係一覧表

島津家守護一覧表

①鎌倉幕府守護

国名	守護名	在任期間
越前	島津忠久	承久3年(1221)～安貞元年(1227)10月
越前	島津忠義(忠時)	安貞元年(1227)10月～?
若狭	若狭(津々見)忠季	建久7年(1196)9月～建仁3年(1203)
若狭	同	承久2年(1220)＊～承久3年(1221)
若狭	島津忠時	承久3年(1221)～安貞2年(1228)
日向	島津忠久	?～建仁3年(1203)
大隅	島津忠久	建久8年(1197)～建仁3年(1203)

国名	守護名	在任期間
薩摩	島津忠久	建久8年(1197)～建仁3年(1203)
薩摩	同	元久2年(1205)＊＊～安貞元年(1227)
薩摩	島津忠時	安貞元年(1227)～文永2年(1265)
薩摩	島津久経	文永2年(1265)～弘安4年(1281)
薩摩	島津忠宗	弘安4年(1281)～文保2年(1318)
薩摩	島津貞久	文保2年(1318)～元弘3年(1333)

＊：再任。なお、若狭(津々見)忠季は、島津忠久の弟で、島津忠清の父。
＊＊：元久2年(1205)以前の就任で、再任か否かは不明。

②室町幕府守護

国名	守護名	在任期間
日向	島津貞久	元弘3年(1333)～建武2年(1335)
日向	同	延元3年(1338)＊～?
日向	島津氏久	天授元年(1375)～?
日向	島津元久	明徳3年(1392)～応永18年(1411)
日向	島津久豊	応永18年(1411)～応永32年(1425)
日向	島津貴久(忠国)	応永32年(1425)～文明2年(1470)
日向	島津立久	文明2年(1470)～文明6年(1474)
日向	島津武久(忠昌)	文明6年(1474)～永正4年(1507)
日向	島津忠治	永正4年(1507)～永正12年(1515)
日向	島津忠隆	永正12年(1515)～永正16年(1519)
日向	島津忠廉(勝久)	永正16年(1519)～大永7年(1527)
日向	島津貴久	大永7年(1527)～永禄9年(1566)
大隅	島津貞久	元弘3年(1333)～正平18年(1363)
大隅	島津氏久	正平18年(1363)～天授2年(1376)
大隅	島津元久	明徳4年(1393)～応永18年(1411)
大隅	島津久豊	応永18年(1411)～応永32年(1425)
大隅	島津忠国(貴久)	応永32年(1425)～文明2年(1470)
大隅	島津立久	文明2年(1470)～文明6年(1474)

国名	守護名	在任期間
大隅	島津武久(忠昌)	文明6年(1474)～永正4年(1507)
大隅	島津忠治	永正4年(1507)～永正12年(1515)
大隅	島津忠隆	永正12年(1515)～永正16年(1519)
大隅	島津忠廉(勝久)	永正16年(1519)～大永7年(1527)
大隅	島津貴久	大永7年(1527)～永禄9年(1566)
薩摩	島津貞久	元弘3年(1333)～正平18年(1363)
薩摩	島津師久	正平18年(1363)～正平21年(1366)
薩摩	島津伊久	正平21年(1366)～天授2年(1376)
薩摩	島津元久	明徳4年(1393)～応永18年(1411)
薩摩	島津久豊	応永18年(1411)～応永32年(1425)
薩摩	島津忠国(貴久)	応永32年(1425)～文明2年(1470)
薩摩	島津立久	文明2年(1470)～文明6年(1474)
薩摩	島津武久(忠昌)	文明6年(1474)～永正4年(1507)
薩摩	島津忠治	永正4年(1507)～永正12年(1515)
薩摩	島津忠隆	永正12年(1515)～永正16年(1519)
薩摩	島津忠廉(勝久)	永正16年(1519)～大永7年(1527)
薩摩	島津貴久	大永7年(1527)～永禄9年(1566)

＊：再任。

■ 戦国大名表

国名	家号	歴代当主(ーは親子、＝は養子を示す)
薩摩	島津	立久ー忠昌ー勝久＝貴久ー義久(＝義弘*)

＊：島津義弘は守護代(代理司令官、副知事)で、当主ではないとする説が根強い。

■ 豊臣大名表

城地	大名名	石高	安堵・就封年
薩摩鹿児島	島津義久	55.6万石	天正15年(1587)所領安堵
日向佐土原	島津豊久*	2.8万石	天正15年(1587)就封

＊：父の島津家久(中務大輔)が除封となったのちに、島津豊久が豊臣秀吉から2万8000石を与えられた。なお、朱印状を受領したのは天正16年(1588)8月4日であるという。

■ 薩摩藩主一覧表

代数	藩主名(別諱他)	生没年／行年	藩主在任期間
—	島津義弘* (忠平、義珍)	天文4年(1535)～ 元和5年(1619)7月21日／85歳	天正13年(1585)4月24日～ 慶長5年(1600)10月3日**
1	島津家久 (忠恒、薩摩守)	天正4年(1576)～ 寛永15年(1638)2月23日／63歳	慶長5年(1600)10月3日**～ 寛永15年(1638)2月23日
2	島津光久(忠元)	元和2年(1616)～ 元禄7年(1694)11月29日／79歳	寛永15年(1638)5月8日～ 貞享4年(1687)7月27日
3	島津綱貴(延久)	慶安3年(1650)～ 宝永元年(1704)9月19日／55歳	貞享4年(1687)7月27日～ 宝永元年(1704)9月19日
4	島津吉貴(忠竹)	延宝3年(1675)～ 延享4年(1747)10月10日／73歳	宝永元年(1704)10月29日～ 享保6年(1721)6月9日
5	島津継豊(忠休)	元禄14年(1701)～ 宝暦10年(1760)9月20日／60歳	享保6年(1721)6月9日～ 延享3年(1746)11月21日
6	島津宗信(忠顕)	享保13年(1728)～ 寛延2年(1749)7月10日／22歳	延享3年(1746)11月21日～ 寛延2年(1749)7月10日
7	島津重年(久門)	享保14年(1729)～ 宝暦5年(1755)6月16日／27歳	寛延2年(1749)11月10日～ 宝暦5年(1755)6月16日
8	島津重豪 (久方、忠洪)	延享2年(1745)～ 天保4年(1833)1月15日／89歳	宝暦5年(1755)7月27日～ 天明7年(1787)1月29日
9	島津斉宣(忠堯)	安永2年(1773)～ 天保12年(1841)10月13日／69歳	天明7年(1787)1月29日～ 文化6年(1809)6月17日
10	島津斉興(忠温)	寛政3年(1791)～ 安政6年(1859)9月12日／69歳	文化6年(1809)6月17日～ 嘉永4年(1851)2月2日
11	島津斉彬(忠方)	文化6年(1809)～ 安政5年(1858)7月16日／50歳	嘉永4年(1851)2月2日～ 安政5年(1858)7月16日
国父	島津久光(忠教)	文化14年(1817)～ 明治20年(1887)12月6日／71歳	〔国父就任期間〕 安政5年(1858)12月28日～ 慶長3年(1867)
12	島津忠義(忠徳)	天保11年(1840)～ 明治30年(1897)12月26日／57歳	安政5年(1858)12月28日～ 明治4年(1871)7月14日

＊：島津義弘を初代藩主とし、島津家久を第2代藩主とする説もある。その場合は、家久以降の藩主の代数がひとつずつ繰り下がることになる。
＊＊：島津義弘の藩主退任日、島津家久の藩主就任日を慶長7年(1602)4月11日とする説もある。

佐土原藩主一覧表

①前期佐土原家

代数	藩主名(別諱他)	生没年／行年	藩主就任期間
一	島津豊久(忠豊)	元亀元年(1570)〜 慶長5年(1600)9月15日／31歳	〔城主就任期間〕 天正16年(1588)8月6日〜 慶長5年(1600)9月15日

②後期佐土原家

代数	藩主名(別諱他)	生没年／行年	藩主就任期間
1	島津以久(幸久、行久、征久)	天文19年(1550)〜 慶長15年(1610)4月9日／61歳	慶長8年(1603)10月18日〜 慶長15年(1610)4月9日
2	島津忠興	慶長5年(1600)〜 寛永14年(1637)6月11日／38歳	慶長15年(1610)5月2日〜 寛永14年(1637)6月11日
3	島津久雄	寛永10年(1633)〜 寛文3年(1663)12月2日／31歳	寛永14年(1637)6月21日〜 寛文3年(1663)12月2日
4	島津忠高(久英)	慶安4年(1651)〜 延宝4年(1676)8月11日／26歳	寛文4年(1664)2月19日〜 延宝4年(1676)8月11日
番代	島津久寿	寛文4年(1664)〜 元禄6年(1693)8月3日／30歳	〔番代就任期間〕 延宝4年(1676)9月25日〜 元禄3年(1690)5月29日
5	島津惟久(忠充)	延宝3年(1675)〜 元文3年(1738)9月19日／64歳	元禄3年(1690)5月29日*〜 享保8年(1723)5月29日
6	島津忠雅(忠就)	元禄15年(1702)〜 天明4年(1784)5月15日／83歳	享保8年(1723)5月29日〜 宝暦3年(1753)12月11日
7	島津久柄	享保19年(1734)〜 文化2年(1805)8月13日／72歳	宝暦3年(1753)12月11日〜 天明5年(1785)5月23日
8	島津忠持	明和3年(1766)〜 天保2年(1831)1月26日／66歳	天明5年(1785)5月23日〜 文化13年(1816)3月9日
9	島津忠徹	寛政9年(1797)〜 天保10年(1839)4月26日／43歳	文化13年(1816)3月9日〜 天保10年(1839)4月26日
10	島津忠寛	文政11年(1828)〜 明治29年(1896)6月20日／69歳	天保10年(1839)7月27日〜 明治4年(1871)7月14日

＊：島津惟久の藩主就任日を延宝4年(1676)9月25日とする説がある。

索引

※索引中の太字は、項目として扱っているページを示している。

あ

赤崎海門	102
赤松小三郎	235
赤松則祐	147
赤山靱負	104,105,201,203,219,**220**,230
秋岡冬日	193
秋篠宮紀子妃	123
秋篠宮文仁親王	123
秋月種実	57
浅野長矩(内匠頭)	70
足利氏満	265
足利義昭(ぎしょう)	28,29
足利尊氏	19,147,157,228,252
足利直義(佐殿)	19,25,157,228
足利義昭(よしあき)	28,240
足利義根	274
足利義教	28
足利義持	27
阿蘇谷久時	14,17,18,220
阿部正弘	85,94,107〜109,111,114,115,124
尼忍西	17
天野八郎	135
天野政景	23
尼妙智	18,20,**23**,246
綾部東郭	270
荒川堯夷	274
有栖川宮正仁親王	83
有栖川宮熾仁親王	95,134
有馬新七	128,129,227
有馬晴信	55
有村俊斎	105
安国寺恵瓊	43
安楽兼寛	52

い

井伊直弼	95,115,125,126
碇山久徳(島津将曹)	104,188,218,219,**221**,262
幾島	94
井口省吾	270
池上四郎	123
池田輝政	90
池田斉輝	91
池田斉敏	65,84,86,**90**,91,113
池田斉彬	65,85,90,91
池田治道	65,78,84,90,104,111,114
池田政養	91
池田慶行	87,91
伊作犬安丸	154,155
伊作勝久	155,**156**,166
伊作二郎三郎	154
伊作竹寿丸	154
伊作親忠	154〜156,251
伊作親久	154
伊作十忠	155,156
伊作久長	14,15,18,142,148,154,**155**
伊作久逸	24,29,154,155
伊作久行	154
伊作久義	**155**,156
伊作宗久	154,**155**
伊作善久	→島津善久
石谷忠光	→町田(石谷)忠光
石田三成	41,62
伊地知重貞	34
伊地知正治	105
石堂頼房	147
伊集院氏久	224
伊集院兼寛	224
伊集院五郎	224
伊集院忠倉	223〜**225**
伊集院忠朗	37,223〜**225**
伊集院忠国	26,30,224,227,228,260
伊集院忠真	47,61,62,67,97,173,223,224,**226**,254
伊集院忠利	174
伊集院忠治	260
伊集院忠棟(幸侃)	46,58,59,61,62,67,97,173,196,223〜**225**,226,254
伊集院の乱	→庄内の乱
伊集院初犬千代丸	25,27,31,223,224
伊集院彦吉	224
伊集院久氏	30,31,224
伊集院久兼	223,224,228
伊集院久俊	→今給黎久俊
伊集院久朝	223,224
伊集院久中	179
伊集院久治	224,**227**,228
伊集院久通	224,227
伊集院倍久	223〜225
伊集院松千代丸	223,224
伊集院与一	**227**
伊集院頼久	25,27,28,31,223,**224**,225,228,229
和泉忠氏	14,18,23,196,227,228,246
李舜臣	60
伊勢貞豊	68,69
伊勢貞昌	68
伊勢屋三左衛門	271
板垣退助	136,137
板倉勝達	120
市川鶴鳴	196
市来四郎	118
伊東氏祐	26
伊東勘解由	53
伊藤瓊山	193
伊東祐堯	29
伊東祐信	51,52
伊東祐安	28,51,52
伊東義祐	51〜53,162
今川氏親	242,243,265,268
今川満範	26
今川了俊(貞世)	25,26
今給黎久俊	224,227,228

伊牟田尚平	95
入来院重聡	38〜40,44〜46,201
入来院重高(頴娃久秀)	158,**160**,161,196
入来院重嗣	195
入来院重時	160,161,172,194,**195**,196,202
入来院重朝	46,225
入来院重豊	195
岩倉具視	132,135,137
岩瀬忠震	114

■■■■■■■■■■ う ■■■■■■■■■■

上杉景勝	62,142,149,150,263
上杉謙信	149,150
上杉定勝	70
上杉綱勝	70
上杉綱憲	70,151
上杉朝宗	266
宇喜多秀家	62,240
宇宿久明	177,178
宇宿久重	174
宇田川榛斎	270
宇都宮基綱	266
梅北国兼	59,202
梅北の乱	39,59,60,202
梅田雲浜	126
上井覚兼	42,255,261
雲光院	81

■■■■■■■■■■ え ■■■■■■■■■■

頴娃兼堅	239
永俊尼(カタリナ)	78,**82**,83,158,160
頴娃久虎	261
頴娃久秀	→入来院重高(頴娃久秀)
江川英龍(太郎左衛門)	114
エセル・ハワード	217
越後局	147
江藤新平	137
海老原清熙	199
江村北海	193
円信院	40,44,**46**,47,78,79

■■■■■■■■■■ お ■■■■■■■■■■

大石良雄(内蔵助)	70,151
大岡忠相(越前守)	186
大久保利通	85,105,106,115,128,132,135〜137, 164,191,203,230,235,241,262
大島久左衛門	229
大島三右衛門	229
大島清大夫(盛大夫)	229
大典侍	83,97
大友宗麟	39,41,53〜56
大友親時	19,25,157
大友政親	34,35
大野資久	159,229
大野忠宗	229,233
大野忠基	229
大原重徳	117,129
岡田利次	85
荻生徂来	102
奥平信昌	86
奥平昌男	65,86
奥平昌高	65,76,**86**〜88,91
奥平昌暢	87
奥平昌猷	87
小山内薫	267
御下	→桂樹院
織田信長	153
御南	45
御平	78,79,158,160,202
小山義政	265
お由羅	65,78,**85**,104,111,113,114,116
お由羅騒動	64,85,88,103〜106,110,111,113, 114,117,220,221,234,249

■■■■■■■■■■ か ■■■■■■■■■■

海保漁村	269,270
嘉永朋党事件	→お由羅騒動
加賀局	265
覚隠永本	31
鹿島萩麿	65,120,121
花瞬妙香	→萃舜妙香
和宮親子内親王	→静観院宮
カタリナ	→永俊尼(カタリナ)
勝海舟	95,114,134,184
桂小五郎	→木戸孝允
桂忠俊(久利)	229,230
桂忠詮(忠昉)	230
桂久嵩	201,230,231
桂久武	104,105,138,188,201,203,220,**230**,231
桂久徴	188,230
加藤清正	226
樺山愛輔	232
樺山雅楽	234
樺山可成	232
樺山かや	234
樺山喜兵衛	234
樺山十兵衛	**235**
樺山資紀	232
樺山資久	14,18,222,231,232,252
樺山資満	234
樺山資之	**235**
樺山孝久	28,232
樺山忠助	231〜233
樺山主税	75,77,101,102,112,231〜**233**,234
樺山信久	232
樺山規久	231〜233
樺山久高	43,231〜**233**
樺山久智	232,233
樺山久成	174
樺山久舒	**234**,235
樺山武左衛門	235
樺山善久	45,170,**232**,233
亀井滋政	176
亀寿	32,39,42〜44,46,48,60,65,67,68,**78**〜81,97,167
賀陽宮邦憲王	121
河井継之助	211
川合隣山	269
河上家久	237
川上操六	236
川上忠兄	236,238
川上忠興	236,238

291

川上忠堅	55,236,238
川上忠克	236,**237**,238
川上忠実	236,**239**
川上忠智	236,**238**
川上忠光	236,239
川上親晴	236
川上久朗	236,**238**
川上久国	236,**239**
川上久辰	236,238,239
川上将久	236,239
川上頼久	19,24,235〜**237**
川上龍衛	236
川路聖謨	114
川嶋紀子(いとこ)	123
川嶋紀子(きこ)	→秋篠宮紀子妃
川田義朗	42,249,261
川村純義	206
観光尼	274
寛庭夫人	36,37,44,**45**
甘露寺矩長	76

■■■■■■■■ き ■■■■■■■■

喜入季久	239,**240**,259
喜入忠続	82,168,169,**240**,241
喜入忠長	→島津忠長(都城家)
喜入忠栄	168,169,210
喜入忠道	→島津(喜入)忠道
喜入久亮	240,**241**
喜入久高	105,203,240,**241**
喜入久道	240
菊池鑑盛	54
菊池東均	68
喜多村越中守	82
吉川広家	41
木村武清	101,102,233
木戸孝允	132,136,137,235
木戸法季	266
木下恵介	268
肝付兼亮	52
肝付兼続	38,45
肝付兼久	34
肝付兼演	225
肝付兼盛	46
肝付兼役	164,188
肝付兼善	164
久山夫人	27
京極高安	274
玉猊院	76
吉良義央(上野介)	70,151
桐野利秋	138
近思録崩れ	64,71,75,77,101,102, 110〜112,232,233

■■■■■■■■ く ■■■■■■■■

久坂玄瑞	235
九条尚忠	128
九条道孝	121
九条頼嗣	146
九条頼経	146
久邇宮朝融王	123
久邇宮朝彦親王	121,122

久邇宮邦彦王	65,110,112,120〜123,187
久邇宮俔子妃	65,110,112,120〜**122**,123,186,187
久邇宮良子女王	→香淳皇后
黒田清隆	258
黒田如水(官兵衛孝高)	56,58,87
黒田長知	88
黒田長溥	65,76,86,**87**,88,105,106,234
黒田長政	87
黒田斉清	65,87
桑田立斎	270

■■■■■■■■ け ■■■■■■■■

桂庵玄樹	34
桂樹院	47,81,249
恵性院	176
恵灯院	32,65,68,79,82,158〜160,254
敬姫	86
月桂院	71
月照	116
賢章院	65,78,**84**,85,90,104,111,113,114

■■■■■■■■ こ ■■■■■■■■

香淳皇后	110,112,120〜123,186,187,204,206
広大院	64,65,71,75,86,**92**〜94,98,100,101
孝明天皇	95,117,125,131,132
古月	178
五所平之助	268
後白河上皇	20〜22
小杉重頼	254
後醍醐天皇	147
五代友厚	119
後藤象次郎	137
後藤忠正	→島津(後藤)忠正
後藤忠光	242,243
後藤虎雄	275
後藤久武	242,243
後藤益勝	242〜**244**
後藤光次	242
小西行長	62,82,160,161
近衛興子	94
近衛前久	232
近衛忠煕	93,94,108,120,126,131
近衛忠房	94,95,131
近衛信尋	241
近衛泰子	95
近衛基通	49
小早川隆景	56
小早川秀秋	41
駒沢忠政	→島津(駒沢)忠政
駒沢主税	150
小松清献	188
小松帯刀	132,142,164,188,230,262
後水尾天皇	98
惟宗公方	21
惟宗孝言	21
惟宗允亮	21
惟宗允正	21
惟宗忠康	15,20
惟宗直宗	20,21
惟宗直本	20,21
惟宗広言	15,**20**〜22,144

惟宗基言	20,21
近藤勇	132
近藤隆左衛門	104,221

■■■■■■■■■■ さ ■■■■■■■■■■

西行	34,139
西郷吉兵衛	105
西郷隆盛	85,95,104,105,115〜119,126,127,132,134,136〜138,183,184,188,191,220,229〜231,235,262
税所篤	105,235
宰相殿	42〜44,**47**,48,51,59,63,66,79,81,167
西東三鬼	274
佐伯惟定	56,57
佐伯宗天	54
酒井忠器	89
酒井忠清	101
酒井忠隆	178
酒井忠義	128
逆瀬川十八	84
坂本龍馬	111,128,132,133
相良左衛喜	227
相良長発	164
相良義陽	39,51,160
相良頼基	192
佐竹義和	77,112
佐多忠成	166,173,195,214,244
佐多忠将	214,240
佐多忠光	14,18,26,27,213,214,224,244,246,247
佐多親久	244
佐多久達	244
佐多久親	173,195
薩英戦争	107,117,129〜131,165,206,234,236,250,262
薩長同盟	111,128,131〜133,191,230,235
薩摩守家久	→島津家久(薩摩守)
佐藤一斎	269
佐藤尚中	271
里村紹巴	170

■■■■■■■■■■ し ■■■■■■■■■■

シーボルト	76,87,88
志賀親次	57
敷根立頼	214
敷根頼喜	→島津久頼
式守伊之助	266
竺山得仙	31
重野安繹	118
慈照院	75,76
日新斎忠良	→島津忠良(日新斎)
柴山愛次郎	129
渋谷九右衛門	272
島左近	41,62
島津晃久	65,120,122
島津彰久	46,59,78,167,172,174,194,**195**,210,239
島津有久	24,28,228,229
島津家久(薩摩守)	32,33,39,42〜44,46〜48,59〜62,64,**66**,68,78〜82,96,97,153,158〜160,163,169,172,192,196,199,202,205,207,209,214,223,226,232,233,239,240,248,254,259
島津家久(中務大輔)	32,38,39,42,51,52,54〜58,63,65,66,153,167〜**169**〜172,201,202,210,261
島津いく	265,266
島津伊勢	→諏訪甚六(島津伊勢)
島津稜威雄	**212**,213
島津岩子	212
島津氏久	19,24,**25**〜27,156,157,223,224,252
島津卯四郎	274
島津珍彦	65,118,**191**,204,206,209
島津興久	159
島津於治	209
島津お政	272
島津鶴寿丸	43,47
島津華山	263,**274**
島津勝久	32〜**35**〜38,50,65,139,158,159,166,229,240,245
島津勝久(桂氏)	24,229,230
島津勝久(信濃芋井領主)	151
島津矩久	65,120
島津吉兵衛	272
島津玖斎	270
島津清志	149,**152**
島津国久	158,159,229,260
島津久美	203
島津圭斎	263,269,**270**
島津啓次郎	138,172,182〜**184**,185
島津月下斎	→島津忠直(月下斎)
島津源吉	272,273
島津元圭	263,269,**270**
島津源蔵(初代)	263,271,**272**,273
島津源蔵(2代目)	263,271〜**273**
島津健之助	172,186,187
島津孝之介	263,265,**266**
島津伊久	27,156,**157**,158,246
島津貞久	14,15,18,19,23〜25,139,142,154,156,157,222,235〜237,246
島津実久	32,34,36〜38,45,50,139,158,**159**,237
島津重年	65,71〜**73**〜75,99,190,192
島津重久	36,37,44,45,158,159
島津重豪	17,64,65,71,72,**74**〜77,86〜88,91〜94,98,100〜102,105,107,110〜112,114,124,179,180,182〜184,190,192,193,196,198,233,234,249
島津日新斎忠良	→島津忠良(日新斎)
島津下総	264
島津恂堂	263,**269**,270
島津将曹	→碇山久徳(島津将曹)
島津樵風	89
島津季久(喜入氏)	→喜入季久
島津季久(豊州家)	24,28,142,154,161,**162**
島津資忠	→北郷資忠
島津資久(大野氏)	→大野資久
島津資久(樺山氏)	→樺山資久
島津図書頭忠良	→島津忠良(図書頭)
島津棲子(寿満子)	120
島津清兵衛	271,272
島津惣次	263,265,**267**
島津壮之助	191
島津退翁	263,**269**
島津大進	149,**151**

293

島津孝	182
島津貴敦	190,194
島津貴子（清宮貴子内親王）	110,121,**123**,172,186,187
島津貴澄	194,**196**,245
島津貴儔	74,179,194,196,245
島津貴久	32,33,36,**37**〜40,44〜47,49〜52,64〜66,139,142,153〜155,158,159,161,163,165,166,168,169,194,195,200,201,210,218,223,225,232,237,283,240,248,257,260,261
島津貴暢	**194**
島津琢斎	263,269,**270**,271
島津忠朗	65,192
島津忠卿	72,196,197,228
島津忠亮	112,168,172,187
島津忠高	172,**175**〜177,186,187
島津忠厚	196,197
島津忠氏	→和泉忠氏
島津忠興（後期佐土原家）	172,**174**,175,183,194
島津忠興（薩州家）	158,159
島津忠景	246
島津忠欽	65,118,197,215,217
島津忠廉	162
島津忠兼	146,**147**
島津忠公	116,191,206
島津忠清（佐志家）	211
島津忠清（薩州家）	32,65,68,79,82,158〜160,254
島津忠清（新城家）	209,210,245
島津忠国	24,25,**28**〜31,45,142,154,158,165,166,229,230,239
島津忠貞（後藤氏）	242,243
島津忠貞（信濃家）	149,**152**
島津忠重	65,110,**120**,122,148,217
島津忠季	→若狭（津々見）忠季
島津忠喬	197,198
島津忠隆	32〜**35**,36
島津忠剛	65,92〜94,108,111,115,124,190,197,**198**,199,217
島津忠隣	158,160,196,201,**202**
島津忠親（越前家）	263
島津忠親（豊州家）	32,43,81,162,**163**,207,253
島津忠継	14,17,259
島津忠綱	14,142,143,145,**146**〜148,190,246,263,271
島津忠経	14,17,222,224,242,256,257
島津忠恒	→島津家久（薩摩守）
島津忠時	14〜**17**,144〜146,148,220,222〜224,228,242,256,257,259
島津忠辰	59,79,158,**160**,161,167,171
島津忠俊	→桂忠俊（久利）
島津忠朝（総州家）	28,157,246
島津忠朝（豊州家）	161,**162**
島津忠智	207
島津忠仍	79
島津忠直	→東郷重虎（島津忠直）
島津忠直（月下斎）	148〜**150**,253
島津忠直（信濃家）	142,143,148,149
島津忠長（越前家）	145,146
島津忠長（都城家）	207,241
島津忠良（ただなが／図書頭）	96,153,**204**,205

島津忠済	65,118,216
島津忠成	157,246
島津忠雅	172,**178**,179
島津忠紀（重富家）	65,72,146,190,191
島津忠紀（垂水家）	194,209
島津忠温	196,197
島津忠治	32〜**35**,36
島津忠彦	**191**,192
島津惟久	127,172,176,**177**,178,186,187
島津忠久	14,**15**〜17,19,20,22,49,68,142〜148,190,222,246,263,268,271,272,274
島津忠栄	158,160
島津忠秀	65,120
島津忠寛	111,138,168,172,**181**〜184,187
島津忠弘（喜入氏）	239
島津忠弘（島津忠弘家）	65,120,215
島津忠広	161,**162**,163
島津忠藤	146,147
島津忠冬	197,199
島津忠将	38,45,54,166,168,172,173,**194**,195,210,261
島津忠昌	32,**33**〜35,139,162
島津（後藤）忠正	242,**243**,244
島津（駒沢）忠政	148〜**150**,151
島津忠丸	118,204
島津（喜入）忠道	240
島津忠光（川上氏）	→川上忠光
島津忠光（佐多氏）	→佐多忠光
島津忠光（志和池氏）	→志和池忠光
島津忠光（町田氏）	→町田（石谷）忠光
島津忠備	65,120,215
島津忠宗	14,15,**18**〜20,23,148,196,207,213,214,222,227,228,231,232,244,246,247,252
島津忠宗（知覧氏）	246
島津忠持（後期佐土原家）	172,**179**,180
島津忠持（西氏）	251
島津忠敬	197,199,217
島津忠行	145〜**147**
島津忠之	145,146
島津忠徹	172,**180**,181,183,184
島津忠済	263,**264**
島津忠義	65,85,105,107,110〜113,116〜**119**〜122,126,133,136〜138,164,168,172,186,187,191,206,211,215,227,235,241,262
島津忠吉	148〜150
島津忠良（ただよし／日新斎）	32,33,**36**〜38,40,44〜46,50,51,65,139,142,153〜155,159,161,162,165,166,194,195,204,225,232,238,240,242〜244,247,248,251,257,265,268
島津立久	24,25,28,**29**,32,33,166
島津帯刀	263,264
島津倪子	→久邇宮倪子妃
島津親忠	→伊作親忠
島津親久	251
島津千利世	263,265,**267**
島津籌峰	263,273,**274**
島津長徳軒	166,242,**243**,265,268
島津継豊	64,65,70,**71**〜75,78,83,92,97,98,146,190,192,193,196,213,228
島津綱貴	65,66,68,**69**,70,151,178,204,212,214
島津綱久	65,66,68,**69**,239,255

294

島津恒雄	265,266
島津常三郎	272
島津常久	201,202
島津悌蔵	263
島津道悦	268,269
島津東陽	269
島津東籬	152
島津時子	212
島津時久	→新納時久
島津俊忠	14,17,223,224
島津歳久	32,38,39,42,44,46,51,59,65,196,200,**201**,202,261
島津朝久	32,43,48,59,78,81,162,**163**
島津友久	24,29,32,142,154,165,**166**
島津豊久（前期佐土原家）	32,42,61,63,168,169,**171**,210,261
島津豊久（義岡氏）	24,28,245,259,260
島津尚純	275
島津尚久	96,153,204,205
島津長忠	150
島津半	272
島津長丸	191,204,206
島津斉彬	65,78,83〜85,88,90,92〜95,103〜111,113,**114**〜117,119,124〜127,134,164,165,181,182,184,191,198,199,203,206,208,220,221,227,234,235,249,250
島津斉興	65,71,77,78,83〜86,88,90,91,93,94,102〜104,106,110〜**112**〜114,116,117,119,126,164,191,198,216,220,221,234,250,277
島津斉宣	65,71,75,**76**〜78,83,86,89,92〜94,101,102,110〜112,181,183,184,191,197,198,231,233
島津信夫	145〜**147**,148
島津延久	159
島津修久	65,120
島津経子	217
島津典子	191,206
島津隼彦	197
島津ハル	191,204,**206**
島津半右衛門	264
島津久明	201,**203**
島津久章	68,194,209,210,245
島津久家	207,209
島津久柄（ひさえ）	93,199
島津久風	104,105,138,188,201,203,219,220,230
島津久賢	192
島津久方	204
島津久般（ひさかつ／島之内家）	186,187
島津久兼	→伊集院久兼
島津常子	→山階宮常子妃
島津久亮	204
島津久雄	172,**175**,176,183
島津久宝（加治木家）	153,192,**193**
島津久宝（豊州家）	142,153,161,162,**164**,165,193,203,250
島津久宝（宮之城家）	204,206
島津久武（後期佐土原家）	179
島津久武（後藤氏）	→後藤久武
島津久達	213,214
島津久睦	186,187
島津久隣	83

島津久経	14,15,**17**,18,20,23,142,148,154,155,220,246
島津久照	27
島津久遐	172,**183**
島津久時	→阿蘇谷久時
島津久利	242,243
島津久籌	169,**210**
島津久般（ひさとし／都城家）	207,208
島津久富	127,172,176,177,183,186,187
島津久福	214
島津久朝	→伊集院久朝
島津久倫	207,**208**
島津久儔	65,212
島津久豊	24,25,**27**,28,30,31,142,154,156,158,161,162,223,224,228,229,245,259,260
島津久中	142,161,162,164,188
島津久永	110,121,123,172,186,187
島津久寿	127,172,**176**〜178,183,186,187
島津久静	200,207〜209,256
島津久大	215,**216**,217
島津久長（伊作家）	→伊作久長
島津久長（加治木家）	94,190,192,193
島津久長（豊州家）	142,162,164
島津久徴（ひさなが／日置家）	104,105,138,188,193,200,201,**203**,220,230,241
島津久容	**211**
島津久徴（ひさなる／加治木家）	180,192,**193**,203
島津久信	172,174,194,209,210,245
島津久智	179
島津久範	65,110,120,121,123,172,186,187
島津久統	207,208
島津久治	188,200,204,**206**
島津久寛	207〜**209**
島津久洪	178
島津久房	73
島津久当	211
島津久通	68,204,**205**
島津久道	→喜入久道
島津久光	65,78,83〜85,103〜107,110,111,113,114,**116**〜119,120,126〜130,133,136〜138,153,177,184,190,191,197,198,200,203,204,206,208〜210,215〜**217**,220,221,235,241,250
島津久峯	192,193,213,214
島津久岑	211
島津久茂	207,208
島津久基	**212**,213
島津久元	204,205
島津久柄（ひさもと）	172,178,**179**
島津久本	207,**208**,209,255,256
島津久林	27,28,157
島津久安	157,218〜221
島津久逸	→伊作久逸
島津久保	32,39,**42**,43,46〜48,59,60,65〜67,78,79,97,167,223
島津久世	27,28,156,157
島津久慶	201,**202**,203
島津久芳	161,162,**165**
島津久芬	186,187
島津久頼	214
島津秀久	→吉利秀久

295

島津復三	271
島津フミヨ	263,265,**266**,267
島津孫四郎	242,243
島津政忠	263,**265**,266
島津正長	273
島津将久	→川上将久
島津昌久	44
島津復生	263,**275**
島津松千代丸	→伊集院松千代丸
島津岬	263,**264**
島津光孝	268
島津光久	32,64〜66,**68**,69,80,97,158〜160,175,177,183,205,207,209,211,213,214,239,241,244,245,254,255
島津光久(寺山氏)	159
島津備愛	65,215
島津陸奥守	264
島津宗長	14,17,242
島津宗信	65,71,**72**,73,78,83,97,98
島津宗久	19,24,139
島津宗久(山田氏)	→山田宗久
島津用久	24,28,142,154,158〜160
島津元久	24〜**26**,27,30,31,156,158,223,224
島津守久	27,28,156〜158,224,246
島津師久	19,24,25,142,154,156,**157**,219〜221,229
島津保次郎	263,265,**267**,268
島津泰忠	148〜**150**,268
島津行景	146,147
島津以久	54,59,160,167,168,172,**173**,174,194,195,210,226,254,261
島津運久	32,36,37,44,45,154,165,**166**,243,247
島津吉貴	65,66,**70**〜72,190,191,196,197,204,228,245
島津義忠	274
島津良知	263,275,**276**
島津義虎	78,82,158,**159**,160,167,196,201,202
島津義久	32,33,38,**39**〜46,48,50〜60,62,64〜67,78,79,81,82,96,97,139,153,158,160,167〜169,171,195,196,201,202,223,226,227,230,232,233,238〜241,248,249,254,257,259〜261
島津善久	32,36,37,44,45,142,154,155,166,247
島津禎久	123,187
島津義弘	32,33,38〜**40**〜44,46〜48,51〜53,57〜67,78,79,81,82,96,97,139,153,158,160,163,167,169〜171,192,195,196,201,202,205,211,226,233,238〜240,248,249,256,257,259,261
島津義弘(越前家)	145,146
島津頼久	→川上頼久
島津亮	274
島野	263
集成館	106,107,115,164,250
春光院	76
貞雲院	142,161,162,**164**,188
正覚院	74
浄岸院	64,71〜73,78,**83**,92,97,98
昌光院	87
定西	144
松寿院(島津忠高側室)	177
松寿院(種子島久道正室)	65,78,**83**,84,183
常照院	70
庄内の乱	60〜62,67,161,223,226,254

少弐冬資	25
尚寧王	67
昭和天皇	110,112,120〜123,172,186,187,206
志和池忠光	245
新城様	46,78,79,195
真如院	89

す

萃舜妙香	40,78,79
随真院	65,83,180〜**184**
瑞仙院	72
末川貴澄	→島津貴澄
末川忠紀	→島津忠紀(重富家)
末川久救	**245**,246
清宮貴子内親王	→島津貴子
杉田玄瑞	114
図書頭忠良	→島津忠良(図書頭)
調所広郷(笑左衛門)	64,76,102,103,111〜113,221
鈴木勇右衛門	128
諏訪甚六(島津伊勢)	188,218,**262**

せ

静観院宮	95,134
清閑寺熙定	64,72,73,83,97
青松院	87
精忠組	104〜106,115,164,203,235,241
盛徳院	86
清亮院	90
石屋真梁	27,**30**,31
雪窓夫人	38〜40,44,**45**,46,201
専行院(お美代の方)	93,101
仙石秀久	57
千利休	42,226

そ

曹源院	68,69
相馬胤綱	18,20,23,246
相馬尼	23,246
曾小川久籌	251
曾小川久謹	179
十河存保	56,57
園田清左衛門	42〜44,47,51,59,66,81,167
祖倫尼	274

た

大正天皇	122
高崎崩れ	→お由羅騒動
高崎五郎右衛門	104,221
高崎正風	273
高城秋月	34
高野長英	113,114
高橋一閑	176
高橋紹運	56
高鼻和有景	147
高山彦九郎	277
多紀元堅	269,270
多紀元徳	269
田北鎮周	54
竹崎季長	18
武田勝頼	150,268

武田信玄	149,150,268
竹姫	→浄岸院
橘姫	169
立花宗茂	56
伊達重村	84
伊達念性	17
伊達兵五郎	184
伊達宗城	114
田中河内介	128,129
田中謙助	129
田中耕一	272
谷山資忠	259
種子島時堯	40,44,46,78
種子島久輔	116
種子島久尚	84
種子島久珍	84
種子島久道	78,83,84,183,203
田村正太郎	217
丹後局	15,16,20〜**22**,49,144,272

ち

智鏡院	85
智光院	74
秩父崩れ	→近思録崩れ
秩父太郎	75,77,101,102,112,233
竹居正猷	31
仲翁守邦	24,27,30,**31**
長寿院	32,81,163
長寿院盛淳	42,63,261
澄心院	124
長宗我部信親	57
長宗我部元親	56,57

つ

筑紫広門	238
筒井政憲	114
堤代長	76
津々見忠季	→若狭(津々見)忠季
角隈石宗	53,54
坪井信道	270

て

貞明皇后	122,123
弟子丸龍助	129
寺田屋事件	117,127〜129
暲姫	65,116,119
天璋院	65,92,**93**〜95,107〜109,111,115,124,125,134,135,197〜199,217
天親院	124
転心院	84

と

道元	274
東郷重位	171,239
東郷重虎(島津忠直)	169,**171**
東郷重治	225
藤堂高虎	58
藤堂高猷	88
東福門院	98
常盤	36,37,**44**,45,142,154,166,243,247,248
徳雲院	175

徳川敦之助	65,92,101
徳川家定	65,89,92〜95,107〜109,111,114,116,124〜126,197,199
徳川家祥	→徳川家定
徳川家達	95
徳川家重	74
徳川家綱	69
徳川家斉	64,65,71,75,86,92〜94,98,100,101,124,277
徳川家宣	83
徳川家治	75,92,100
徳川家正	121,122
徳川家光	68,69,244,254
徳川家茂	95,115,125,126
徳川家康	42,61,62,64,66,67,81,86,89,90,96,153,171,173,196,205,226,242〜244,249
徳川重倫	84
徳川綱吉	64,71〜73,78,83,92,97
徳川正子	121,122
徳川斉昭	95,114,125,126
徳川斉敦	116
徳川治済	75
徳川秀忠	67,98
徳川光貞	272
徳川宗尹	75,76
徳川慶福	→徳川家茂
徳川慶喜	95,115,125,126,133,134
徳川吉宗	71,72,74,83,92,97,98
徳川慶頼	95
利光宗魚	56
戸田蓬軒	235
戸田〈松平〉光庸	182
泊如竹	68
豊田四郎	268
豊臣秀長	56〜58,170,202,226
豊臣秀吉	32,39,41,43,56〜61,79〜81,169〜171,173,202,226,230,253,254
豊臣秀頼	61
鳥居忠瞭	178,179
鳥居元忠	41,62

な

直江兼続	150
中井竹山	193
中岡慎太郎	132,133
中務大輔家久	→島津家久(中務大輔)
中野碩翁	93
中山忠能	132,133
鍋島勝茂	56
生麦事件	117,129〜131
奈良原喜左衛門	128,130
奈良原繁	128,130
那波魯堂	274
南部信真	65,88
南部信順	65,76,86,**88**

に

新納熊五郎	199
新納是久	36,44,247,248
新納忠臣	29,247
新納忠澄	247〜249

297

新納忠治	247	文之玄昌	205
新納忠増	205,247,249		
新納忠元	42,247,**248**,261	**へ**	
新納時升	247,**249**	戸矢子有綱	265
新納時久	14,18,23,246,247	ペリー	87,124
新納中三	**250**		
新納八郎二	**251**	**ほ**	
新納久饒	247〜249	帆足万里	275
新納久仰	**250**	宝寿院殿	81
新納普知	249	北条氏綱	242,243,265
新納康久	247〜249	北条政子	20,22
新納旅庵	247〜249	芳蓮院	77,112
西寛二郎	251	細川勝元	29
西竹一	251	細川幽斎(藤孝)	226
西田直五郎	129	堀直寄	151
西徳二郎	251	北郷翁久	207,254
日講	176,178	北郷資忠	14,18,207,**252**
新田義貞	237	北郷資常	252,256
丹羽思亭	270	北郷資知	252,**255**,256
丹羽長貴	77,184	北郷忠相	38,163,207,245
		北郷忠亮	207,254
ね		北郷忠孝	42,81
禰寝清雄	70	北郷忠親	→島津忠親(豊州家)
禰寝重長	52	北郷忠虎	59,173,207,226,**253**,254
		北郷忠能	207,**254**
の		北郷時久	207,252,**253**,254
野田誠三	147	北郷久定	207,241
野間喜庵	166	北郷久直	207,241,**254**,255
		北郷久信	252,**255**
は		北郷久加	252,**255**
梅香院	174	北郷三久	252,254,255
梅嶺院	70	北郷義久	207,252
橋口壮助	128,129	北郷誼久	26
橋口伝蔵	129	本寿院	94
橋本左内	126	本田薫親	225
畠山重忠	17,146	本田親貞	261
八田知紀	234	本明院	86,87
浜村孫兵衛	103		
林羅山	205	**ま**	
ハリス	125	前田犬千代	93
		前田斉泰	93
ひ		前田利右衛門	70
比企尼	16,22	真木和泉	128,129
比企能員	15,16,20,22,144	牧仲太郎	104
久松定勝	89	増田長盛	43
肱岡頼明	169	町田勘解由	92
平田兼宗	162	町田経宇	257
平田増宗	43,97	町田宗七郎	184
平田靱負	73,74,99,100	町田忠栄	222,256,257
平松時庸	68	町田忠成	195
広瀬助宗	47	町田(石谷)忠光	14,17,222,256,257
		町田久成	222,257
ふ		町田久徳	256,257
福沢諭吉	275	町田久倍	256,**257**
英姫	116	松木清長	175
藤田東湖	235	松木高清	127,177,183
藤原俊成	21	松崎観海	269
藤原師実	21	松平容保	131
フランシスコ・ザビエル	38,49	松平勝成	90
古川古松軒	277	松平勝善	65,86,**89**,90
文化朋党事件	→近思録崩れ	松平定重	70,71

298

松平定信	93
松平定通	65,89,90
松平定行	32,81,89,163
松平定頼	69
松平春嶽(慶永)	108,114,125
松平信平	70
松平正邦	83
松平吉元	72
松平頼恕	90
間宮林蔵	277
満俊院(お志賀の方)	94,124

み

三池道智	19
三浦備中守	243
水野忠誠	270
箕作阮甫	114
皆川淇園	193
源頼朝	14〜17,20,22,49,144
皆吉長右衛門	82
御牧赤報	181
三宅国秀	35
三宅艮斎	270
宮丸道時	252
妙春	229
妙心院	72,73,83,97
妙身尼	82

む

宗尊親王	146
村垣定行	277
村瀬博一	275
村橋直衛	**258**
村山松根	88,**234**

め

明治天皇	132,136

も

蒙山智明	30
毛利敬親	132,133,136
毛利秀元	41
毛利元徳	132,133
以仁王	15
森岡昌純	128
森山新五左衛門	129

や

安井息軒	255
寧姫	120
屋地	32,43,48,78,**81**,82,163
山内豊凞	85
山内容堂(豊信)	133
山岡鉄舟	134
山口重友	226
山階宮晃親王	121
山階宮菊麿王	65,110,120,121
山階宮佐紀子女王	121
山階宮茂麿王	121
山階宮武彦王	121,122
山階宮範子妃	121
山階宮萩麿王	→鹿島萩麿
山階宮常子妃	65,110,120,**121**,122
山階宮藤麿王	121
山階宮安子女王	121
山階宮芳麿王	121
山田有栄	42,63,259,261
山田有信	42,53,54,57,58,259,261
山田亀三郎	259
山田清安	104,234
山田忠尚	28,259
山田宗久	**259**
山田諸三郎丸	259
山本四郎	129

ゆ

遊行上人	249
柚木崎丹後守	52

よ

瑤光院	89
溶姫	93
陽和院	68
横山久福	179
吉井友実	105
吉田位清	44
吉田松陰	126,132
吉田清純	246
吉田稔麿	132
吉利秀久	159,260
吉村公三郎	268

ら

頼杏坪	274
頼三樹三郎	126
蘭室院	70

り

リチャードソン	130
龍泉院	175
龍造寺隆信	39,55,56,160,170
良正院	90

れ

嶺松院	73
霊龍院	70,71
レオン・パジュス	82
蓮亭院	77,184

わ

若狭季兼	143,**145**
若狭忠兼	143,145
若狭忠清	143,**144**,145
若狭(津々見)忠季	14,17,20,22,142〜**144**,274
和光院	89
渡辺崋山	113

主要参考文献一覧

注 紙幅の関係で、一般的な事典、通史、年表、自治体史の史料編、雑誌論文などは割愛した。

■事典類
太田亮 著『姓氏家系大辞典』〔全3巻〕 角川書店／昭和38年
三木靖 他編『日本城郭大系 第17巻』 新人物往来社／昭和55年
『鹿児島大百科事典』 南日本新聞社／昭和56年
『宮崎県大百科事典』 宮崎日日新聞社／昭和58年
『兵庫県大百科事典』〔全2巻〕 神戸新聞出版センター／昭和58年
安岡昭男 他編『日本史総覧』〔全6巻・補巻3巻〕 新人物往来社／昭和58~平成1年
安田元久 編『鎌倉・室町人名事典』 新人物往来社／昭和60年
山本大・小和田哲男 編『戦国大名系譜人名事典 西国編』 新人物往来社／昭和61年
『三百藩藩主人名事典』〔全4巻〕 新人物往来社／昭和61~62年
『三百藩家臣人名事典』〔全7巻〕 新人物往来社／昭和62~平成元年
村上直 他編『藩史大事典』〔全8巻〕 雄山閣出版／昭和63~平成2年
今谷明・藤枝文忠 編『室町幕府守護職家事典』〔全2巻〕 新人物往来社／昭和63年
『角川日本姓氏歴史人物大辞典46 鹿児島県姓氏家系大辞典』 角川書店／平成6年
海軍歴史保存会 編『日本海軍史 第10巻』 海軍歴史保存会／平成7年
芳賀登 他監修『日本女性人名辞典』 日本図書センター／平成10年
福川秀樹 編『日本陸軍将官辞典』 芙蓉書房出版／平成13年
小和田哲男 監修『日本史諸家系図人名辞典』 講談社／平成15年
安岡昭男 編『幕末維新大人名事典』〔全2巻〕 新人物往来社／平成22年

■史料集・図録・書籍
『薩藩女性史』 鹿児島市教育会／昭和10年
高島弥之助 編『島津久光公』 高島弥之助／昭和12年
『大日本古文書 家わけ第16之1~3 島津家文書』 東京帝国大学、東京大学／昭和17~41年
池田俊彦 著『島津斉彬公伝』 岩崎育英奨学会／昭和29年（復刻、中央公論社、中公文庫／平成6年）
『寛政重修諸家譜』〔全22冊〕 続群書類従完成会／昭和39~41年
原口虎雄 著『幕末の薩摩 悲劇の改革者 調所笑左衛門』 中央公論社、中公新書／昭和41年
渋沢栄一 著『徳川慶喜公伝』〔全4巻〕 平凡社、東洋文庫／昭和42~43年
『鹿児島市史』〔全3巻〕 鹿児島市／昭和44~46年
『都城市史』 都城市／昭和45年
日高次吉 著『宮崎県の歴史』 山川出版社／昭和45年
秀村選三 編『薩摩藩の基礎構造』 御茶の水書房／昭和45年
三木靖 著『薩摩島津氏』 新人物往来社／昭和47年
原口虎雄 著『鹿児島県の歴史』 山川出版社／昭和48年
秀村選三 編『薩摩藩の構造と展開』 西日本文化協会／昭和51年
『人物日本の女性史 第8巻 徳川家の夫人たち』 集英社／昭和52年
『龍野市史 第1巻』 龍野市／昭和53年
芳即正 著『島津重豪』 吉川弘文館、人物叢書／昭和55年
島津修久『島津義弘の軍功記「惟新公御自記」について』 鶴嶺神社社務所／昭和56年
上原兼善 著『鎖国と藩貿易 薩摩藩の琉球密貿易』 八重岳書房／昭和56年
島津修久『島津金吾歳久の自害』 平松神社社務所／昭和57年
上野益三 著『薩摩博物学史』 島津出版会／昭和57年
二木謙一 著『関ケ原合戦 戦国のいちばん長い日』 中央公論社、中公新書／昭和57年
『佐土原町史』 佐土原町／昭和57年
福島金治 編『戦国大名論集16 島津氏の研究』 吉川弘文館／昭和58年
村上直 他編『小山市史通史編』〔全3巻〕 小山市／昭和59~62年

尚古集成館 編『島津氏正統系図 島津家資料』　島津家資料刊行会／昭和60年
鈴木尚 著『骨は語る徳川将軍・大名家の人びと』　東京大学出版会／昭和60年
松井正人 著『薩摩藩主島津重豪 近代日本形成の基礎過程』　本邦書籍／昭和60年
三木靖 編『島津義弘のすべて』　新人物往来社／昭和61年
島津修久 編『島津義弘公と茶の湯 惟新様より利休え御尋之条書』　島津顕彰会(誠広出版)／昭和61年
芳即正 著『調所広郷』　吉川弘文館、人物叢書／昭和62年
福島金治 著『戦国大名島津氏の領国形成』　吉川弘文館／昭和63年
『島津斉彬 黎明館開館5周年記念特別展』　鹿児島県歴史資料センター黎明館／昭和63年
三木靖 他著『地方別日本の名族12』　新人物往来社／平成元年
村野守治 編『島津斉彬のすべて』　新人物往来社／平成元年
『小浜市史 通史編 上巻』　小浜市／平成4年
芳即正 著『島津斉彬』　吉川弘文館、人物叢書／平成5年
『福井県史 通史編2 中世』　福井県／平成6年
野口実 著『中世東国武士団の研究』　高科書店／平成6年
『天璋院』　鹿児島県歴史資料センター黎明館／平成7年
河原芳嗣 著『図説徳川将軍家・大名の墓 江戸の残照をたずねて』　アグネ技術センター／平成7年
霞会館華族家系大成編輯委員会 編『平成新修旧華族家系大成』〔全2巻〕　霞会館(吉川弘文館)／平成8年
『薩陽武鑑』　尚古集成館／平成8年
『佐土原藩騒動記』　宮崎県立図書館／平成8年
水戸京成OB会事務局編集部編『志満津百貨店とその時代』　水戸京成OB会事務局編集部／平成8年
村上直 著『江戸幕府の政治と人物』　同成社／平成9年
山本博文 著『島津義弘の賭け 秀吉と薩摩武士の格闘』　読売新聞社／平成9年
『皇女和宮 幕末の朝廷と幕府』　東京都江戸東京博物館／平成9年
『宮崎県史 通史編 中世』　宮崎県／平成10年
原口泉 他著『鹿児島県の歴史』　山川出版社／平成11年
坂上康俊 他著『宮崎県の歴史』　山川出版社／平成11年
『宮崎県史 通史編 近世 下』　宮崎県／平成12年
畑尚子 著『江戸奥女中物語』　講談社、講談社現代新書／平成13年
尚古集成館 編著『島津斉彬の挑戦 集成館事業』　春苑堂出版／平成14年
芳即正 著『島津久光と明治維新 久光はなぜ、討幕を決意したか』　新人物往来社／平成14年
竹内誠 監修『徳川将軍家展 江戸開府四〇〇年記念』　NHK／平成15年
三木靖・向山勝貞 編『薩摩と出水街道』〔街道の日本史54〕　吉川弘文館／平成15年
『越前(重富)島津家の歴史 平成十六年度特別展図録』　姶良町歴史民俗資料館／平成16年
『島津義久・義弘と耳川の戦い』〔週刊ビジュアル日本の合戦35〕　講談社／平成18年
芳即正 編『天璋院篤姫のすべて』　新人物往来社／平成19年
寺尾美保 著『天璋院篤姫』　高城書房／平成19年
畑尚子 著『幕末の大奥 天璋院と薩摩藩』　岩波書店、岩波新書／平成19年
『島津義弘』〔週刊「日本の100人」59号〕　デアゴスティーニ・ジャパン／平成19年
『島津斉彬』〔週刊「日本の100人」79号〕　デアゴスティーニ・ジャパン／平成19年
『天璋院篤姫展』　NHK／平成20年
原口泉 著『篤姫 わたくしこと一命にかけ 徳川の「家」を守り抜いた女の生涯』　グラフ社／平成20年
『島津斉彬 大海原に夢を抱いた殿様』　尚古集成館／平成21年
町田明広 著『島津久光 幕末政治の焦点』　講談社、講談社選書メチエ／平成21年
桐野作人 著『関ケ原島津退き口 敵中突破三〇〇里』　学研パブリッシング、学研新書／平成22年

おわりに

　今回、この『島津一族』の原稿を執筆するのに正味2か月ほどの時間を要したが、執筆に取りかかるまでがまた大変であった。最初の数週間は図書館へいって席に座り、終日、島津家関係の史料集や研究書を閲覧するという日々の連続であった。そういった意味では大変しんどかったが、島津家に関しては史料集や研究書などが汗牛充棟といっていいほどあるだけに、しんどいながらも大変充実した日々であったように思う。

　話題が急に変わって恐縮だが、筆者(川口)が、「鹿児島へ写真撮影にいく」と口にしたところ、米寿を迎えた母が次のような話をしてくれた。

　むろん、以下は筆者が生まれる前のことだが、戦時中、外地で看護婦、助産婦として勤務していた母は、昭和20年(1945)秋にアメリカ軍の用意した兵員輸送船で鹿児島市へ上陸したという。

　このとき、上陸するとすぐに、地元の方々にサツマイモの入ったご飯と、塩で味付けしたおすましとを振る舞われた。ご飯とおすましは地元の方々が焚き出しをして作ってくださったものだったが、そのご飯が大変美味しかったこと、おすましは塩がよくきいていたこと、おすましを掬うお玉(杓子)は竹に貝殻を結わえただけの代用品であったこと、港の近くで売られていた蜜柑が見事に色づいていたことなどを、母は昨日のことのように話してくれた。もっとも、そのときの食器やお箸の形状は、いくら思い出そうとしても思い出せないとのことであった。ともあれ、母はご飯とおすましをいただいてようやく、

　「ああ！　やっと日本に帰ってきたんだなあ……」

　という思いを強くしたそうである。さて、以上のように、筆者の母は65年前に鹿児島市の方々にお世話になったのだが、今度は息子である筆者が、写真撮影や史跡見学などの面で、鹿児島市をはじめとする全国の方々に大変お世話になった。また、執筆の最終段階で、長野市在住の春日英一氏、みやざき歴史文化館の新名一仁氏に貴重な御教示をいただいた。

　母がお世話になった分も含めて、改めてお世話になった方々に、心より御礼を申し上げる次第である。

川口素生

▌著者プロフィール

川口素生（かわぐち・すなお）

歴史研究家（専攻は戦国・江戸時代）。昭和36年（1961）岡山県生まれ。岡山商科大学、法政大学文学部史学科卒業。法政大学名誉教授・村上直博士に師事。著書には『豊臣一族』（新紀元社）、『お江と徳川秀忠101の謎』『天璋院と徳川将軍家101の謎』（以上、PHP文庫）、『小和田家の歴史』（新人物往来社）、『ストーカーの日本史』（KKベストセラーズ）などがある。

また、共著・分担執筆に『徳川一族』『大奥』（以上、新紀元社）、村上直他編『神奈川県姓氏家系大辞典』（角川書店）、安岡昭男編『幕末維新大人名事典』（新人物往来社）などがある。

Truth In History 24
島津一族 無敵を誇った南九州の雄

2011年4月1日　初版発行

著　　　者	川口素生
企画・協力	有限会社ブルボンクリエイション
編　　　集	新紀元社編集部／堀良江
発　行　者	藤原健二
発　行　所	株式会社新紀元社 〒101-0054 東京都千代田区神田錦町3-19　楠本第3ビル4F TEL：03-3291-0961　FAX：03-3291-0963 http://www.shinkigensha.co.jp/ 郵便振替　00110-4-27618
カバーイラスト	諏訪原寛幸
本文イラスト	横井淳／福地貴子
デザイン・DTP	株式会社明昌堂
印刷・製本	株式会社リーブルテック

ISBN978-4-7753-0888-2
本書記事およびイラストの無断複写・転載を禁じます。
乱丁・落丁はお取り替えいたします。
定価はカバーに表示してあります。
Printed in Japan